Microsoft® Office Excel® 2007

SERIE LIBRO VISUAL

BREVE

TRADUCTOR:
Efrén Alatorre-Miguel
Traductor profesional

REVISOR TÉCNICO:
José Julián Argil Torres
Profesor, Facultad de Ingeniería, UNAM
Administrador, Laboratorio Microsoft, UNAM

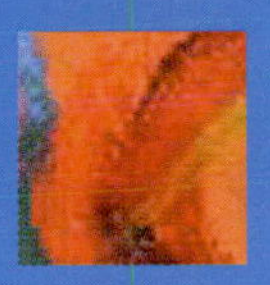

Elizabeth Eisner Reding

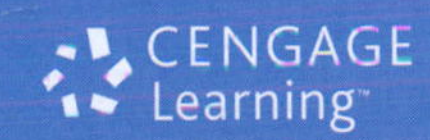

Australia • Brasil • Corea • España • Estados Unidos • Japón • México • Reino Unido • Singapur

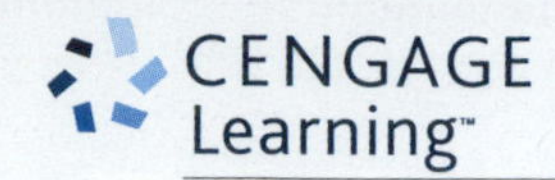

Microsoft Office Excel 2007. Breve
Elizabeth Eisner Reding

Presidente de Cengage Learning Latinoamérica:
Javier Arellano Gutiérrez

Director editorial de Latinoamérica:
José Tomás Pérez Bonilla

Editora:
Rocío Cabañas Chávez

Director de producción:
Raúl D. Zendejas Espejel

Editor de producción:
Timoteo Eliosa García

Composición tipográfica:
Imagen Editorial

Colaboradores de la edición en inglés

Editora de adquisiciones senior:
Marjorie Hunt

Gerente de producto senior:
Christina Kling Garrett

Gerente de producto asociada:
Rebecca Padrick

Asistente editorial:
Michelle Camisa

Gerente de Mercadotecnia senior:
Joy Stark

Coordinador de Mercadotecnia:
Jennifer Hankin

Editor de desarrollo:
MT Cozzola

Editora de producción:
Daphne Barbas

Corrector de estilo:
Gary Michael Spahl

Revisores del manuscrito:
Nicole Ashton, John Frietas,
Jeff Schwartz y Susan Whalen

Diseño de portada:
Elizabeth Paquin, Kathleen Fivel

Pintura de la portada:
Mark Hunt

Composición:
GEX Publishing Services

Corporativo Santa Fe
Av. Santa Fe núm. 505, 12o. piso
Col. Cruz Manca, Santa Fe
C.P. 05349, México, D.F.

Traducido del libro: *Microsoft Office Excel 2007. Brief*
Publicado en inglés por Thomson/Course Technology © 2008
ISBN-13: 978-1-4239-0520-2
ISBN-10: 1-4239-0520-2
Datos para catalogación bibliográfica
Reding, Elizabeth Eisner:
Microsoft Office Excel 2007. Breve
ISBN-10: 970-830-052-7
ISBN-13: 978-970-830-052-0

Visite nuestro sitio en:
http://latinoamerica.cengage.com

Impreso en México
1 2 3 4 5 6 7 11 10 09 08

Impreso por Grupo Art Graph, S.A. de C.V.
Av. Peñuelas No. 15-D Col. San Pedrito Peñuelas
C.P. 76148 Querétaro, Qro. Impreso en Agosto de 2008

Acerca de este libro

Bienvenidos a *Microsoft Office Excel 2007* de la Serie Libro Visual. Desde que se publicó la primera edición de esta obra en 1994, millones de estudiantes han utilizado los diversos textos de la Serie Visual para adquirir las habilidades en el uso del software y aprender conceptos de computación. Nos sentimos orgullosos de poner a su alcance este nuevo título de la serie sobre la versión de Microsoft Office más emocionante de todas las que se han puesto a la venta.

Como tal vez sepa, Microsoft rediseñó completamente esta nueva versión de Office desde sus fundamentos. Ya no hay menús ni barras de herramientas. Los cambios que Microsoft hizo al software son el fruto de años de investigación y estudio de las necesidades y hábitos de trabajo de los usuarios. El resultado es una nueva versión, poderosa y fenomenal del software que le ayudará a usted y a sus estudiantes a ser más productivos y a obtener mejores resultados con mayor rapidez.

Antes de comenzar a trabajar en esta nueva edición, también hicimos una investigación propia. Nos pusimos en contacto con casi 100 profesores como usted, que habían usado las ediciones anteriores del libro y nuestros textos sobre Microsoft Office. Algunos de ustedes respondieron a una de nuestras encuestas; otros cedieron generosamente su tiempo para conversar por teléfono con nosotros, comentando sus ideas; siete de ustedes aceptaron formar parte de nuestro consejo de consultores y guiaron nuestras decisiones.

Como resultado de las aportaciones que recibimos de ustedes, mantuvimos las características que más les han gustado e hicimos las mejoras que nos sugirieron y solicitaron. Por supuesto, también abarcamos las principales características del nuevo software (en el prefacio se dan mayores detalles sobre las novedades de esta edición). Confiamos en que este libro y todos sus recursos disponibles ayudarán a sus estudiantes a dominar Microsoft Office Excel 2007.

Consejo de consultores

Agradecemos a los miembros de nuestro consejo de consultores que con entusiasmo nos dieron sus opiniones y nos guiaron desde el principio en todas las decisiones acerca del contenido y el diseño.
Kristen Callahan, Mercer County Community College
Paulette Comet, Assistant Professor, Community College of Baltimore County
Barbara Comfort, J. Sargeant Reynolds Community College
Margaret Cooksey, Tallahassee Community College
Rachelle Hall, Glendale Community College
Hazel Kates, Miami Dade College
Charles Lupico, Thomas Nelson Community College

Agradecimientos de la autora

Elizabeth Eisner Reding La creación de un libro de esta magnitud es un esfuerzo de equipo. Me gustaría agradecer a mi esposo, Michael, así como también a Christina Kling Garret, la gerente del proyecto, y a mi editor de desarrollo, MT Cozzola, por sus sugerencias y correcciones. También desearía agradecer al personal editorial y de producción por su dedicado trabajo que hizo que este proyecto fuera una realidad.

Prefacio

Bienvenidos a la edición *Microsoft Office Excel 2007,* Serie Libro Visual. Si por primera vez utiliza un texto de esta serie, observará que su diseño es único: cada habilidad se presenta en dos páginas, una al lado de la otra, con los pasos a seguir en la página de la izquierda y las pantallas en la página de la derecha. El diseño hace fácil entender cada lección sin tener que leer una gran cantidad de texto ni consultar otras páginas para ver alguna ilustración.

Este libro es una herramienta ideal de aprendizaje para una gran variedad de estudiantes: a los principiantes su diseño les parecerá directo y fácil de seguir, por lo que preferirán enfocarse en la información esencial presentada, mientras que los más experimentados apreciarán la capacidad de pasar rápidamente por las lecciones para encontrar la información que necesitan sin tener que leer demasiado. Este diseño también permite que el texto sea una excelente referencia después de que el curso haya terminado. Observe la ilustración de la derecha para conocer más elementos pedagógicos y de diseño de una lección representativa.

Novedades de esta edición

Hicimos muchos cambios y mejoras a esta edición para que fuera la mejor hasta ahora. En seguida explicamos algunas novedades importantes:

- **Nueva unidad de Introducción a Microsoft Office 2007.** Esta unidad inicia la sección de Office y sin demora presenta a los estudiantes las características de Office 2007 que son comunes a todas las aplicaciones, como la cinta de opciones, el botón de Office y la barra de herramientas de acceso rápido.
- **Reto independiente de la vida real.** Incorporamos los ejercicios de retos independientes de la vida real cuyo objetivo es que los estudiantes tengan la oportunidad de crear proyectos que sean significativos para su propia vida, como un encabezado de correspondencia personal, una base de datos para hacer seguimiento de sus gastos personales o de su presupuesto para la compra de una casa.

Cada par de páginas se enfoca en una sola habilidad.

Un texto conciso presenta los principios básicos de la lección e integra un estudio de caso real.

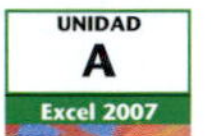

Editar entradas de las celdas

Puede modificar o **editar** el contenido de una celda activa en cualquier momento. Para hacerlo, haga doble clic en la celda, haga clic en la barra de fórmulas o, simplemente, comience a escribir. Excel se cambia al modo Edit (Modificar) cuando usted realiza las entradas en la celda. Punteros diferentes, que se ilustran en la tabla A-3, lo guían a través del proceso de edición o modificación. Usted observa algunos errores en la hoja de cálculo y decide efectuar las correcciones. El primer error se encuentra en la celda A5, que contiene un nombre mal escrito.

PASOS

CONSEJO Al presionar [Enter] también se acepta la entrada de la celda, y el apuntador de celda se desplaza un lugar hacia abajo.

CONSEJO En algunos teclados, quizá deba presionar una tecla de función "Fn" para habilitar las teclas de función.

CONSEJO El botón Undo (Deshacer) le permite hasta 100 acciones anteriores, una a la vez.

1. **Haga clic en la celda A5; luego, a la derecha de la P en la barra de fórmulas**
   Tan pronto como hace clic en la barra de fórmulas, aparece una línea vertical parpadeante denominada **punto de inserción** en la barra de fórmulas en el sitio donde se insertará un nuevo texto. Véase la figura A-9. El puntero del ratón cambia a I cuando señala en cualquier sitio de la barra de fórmulas.
2. **Presione la tecla [Delete] ([Suprimir]), luego haga clic en el botón Enter (Intro) de la barra de fórmulas**
   Al hacer clic en el botón Enter, se acepta la edición y se corrige la ortografía del primer nombre del empleado. Además, puede presionar la tecla [Enter] o la tecla [Tab] para aceptar una decisión.
3. **Haga clic en la celda B6 y después presione la tecla [F2]**
   Excel cambia al modo Edit (Modificar) y el punto de inserción parpadea en la celda. Al presionar [F2], se activa la celda para hacer la edición directamente en la misma en vez de hacerlo en la barra de fórmulas. Algunas personas prefieren efectuar la edición en la celda en vez de utilizar la barra de fórmulas, pero los resultados en la hoja de cálculo son los mismos.
4. **Presione la tecla [Backspace] ([Retroceso]), escriba 8; a continuación, oprima la tecla [Enter]**
   El valor en la celda cambia de 35 a 38, y la celda B7 se convierte en la celda activa. ¿Observó que los cálculos en las celdas B15 y E15 también cambiaron? Ello se debe a que estas celdas contienen fórmulas que incluyen la celda B6 en sus cálculos. Si comete un error cuando se efectúa la edición, puede hacer clic en el botón Cancel (Cancelar) en la barra de fórmulas *antes* de presionar la tecla [Enter] para confirmar la entrada de la celda. Los botones Enter y Cancel aparecen sólo cuando usted se halla en el modo Edit. Si advierte el error *después* de haber confirmado la entrada de la celda, haga clic en el botón Undo (Deshacer) en la barra de herramientas de acceso rápido.
5. **Haga clic en la celda A9 y presione la tecla [F2]; después, mantenga presionada la tecla [Shift] ([Mayúsculas]), presione la tecla [Home] ([Inicio]) y luego libere la tecla [Shift]**
   Mantener presionada la tecla [Shift] le permitirá seleccionar texto usando teclado. Al presionar la tecla [Home], el puntero se traslada al inicio de la celda; al oprimir la tecla [End] ([Fin]), el puntero se moverá al final de la celda.
6. **Escriba Maez, Javier; luego, presione [Enter]**
   Cuando se selecciona el texto, al escribir se le elimina y reemplaza con el nuevo texto.
7. **Haga doble clic en la celda C12, presione la tecla [Delete] ([Supr]), escriba 4 y, a continuación, haga clic en**
   Al hacer doble clic en una celda, se activa para efectuar la edición directamente en ella. Compare su pantalla con la de la figura A-10.
8. **Guarde su trabajo**
   Se guardan los cambios hechos en el libro de trabajo.

Recuperación de un archivo perdido de libro

En ocasiones, mientras utiliza Excel, puede experimentar una falla en la energía eléctrica o su computadora puede "congelarse", haciendo imposible que continúe trabajando. Si se presenta este tipo de interrupción, Excel tiene una característica integrada de recuperación que le permitirá abrir y guardar archivos que estuvieran abiertos en el momento de la interrupción. Cuando Excel reinicia después de una interrupción, se inicia automáticamente el modo File Recovery (Recuperación de archivos) e intenta efectuar cualquier reparación necesaria. Si requiere emplear un libro de trabajo corrompido, puede intentar repararlo en forma manual haciendo clic en el botón Office y en Open (Abrir). Seleccione el archivo de libro que quiera reparar, haga clic en la flecha de lista Open y, luego, en Open and Repair (Abrir y reparar).

Excel 10 Introducción a Excel 2007

Se incluyen consejos y soluciones de problemas donde usted lo necesita, cerca del paso a realizar.

Recuadros con sugerencias de uso proporcionan información concisa sobre la habilidad principal de la lección o descripciones de tareas independientes que se relacionan de alguna manera con esa habilidad principal.

Soluciones de evaluación y entrenamiento

SAM 2007

SAM 2007 tiende un puente entre el salón de clases y el mundo real, permitiendo que los estudiantes se entrenen y desarrollen habilidades computacionales importantes en un ámbito activo y práctico.

El sistema fácil de usar SAM 2007 incluye exámenes interactivos convincentes, entrenamiento en proyectos de aplicaciones críticas como Word, Excel, Access, PowerPoint, Outlook, Windows, Internet y mucho más. SAM simula el entorno de aplicación, de manera tal que los estudiantes tienen la oportunidad de demostrar sus conocimientos y capacidad de respuesta echando mano de sus habilidades al realizar tareas aplicables al mundo real.

Diseñado para utilizarse con la serie Libro Visual, SAM 2007 incluye referencias integradas a páginas, de modo que los estudiantes puedan imprimir guías de estudio útiles que coincidan con los libros de texto de la serie Libro Visual que se usen en clase. Las herramientas de administración permiten a los profesores programar exámenes y tareas, exámenes seguros y realizar informes casi sin límite de flexibilidad.

Student Edition Labs

Nuestros laboratorios basados en la Web ayudan al estudiante a dominar cientos de conceptos computacionales; entre ellos, dispositivos de entrada y salida, administración de archivos y aplicaciones de escritorio, ética computacional, protección contra virus y muchos más. Caracterizado por su contenido actualizado, sus gráficos atractivos e impactantes animaciones, el fuertemente interactivo Student Edition Labs ofrece a los estudiantes una manera alternativa de aprender a través de la observación dinámica, la práctica paso a paso y preguntas de repaso estimulantes. También se encuentra disponible en CD con un costo adicional.

Online Content

Blackboard es el más importante proveedor de la principal solución de aprendizaje a distancia y de la plataforma de administración pedagógica en la actualidad. Cengage Course Technology se ha asociado con Blackboard para llevarle a usted contenido en línea de primer nivel.

Profesores: el contenido para su uso con *Microsoft Office Excel 2007 –edición Breve* de la Serie Libro Visual se encuentra disponible en un Blackboard Course Cartridge y puede incluir repasos del tema, proyectos de caso, preguntas de repaso, bancos de pruebas, exámenes prácticos, programas de estudio personalizados y mucho más.

Cengage Course Technology tiene también soluciones para diversos sistemas de administración pedagógica. Por favor, visite *www.course.com* hoy mismo para examinar lo que se encuentra disponible para este título en su localidad.

Cada lección incluye representaciones grandes y a todo color de lo que las pantallas deberían mostrar a medida que los estudiantes completan los pasos numerados.

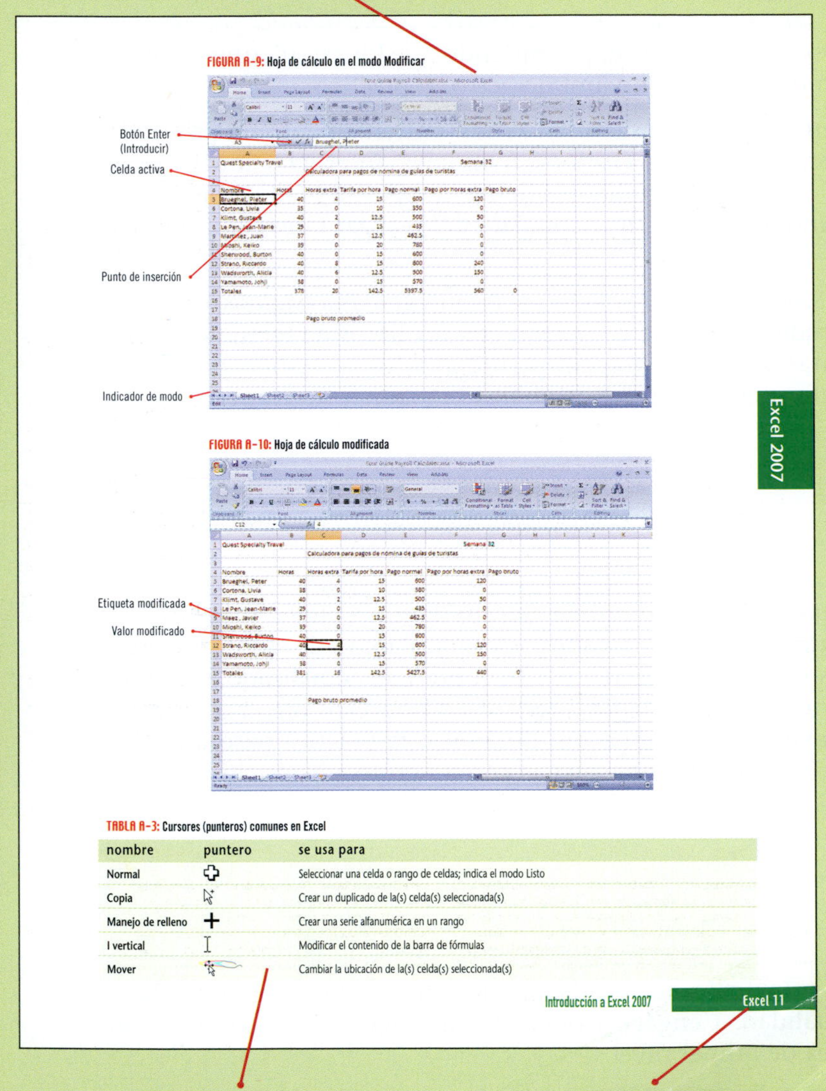
FIGURA A-9: Hoja de cálculo en el modo Modificar

FIGURA A-10: Hoja de cálculo modificada

TABLA A-3: Cursores (punteros) comunes en Excel

nombre	puntero	se usa para
Normal	✚	Seleccionar una celda o rango de celdas; indica el modo Listo
Copia	↖	Crear un duplicado de la(s) celda(s) seleccionada(s)
Manejo de relleno	+	Crear una serie alfanumérica en un rango
I vertical	I	Modificar el contenido de la barra de fórmulas
Mover	✥	Cambiar la ubicación de la(s) celda(s) seleccionada(s)

Introducción a Excel 2007 Excel 11

Las tablas constituyen resúmenes de acceso rápido a los términos clave, botones de las barras de herramientas o alternativas para usar el teclado referente al material de cada lección. Los estudiantes pueden consultar con facilidad esta información cuando trabajen en sus proyectos propios, siempre que lo necesiten.

Nueva paginación más fácil de leer, consecutiva dentro de cada aplicación.

- **Nuevo estudio de caso.** Un nuevo estudio de caso, ahora de la compañía Quest Specialty Travel, ofrece un escenario práctico y divertido con el que los estudiantes se relacionan a medida que aprenden más habilidades. Esta compañía global ficticia ofrece una amplia variedad de viajes por todo el mundo y da pie para conocer el software en inglés y en español, una habilidad muy valiosa en las empresas de nuestros días.
- **Mejoras al contenido.** Se actualizó por completo el contenido del libro en función de Office 2007 y de la retroalimentación de los profesores. En el CD de recursos para el profesor se ofrecen detalles sobre los cambios específicos del contenido de Excel.

Tareas

Las lecciones incorporan como caso de estudio el de una compañía ficticia de viajes de aventura llamada Quest Specialty Travel. La dificultad de las tareas que aparecen en las páginas de color morado, al final de cada unidad, es creciente. Los archivos de datos y los estudios de casos proporcionan una variedad de aplicaciones de negocios interesantes y relevantes. Las tareas constan de:

- **Repasos de conceptos,** que constan de preguntas de opción múltiple, correlación y preguntas de identificación de pantallas.
- **Repasos de habilidades,** que proporcionan reforzamiento adicional de prácticas paso a paso.
- **Retos independientes,** que son proyectos de casos cuyo desarrollo requiere de pensamiento crítico y aplicación de las habilidades presentadas en las unidades. El nivel de dificultad de los retos independientes es creciente, de modo que el primero de cada unidad es el más sencillo. Los retos independientes 2 y 3 son más abiertos y su dificultad es mayor, pues requieren una solución más independiente del problema.
- **Retos independientes de la vida real,** que son ejercicios prácticos donde los estudiantes crean documentos de utilidad en la vida cotidiana.
- **Ejercicios de reto avanzado,** que se ubican dentro de los retos independientes y proporcionan pasos opcionales para los estudiantes más avanzados.
- **Talleres visuales,** que son proyectos prácticos, autograduados que requieren una solución independiente del problema.

Recursos para el profesor

Consulte con su representante de ventas la disponibilidad de este material de apoyo en su país. El CD de recursos (en inglés) para el profesor es la manera en que Cengage Course Technology pone en sus manos los recursos y la información necesaria para enseñar y aprender de manera efectiva. Con un arreglo integrado de herramientas de enseñanza y aprendizaje, que ofrece a usted y a sus estudiantes una amplia gama de opciones pedagógicas basadas en la tecnología, creemos que este CD representa los recursos de la más alta calidad y tecnología de punta disponible para los profesores en la actualidad. Muchos de estos recursos se encuentran disponibles en *www.course.com.* Los recursos de este libro son:

- **Manual del profesor.** Disponible como archivo electrónico, el *Instructor Manual* incluye temas detallados de lectura con sugerencias pedagógicas para cada unidad.
- **Programa de estudios de muestra.** Prepare y personalice su curso fácilmente con base en este esquema de curso en línea.
- **Presentaciones de PowerPoint.** Cada unidad tiene una presentación de PowerPoint correspondiente que se puede emplear como lectura, distribuirla a sus estudiantes o personalizarla para adecuarla a su curso.
- **Archivos de figuras.** Las figuras en el texto se proporcionan en el Instructor Resources CD (CD de Recursos del profesor) para ayudarle a ilustrar temas o conceptos claves. Usted puede crear transparencias tradicionales para proyector imprimiendo los archivos de las figuras. O bien puede crear presentaciones de diapositivas electrónicas haciendo uso de las figuras en un programa de presentaciones como PowerPoint.
- **Soluciones a los ejercicios.** *Solutions to Exercises* contiene todos los archivos que los estudiantes deben crear o modificar en las lecciones y en el material que viene al final de las unidades. Aquí también se proporciona un documento que reseña las soluciones de las secciones: Repaso de conceptos, Repaso de habilidades y Retos independientes, que vienen al final de cada unidad. Un Archivo de anotaciones a las soluciones y una Firma de calificación vienen en cada archivo y pueden emplearse en conjunto para calificar de manera fácil y rápida.
- **Archivos de datos para los estudiantes.** Para completar la mayoría de las unidades en este libro, sus estudiantes necesitarán ciertos archivos de datos. Usted puede enviar o "subir" los archivos de datos a un servidor de archivos para que los estudiantes lo copien. Los archivos de datos se encuentran disponibles en el Instructor Resources CD (CD de Recursos del profesor), en el Review Pack (Paquete de repaso) y también puede descargarse desde *www.course.com.* En esta edición, hemos incluido una lección acerca de la descarga de los archivos de datos para este libro, véase la página xvi.

  Instruya a los estudiantes para que utilicen la lista de archivos de datos incluida en el Review Pack (Paquete de repaso) y el Instructor Resources CD (CD de Recursos del profesor). Esta lista proporciona instrucciones para copiar y organizar archivos.
- **ExamView:** ExamView es un poderoso paquete de software de pruebas que le permite crear y aplicar exámenes impresos, por computadora (basados en una LAN) y por Internet. ExamView incluye cientos de preguntas que corresponden a los temas cubiertos en este texto, capacitando a los estudiantes a generar detalladas guías de estudio que incluyen referencias a las páginas para revisiones adicionales. Los componentes para examen basados en computadora y por Internet permiten a los estudiantes presentar exámenes en sus computadoras y también ahorra tiempo al calificar cada examen de forma automática.

Course Casts: Aprendizaje en el camino. Siempre disponible... siempre relevante.

¿Quiere mantenerse al día con las últimas tendencias tecnológicas relevantes para usted? Visite nuestro sitio para hallar una biblioteca de podcasts, CourseCasts, presentación de un "CourseCast of the Week" ("CourseCast de la semana") y descargarlos a su reproductor de MP3 en *http://coursecasts.course.com.*

Nuestro vertiginoso mundo está controlado por la tecnología. Usted lo sabe porque es un participante activo: siempre en marcha, siempre actualizado con las últimas tendencias tecnológicas y siempre aprendiendo nuevas formas de adoptar las tecnologías para mejorar su vida.

Ken Baldauf, profesor del Departamento de Ciencias de la Computación de la Universidad del Estado de Florida, es responsable de impartir clases de tecnología a miles de estudiantes de esta institución cada año. Él sabe lo que usted sabe; sabe que usted quiere aprender. También es un experto en la tecnología más reciente y clasificará y agregará las noticias e información más pertinentes de modo que usted pueda dedicar su tiempo a disfrutar de la tecnología, y no a intentar explicársela.

¡Visítenos en *http://coursecasts.course.com* para aprender sobre la marcha!

COURSECASTS

Contenido breve

Contenido

EXCEL 2007

Unidad C: Dar formato a una hoja de cálculo 51

EXCEL 2007

Unidad D: Trabajar con gráficos 79

Lea esto antes de comenzar

Preguntas más frecuentes

¿Qué son los archivos de datos?

Un archivo de datos es un documento de Word, un libro de trabajo de Excel, una base de datos de Access, una presentación de PowerPoint parcialmente completados u otro tipo de archivo que usted utiliza para llevar a cabo los pasos de las unidades y ejercicios para crear el documento final que le entregará a su profesor. Cada página de inicio de la unidad enumera los archivos de datos que se necesitan para esa unidad.

¿Dónde se localizan los archivos de datos?

Su profesor le proporcionará los archivos de datos o lo remitirá a un sitio o unidad de red desde donde usted pueda descargarlos. Si lo prefiere, puede seguir las instrucciones de la página siguiente, para descargar los archivos de datos desde la página Web de este libro.

¿Qué software se utilizó para escribir y probar este libro?

Este libro fue escrito y probado utilizando una instalación típica de Microsoft Office 2007 en una computadora con una instalación típica de Microsoft Windows Vista.

En todos los pasos que requieren de un navegador, se empleó Internet Explorer 7. Si usted está utilizando este libro con Windows XP, por favor consulte la página siguiente, "Notas importantes para los usuarios de Windows XP". Si está usando este libro con Windows Vista, consulte por favor el apéndice al final de este libro.

¿Necesito estar conectado a Internet para completar los pasos y ejercicios de este libro?

Algunos de los ejercicios de este libro suponen que su computadora se encuentra conectada a Internet. Si no es así, consulte a su profesor para obtener información acerca de cómo hacer los ejercicios.

¿Qué hacer si mi pantalla se ve diferente a las que muestran las figuras del libro?

Este texto fue escrito y probado en computadoras con monitores configurados a una resolución de 1024 × 768. Si su pantalla muestra mayor o menor cantidad de información que las figuras del libro, su monitor probablemente se encuentra configurado a una resolución mayor o menor. Si usted no ve algún elemento en su pantalla, puede que tenga que desplazarse hacia arriba o hacia abajo para ver el elemento identificado en las figuras.

La cinta de opciones (el área azul en la parte superior de la pantalla) de Microsoft Office 2007 se adapta a diferentes resoluciones. Si su monitor está configurado a una resolución inferior a 1024 × 768, puede ser que no vea todos los botones mostrados en las figuras. Los grupos de botones siempre aparecen, pero el grupo podría estar condensado en un solo botón donde necesitará hacer clic para tener acceso a los botones descritos en las instrucciones. Por ejemplo, las figuras y los pasos en este libro suponen que el grupo Editing (Edición) en la pestaña Home (Inicio) en Word tiene la apariencia siguiente:

Grupo Editing (Edición) de 1024 × 768

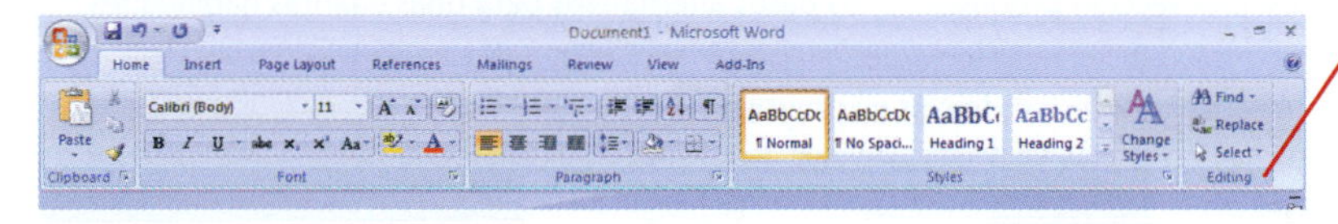

El grupo Editing (Edición) en la pestaña Home (Inicio) de la cinta de opciones a una resolución de 1024 × 768

Si su resolución es de 800 × 600, la cinta de opciones en Word se parecerá a la figura siguiente, y usted necesitará hacer clic en el botón Editing para tener acceso a los botones que están visibles en el grupo Editing.

Grupo Editing (Edición) de 800 × 600

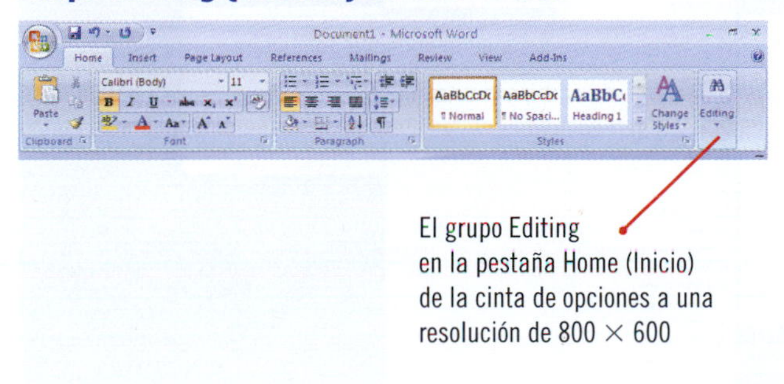

El grupo Editing en la pestaña Home (Inicio) de la cinta de opciones a una resolución de 800 × 600

Grupo Editing (Edición) de 800 × 600 después de hacer clic en él

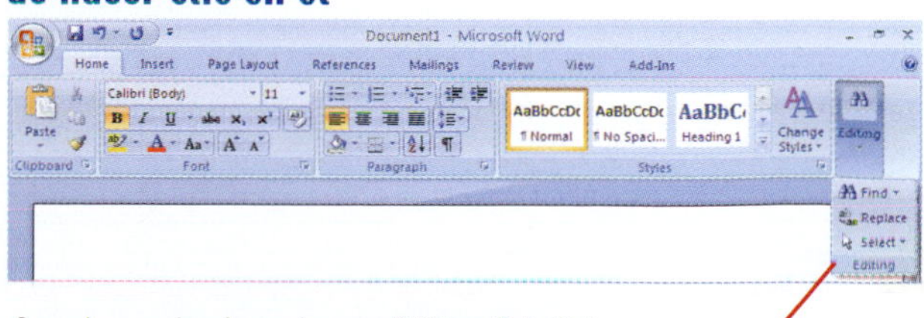

Cuando se selecciona el grupo Editing (Edición) en la ficha Home (Inicio) de la cinta de opciones a una resolución de 800 × 600, se muestran los botones disponibles

Notas importantes para los usuarios de Windows XP

Las pantallas de este libro muestran a Microsoft Office 2007 ejecutándose en el sistema operativo Windows Vista. No obstante, aun cuando utilice Microsoft Windows XP, este libro le resultará de gran ayuda, pues Office 2007 se ejecuta casi de la misma forma en ambas plataformas. Existen algunas diferencias que encontrará si trabaja en Windows XP; para comprenderlas, lea esta sección.

Cuadros de diálogo

Si usted es usuario de Windows XP, los cuadros de diálogo mostrados en este libro tendrán un aspecto ligeramente diferente del que usted observa en su pantalla. Los suyos tendrán una barra de título azul, en lugar de una gris. Sin embargo, más allá de esta diferencia superficial en el aspecto, las opciones en los cuadros de diálogo en ambas plataformas son las mismas. Por ejemplo, las pantallas ilustradas a continuación muestran el cuadro de diálogo Font (Fuente) ejecutándose en Windows XP y en Windows Vista.

FIGURA 1: Cuadro de diálogo en Windows XP

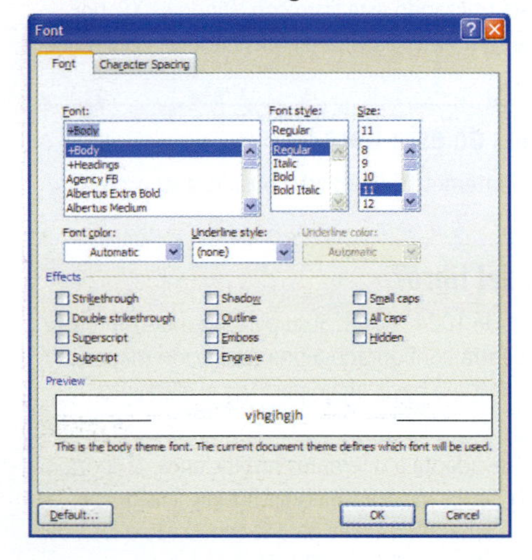

FIGURA 2: Cuadro de diálogo en Windows Vista

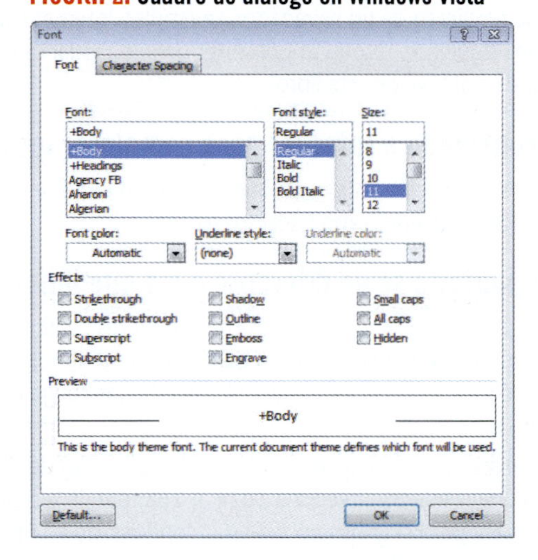

Pasos alternativos para los usuarios de Windows XP

Casi todos los pasos en este libro funcionan de la misma manera para los usuarios de Windows XP. Sin embargo, existen algunas tareas que requerirán que usted complete pasos ligeramente diferentes. Esta sección proporciona los pasos alternativos para unas cuantas habilidades específicas.

Iniciar un progama

1. Haga clic en el **botón Start (Inicio)** en la barra de tareas
2. Señale **All Programs (Todos los programas)**, seleccione **Microsoft Office** y luego haga clic en la aplicación que desee utilizar

FIGURA 3: Iniciar un programa

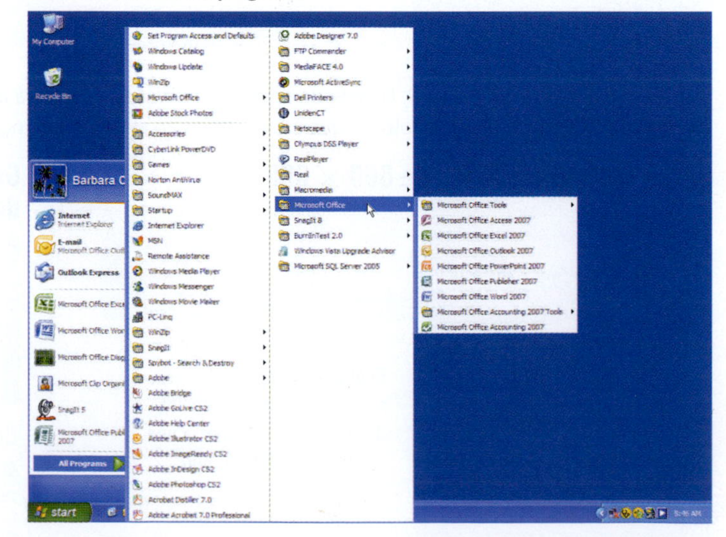

Guardar un archivo por primera vez

1. Haga clic en el **botón de Office** y luego en **Save As (Guardar como)**
2. Escriba un nombre para su archivo en el cuadro de texto File Name (Nombre de archivo)
3. Haga clic en la **flecha de lista Save in (Guardar en)**, luego navegue hasta la unidad y carpeta donde almacene sus archivos de datos
4. Haga clic en **Save (Guardar)**

FIGURA 4: Cuadro de diálogo Save As (Guardar como)

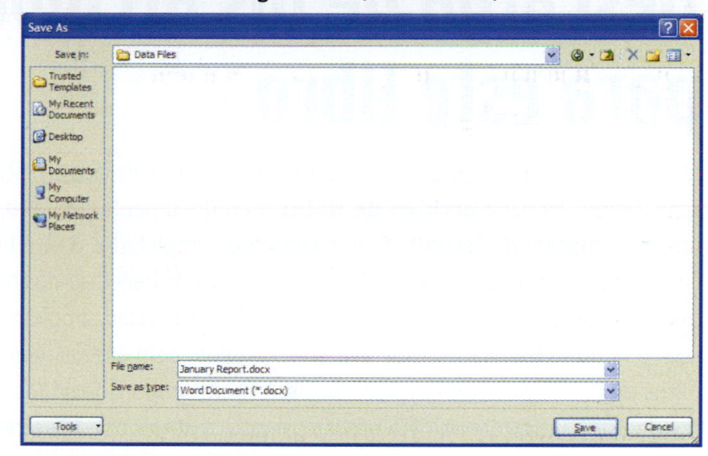

Abrir un archivo

1. Haga clic en el **botón de Office** y, después, en **Open (Abrir)**
2. Haga clic en la **flecha de lista Look in (Buscar en)**, luego navegue hasta la unidad y la carpeta donde almacene sus archivos de datos
3. Haga clic en el archivo que desee abrir
4. Haga clic en **Open (Abrir)**

FIGURA 5: Cuadro de diálogo Open (Abrir)

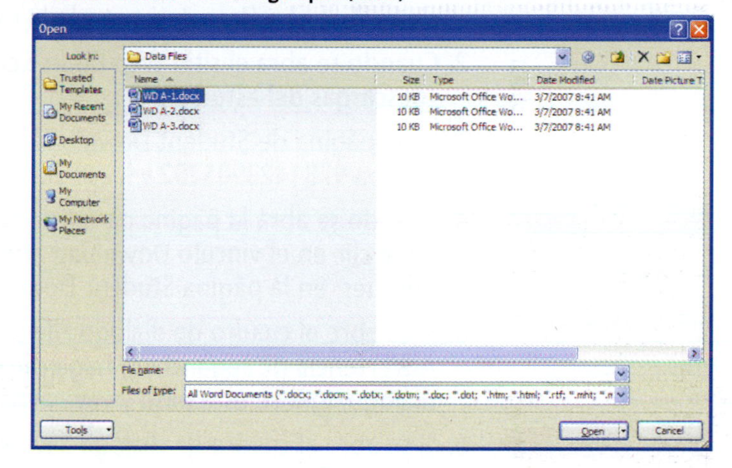

Descarga de los archivos de datos para este libro

Al realizar muchos de los pasos de las lecciones y los ejercicios en este libro, se le pedirá que abra y guarde unos archivos. En esta serie, hemos llamado **archivo de datos** a un documento de Word, un libro de trabajo de Excel, una base de datos de Access, una presentación de PowerPoint parcialmente completados u otro tipo de archivo que usted utiliza como punto de partida para llevar a cabo los pasos de las unidades y ejercicios. El beneficio de emplear un archivo de datos es el ahorro del tiempo y esfuerzo que se necesitan para crear un archivo desde cero; usted simplemente tiene que abrir un archivo de datos, guardarlo con un nuevo nombre (de manera que el archivo original permanezca intacto) y después hacer modificaciones en él para completar los pasos de la lección o un ejercicio. Su profesor le proporcionará los archivos de datos o le indicará de qué sitio o unidad de red puede usted descargarlos. Si lo prefiere, siga las instrucciones de esta lección para descargar los archivos de datos desde la página Web de este libro.

1. **Inicie Internet Explorer, escriba www.course.com en la barra de dirección y luego presione [Enter] o [Intro], si su teclado está en español.**
2. **Cuando se abra el sitio Web Course.com, haga clic en el vínculo Student Downloads (descargas del estudiante)**
3. **En la página de Student Downloads, haga clic en el cuadro de texto Search (Buscar), escriba 9781423905202 y luego haga clic en Go (Ir a)**

CONSEJO

También puede hacer clic en Student Downloads al lado derecho de la página del producto.

4. **Cuando se abra la página para este libro de texto, en la barra de navegación izquierda, haga clic en el vínculo Download Student File (archivo de descarga del estudiante) y después, en la página Student Downloads, haga clic en el vínculo Data Files (Archivos)**
5. **Si se abre el cuadro de diálogo File Download – Security Warning (Descarga de archivo - Advertencia de seguridad), haga clic en Save (Guardar). (Si no aparece un cuadro de diálogo, ignore este paso y vaya al paso 6)**

¿PROBLEMAS?

Si se abre un cuadro de diálogo que diga que la descarga está completa, haga clic en Close (Cerrar).

6. **Si se abre el cuadro de diálogo Save As (Guardar como), haga clic en la flecha de lista Save in (Guardar en) en la parte superior del cuadro de diálogo, seleccione una carpeta en su unidad USB o disco duro para descargar el archivo y luego haga clic en Save**
7. **Cierre Internet Explorer y luego abra My Computer (Mi PC o Equipo) o Windows Explorer (Explorador de Windows) y despliegue el contenido de la unidad y carpeta en la cual usted haya descargado el archivo**
8. **Haga doble clic en el archivo 905202.exe localizado en la unidad o carpeta, y luego, si se abre el cuadro de diálogo Open File - Security Warning (Abrir archivo - Advertencia de seguridad), haga clic en Run (Ejecutar)**

CONSEJO

De manera predeterminada, los archivos se extraerán a C:\CourseTechnology\905202

9. **En la ventana del extractor automático WinZip, navegue hasta la unidad y la carpeta donde usted quiera descomprimir los archivos y luego haga clic en Unzip (Descomprimir)**
10. **Cuando el extractor automático WinZip exhiba un cuadro de diálogo enumerando los archivos que se han descomprimido de manera exitosa, haga clic en OK (Aceptar), clic en Close (Cerrar), en el cuadro de diálogo del extractor automático WinZip, y cierre Windows Explorer o My Computer**

    Ahora usted está listo para abrir los archivos requeridos.

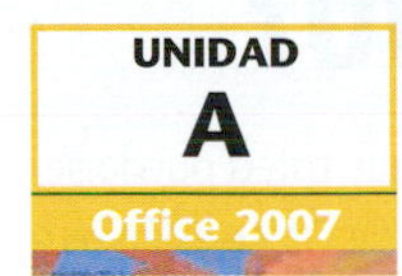

Introducción a Microsoft Office 2007

Archivos que necesita:
OFFICE A-1.xlsx

Microsoft Office 2007 es un grupo de programas de software diseñado para ayudarle a crear documentos, colaborar con compañeros de trabajo, así como hacer el seguimiento y el análisis de su información. Cada programa está diseñado de tal modo que usted puede trabajar en forma rápida y eficiente para generar resultados de aspecto profesional. Aunque todos los programas tienen una apariencia y manejo similares, usted utiliza distintos programas de Office para llevar a cabo tareas específicas, tales como escribir una carta o producir una presentación de ventas. Una vez que se familiarice con uno de los programas, descubrirá que resulta sencillo transferir su conocimiento a los otros. Esta unidad le presenta los programas que se emplean con mayor frecuencia en Office, así como las características que ellos comparten.

OBJETIVOS

- Comprender la suite Office 2007
- Iniciar y terminar un programa de Office
- Ver la interfaz de Office 2007
- Crear y guardar un archivo
- Abrir un archivo y guardarlo con un nuevo nombre
- Examinar e imprimir su trabajo
- Obtener ayuda y cerrar un archivo

Comprender la suite Office 2007

Microsoft Office 2007 tiene una interfaz de usuario intuitiva y sensible al contexto, de manera que usted puede llegar a dominarla con rapidez y usar características avanzadas con mayor facilidad. Los programas de Office están reunidos en conjunto en un grupo denominado **suite** (aunque también pueden adquirirse por separado). La suite Office se encuentra disponible en diversas configuraciones, pero todas incluyen Word y Excel. Otras configuraciones incluyen PowerPoint, Access, Outlook, Publisher u otros. Cada programa en Office está mejor adaptado para completar tipos específicos de tareas, aunque existe cierta repetición de elementos en términos de sus capacidades.

DETALLES

Los programas de Office que este libro abarca incluyen:

- **Microsoft Office Word 2007**
  Cuando usted necesite crear cualquier clase de documento basado en texto, tal como memorandos, boletines o informes de múltiples páginas, Word es el programa a utilizar. Usted puede hacer que sus elementos tengan fácilmente una excelente apariencia al agregar gráficas atractivas y aplicar herramientas de formato como los temas. Los **temas** son combinaciones ya diseñadas con atributos de color y formato que puede aplicar y que están disponibles en la mayoría de los programas de Office. El documento de Word mostrado en la figura A-1 tiene el formato predefinido en el tema Solstice ("Solsticio").

- **Microsoft Office Excel 2007**
  Excel es la solución perfecta cuando usted requiere trabajar con valores numéricos y efectuar cálculos. Pone al alcance de las manos de cualquier usuario el poder de las fórmulas, funciones, gráficos y otras herramientas analíticas, de manera que usted puede analizar proyecciones de ventas, comprender los pagos de un préstamo y presentar sus conclusiones de un modo profesional. La hoja de cálculo de Excel que se presenta en la figura A-1 hace un seguimiento de gastos personales. Debido a que Excel vuelve a calcular en forma automática los resultados si se modifica algún valor, la información siempre está actualizada. Una gráfica ilustra de qué manera se desglosan los gastos mensuales.

- **Microsoft Office PowerPoint 2007**
  Haciendo uso de PowerPoint, resulta sencillo crear extraordinarias presentaciones enriquecidas con gráficas, transiciones e incluso fondos musicales. Empleando temas diseñados profesionalmente junto con arte gráfico, usted puede, en forma fácil y rápida, crear dinámicas presentaciones de diapositivas como la de la figura A-1.

- **Microsoft Office Access 2007**
  Access le ayuda a efectuar un seguimiento de grandes cantidades de datos, tales como los inventarios de un producto o los registros de empleados. La forma mostrada en la figura A-1 fue creada para una base de datos de inventario de un almacén de abarrotes y comestibles. Los empleados utilizan la forma para introducir los datos de cada producto. Hacer uso de Access permite a los empleados encontrar con rapidez información específica tal como precio y cantidad, sin tener que averiguar en los estantes y depósitos de toda la tienda.

Microsoft Office posee ventajas más allá del dinamismo de cada programa, las cuales incluyen:

- **Interfaz de usuario en común: mejora de los procesos comerciales**
  Debido a que los programas de la suite Office tienen una **interfaz** similar, o tienen ese aspecto y se perciben así, su experiencia al aplicar las herramientas de uno de los programas hace sencillo aprender las correspondientes en los otros. Los documentos de Office son **compatibles** entre sí, lo que significa que usted puede incorporar o **integrar** fácilmente una gráfica de Excel en una diapositiva de PowerPoint, o una tabla de Access dentro de un documento de Word.

- **Colaboración: la simplificación de cómo las personas trabajan en conjunto**
  Office reconoce la forma en que la gente realiza los negocios en la actualidad, y apoya el énfasis en la comunicación y la distribución del conocimiento dentro de las compañías y a través del mundo. Todos los programas de Office incluyen la capacidad de incorporar retroalimentación (denominada **colaboración en línea**) a través de Internet o de la red de una compañía.

FIGURA A-1: Documentos de Microsoft Office 2007

Documento Word

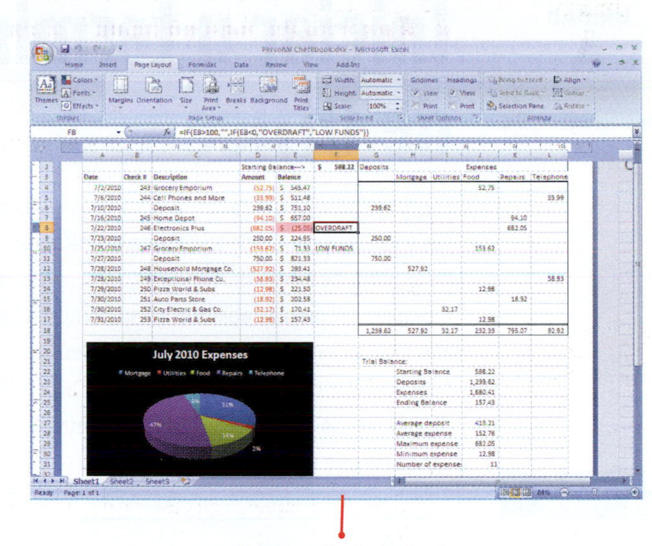

Hoja de cálculo de Excel

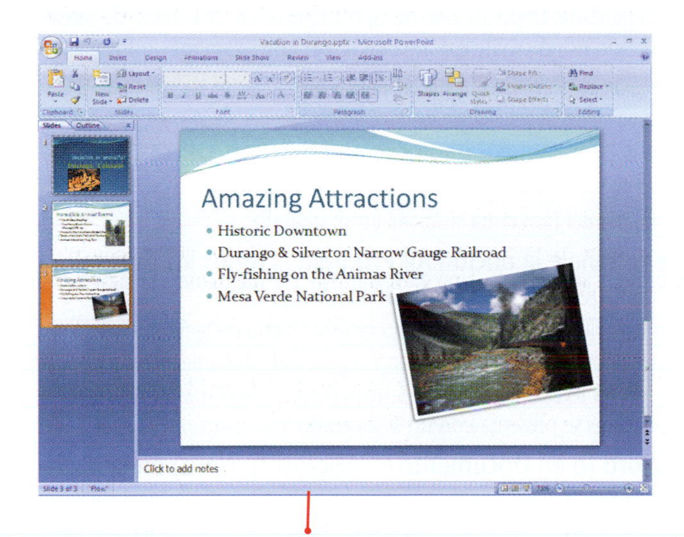

Presentación de PowerPoint

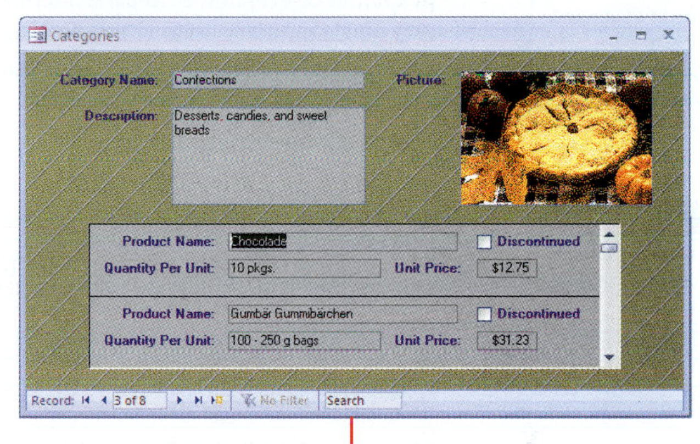

Forma de base de datos de Access

Decidir cuál programa utilizar

Cada programa de Office incluye herramientas que van más allá de lo que usted podría esperar. Por ejemplo, aunque Excel está diseñado principalmente para efectuar cálculos, puede utilizarlo para crear una base de datos. De modo que, cuando usted está planeando un proyecto, ¿cómo decidir cuál programa de Office emplear? La regla práctica en general es hacer uso del programa mejor adaptado para la tarea destinada y usar las herramientas de soporte del programa si usted lo requiere. Word es mejor para crear documentos que se basan en texto, Excel es ideal para efectuar cálculos matemáticos, PowerPoint es el indicado para preparar presentaciones y Access es la elección idónea para administrar datos cuantitativos. Aunque las capacidades de Office son tan grandes que usted *podría* crear un inventario en Excel o un presupuesto en Word, encontrará mayor flexibilidad y eficacia al usar el programa diseñado para la tarea específica. Y recuerde, siempre puede crear un archivo en un programa y, posteriormente, insertarlo en un documento de otro programa cuando usted lo necesite, tal como incluir proyecciones de ventas (Excel) en un memorando (Word).

Iniciar y terminar un programa de Office

El primer paso al utilizar un programa de Office es, por supuesto, abrirlo, o **iniciarlo**, en su computadora. Usted tiene varias opciones para la forma de iniciar un programa, pero la más fácil es hacer clic sobre el botón Start (Inicio) de la barra de tareas de Windows, o hacer doble clic sobre un icono en el escritorio de Windows. Se pueden tener múltiples programas abiertos en su computadora de manera simultánea y puede desplazarse entre los programas abiertos haciendo clic en el programa deseado o en el botón del documento en la barra de tareas, o bien, usando la combinación de teclas [Alt][Tab] como acceso directo. Cuando trabaje, a menudo querrá abrir múltiples programas de Office y pasar de uno a otro a lo largo de la jornada. Comencemos iniciando algunos programas de Office en este momento.

PASOS

CONSEJO
También puede iniciar un programa haciendo doble clic en un icono del escritorio o haciendo clic en una entrada del menú Recent Items (Elementos recientes)

1. **Haga clic en el botón Start (Inicio) en la barra de tareas**
   Se abre el menú Start (Inicio), como se muestra en la figura A-2. Si la barra de tareas está oculta, puede exhibirla al apuntar con el ratón en la parte inferior de la pantalla. Dependiendo de su configuración de la barra de tareas, ésta puede mostrarse todo el tiempo o sólo cuando usted señale esa área de la pantalla. Para más información o para modificar las propiedades de su barra de tareas, consulte a su instructor o persona encargada del soporte técnico.
2. **Señale la opción All Programs (Todos los programas), haga clic en Microsoft Office y luego en Microsoft Office Word 2007**
   Se iniciará Microsoft Office Word 2007 y la ventana del programa se abrirá en su pantalla.

CONSEJO
No es necesario cerrar un programa antes de abrir otro.

3. **Haga clic en sobre la barra de tareas, señale la opción All Programs (Todos los programas), haga clic en Microsoft Office y, después, en Microsoft Office Excel 2007**
   Se iniciará Microsoft Office Excel 2007 y la ventana del programa se abrirá, como se ilustra en la figura A-3. Word ya no está visible, pero permanece abierto. La barra de tareas muestra un botón para cada documento y programa abiertos. Debido a que este documento de Excel está **activo**, o al frente y disponible, el botón Microsoft Excel - Book1 (Libro1) que se encuentra en la barra de tareas se presenta con un sombreado más oscuro.
4. **Haga clic en Document1 – Microsoft Word (o en Documento1 – Microsoft Word) en la barra de tareas**
   Hacer clic en un botón de la barra de tareas activa dicho programa y documento. Ahora, la ventana del programa Word está al frente y el botón en la barra de tareas Document1 – Microsoft Word aparece sombreado.

CONSEJO
Si no hay lugar en su barra de tareas para exhibir el nombre completo de cada botón, puede señalar cualquier botón para visualizar el nombre completo en una ScreenTip (Información en pantalla).

5. **Haga clic en sobre la barra de tareas, señale la opción All Programs (Todos los programas), haga clic en Microsoft Office y, a continuación, en Microsoft Office PowerPoint 2007**
   Se inicia Microsoft Office PowerPoint 2007 y se convierte en el programa activo.
6. **Haga clic en Microsoft Excel – Book1 (Microsoft Excel – Libro1) en la barra de tareas**
   Ahora Excel es el programa activo.

CONSEJO
A medida que trabaje en Windows, su computadora se adaptará a sus actividades. Puede advertir que después de hacer clic en el botón Start (Inicio), el nombre del programa que usted quiere abrir aparece en el menú Start (Inicio); si es así, puede hacer clic en él para iniciar el programa.

7. **Haga clic en sobre la barra de tareas, señale la opción All Programs (Todos los programas), haga clic en Microsoft Office y luego en Microsoft Office Access 2007**
   Se inicia Microsoft Office Access 2007 y se convierte en el programa activo.
8. **Señale la barra de tareas para hacerla visible, si es necesario**
   Cuatro programas de Office están abiertos de manera simultánea.
9. **Haga clic en el botón Office y, después, en Exit Access (Salir de Access), como se muestra en la figura A-4**
   Access se cierra, dejando activo Excel y abiertos Word y PowerPoint.

FIGURA A-2: Menú Start (Inicio)

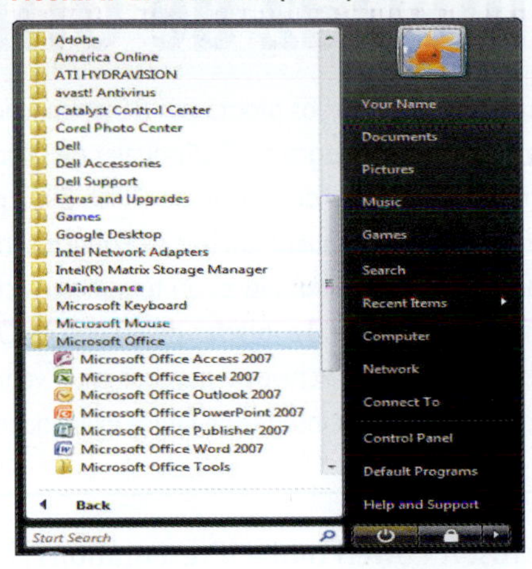

FIGURA A-3: Ventana del programa Excel y barra de tareas de Windows

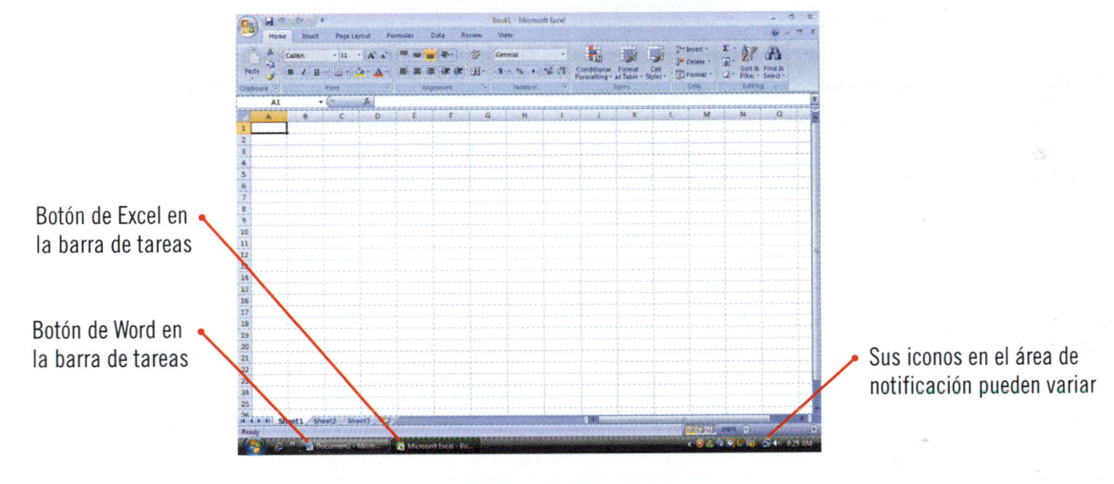

FIGURA A-4: Salir de Microsoft Office Access

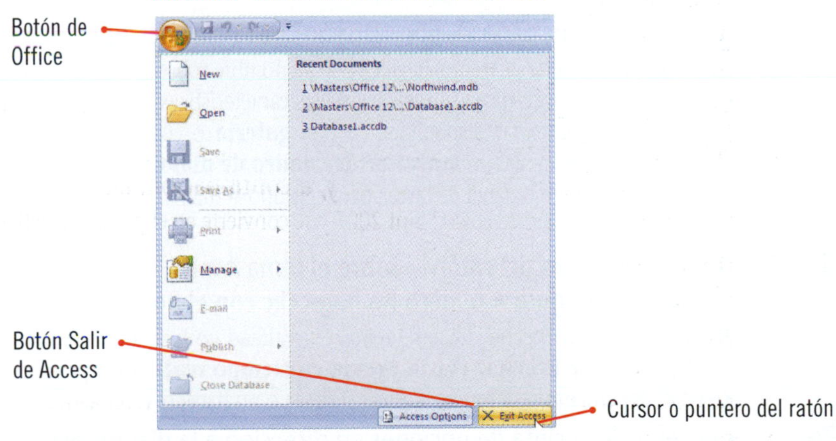

Uso de teclas de acceso directo para desplazarse entre programas de Office

De manera alternativa a la barra de tareas de Windows, usted puede emplear un acceso directo desde el teclado para moverse entre los programas abiertos de Office. La combinación de teclas [Alt][Tab] le permite desplazarse rápidamente al siguiente programa abierto o seleccionar alguno de entre varias opciones. Para desplazarse inmediatamente al siguiente programa abierto, presione [Alt][Tab]. Para seleccionar un programa de entre todos los que están abiertos, mantenga presionada la tecla [Alt] mientras presiona y libera la tecla [Tab] sin liberar la tecla [Alt]. Se abrirá un conjunto de iconos sobre la pantalla, exhibiendo tanto el icono como el nombre de archivo de cada programa y archivo abiertos. Cada vez que presione la tecla [Tab] mientras mantiene presionada [Alt], la opción seleccionada se desplaza al siguiente archivo abierto. Libere la tecla [Alt] cuando el programa/archivo que desea activar esté seleccionado.

UNIDAD
A
Office 2007

Ver la interfaz de Office 2007

Una de las ventajas de usar Office es que los programas tienen mucho en común, haciéndolos fáciles de aprender y facilitando el paso de uno a otro. Los programas individuales de Office siempre han compartido muchas características, pero las innovaciones en la interfaz de usuario de Office 2007 presentan similitudes aun mayores entre todos ellos. Esto significa que usted también puede utilizar su conocimiento de uno de los programas para acelerar su aprendizaje en otro. Una **interfaz de usuario** es un término colectivo que abarca todos los modos en que usted interactúa con un programa de software. La interfaz de usuario en Office 2007 incluye una forma más intuitiva de seleccionar los comandos, trabajar con archivos y navegar en la ventana del programa. Familiarícese con algunos de los elementos comunes de la interfaz de Office examinando la ventana del programa PowerPoint.

PASOS

CONSEJO
Además de las pestañas estándar en la cinta de opciones, se abren **pestañas contextuales** cuando es necesario completar una tarea específica; éstas aparecen en color contrastante y se cierran cuando ya no se requieren.

1. **Haga clic en Microsoft PowerPoint – [Presentation1] [Presentación1] en la barra de tareas**
   PowerPoint se convierte en el programa activo. Consulte la figura A-5 para identificar los elementos comunes de la interfaz de usuarios de Office. La **ventana del documento** ocupa la mayor parte de la pantalla. En PowerPoint, aparece una diapositiva en blanco en la ventana del documento, de modo que usted puede crear su presentación de diapositivas. En la parte superior de cualquier ventana de programa de Office se encuentra una **barra de título** que exhibe el nombre del programa y del documento. Debajo de la barra de título se halla la **cinta de opciones**, que muestra los comandos que probablemente usted necesitará para la tarea actual. Los comandos están organizados en **pestañas (conocidas también como etiquetas o fichas)**. Los nombres de las pestañas aparecen en la parte superior de la cinta de opciones y la ficha activa aparece al frente con su nombre resaltado. La cinta de opciones en cada programa de Office incluye pestañas específicas para el programa y en todos los casos se incluye la pestaña Home (Inicio) en el extremo izquierdo, para las tareas más comunes en ese programa.
2. **Haga clic en el botón Office**
   Se abre el menú Office. Este menú contiene comandos comunes a la mayoría de los programas de Office, como abrir y guardar un archivo y cerrar el programa actual. Enseguida del botón Office, está la **barra de herramientas de acceso rápido**, que incluye botones para los comandos comunes de Office.

¿PROBLEMAS?
Si hace clic accidentalmente en el comando equivocado y se abre un cuadro de diálogo no deseado, presione la tecla [Esc].

3. **Haga clic nuevamente en para cerrarlo, luego señale el botón Save [Guardar] en la barra de herramientas de acceso rápido, *pero no haga clic***
   Puede señalar cualquier botón en Office para ver una descripción; ésta es una buena forma de aprender las opciones disponibles.
4. **Haga clic en la pestaña Design (Diseño) de la cinta de opciones**
   Para mostrar una ficha diferente, haga clic en su nombre sobre la cinta de opciones. Cada pestaña reúne comandos relacionados en **grupos** para hacer que las características resulten sencillas de encontrar. El grupo Themes (Temas) exhibe los temas disponibles en una **galería** o conjunto de elecciones que usted puede explorar. Muchos grupos contienen un **lanzador de cuadro de diálogo**, un icono en el que puede hacer clic para abrir un cuadro de diálogo o panel de tareas para el grupo actual, lo que ofrece una manera alternativa para seleccionar los comandos.

CONSEJO
La vista previa está disponible en muchas galerías y paletas en todo Office.

5. **Mueva el puntero del ratón sobre el tema Aspect (Aspecto) en el grupo Temas como se muestra en la figura A-6, pero no haga clic con el botón del ratón**
   Debido a que no ha hecho clic en el tema, en realidad no ha realizado ningún cambio a la diapositiva. Con la característica **Live Preview (Vista previa en tiempo real)**, usted puede señalar una opción, ver los resultados en el documento y, entonces, decidir si desea o no hacer el cambio.

CONSEJO
Si hace clic de manera accidental en un tema, haga clic en el botón Undo (Deshacer Modificar tema) en la barra de herramientas de Acceso rápido.

6. **Aleje el de la cinta de opciones en dirección a la diapositiva**
   Si hiciera clic en el tema Aspecto, se aplicaría a esta diapositiva. Si no lo hizo, la diapositiva permanece sin cambios.
7. **Señale el control deslizante del Zoom en la barra de estado; luego, arrastre el hacia la derecha hasta que el porcentaje de Zoom (acercamiento) alcance 166%**
   El tamaño de la diapositiva aumentó. Las herramientas de Zoom se hallan en la barra de estado. Usted puede arrastrar el control deslizante o hacer clic en los botones con signos más y menos para acercar/alejar alguna área de interés. El porcentaje le indica el efecto del zoom.
8. **Arrastre el control deslizante del Zoom en la barra de estado hacia la izquierda hasta que el porcentaje de Zoom indique 73%**

FIGURA A-5: Ventana del programa PowerPoint

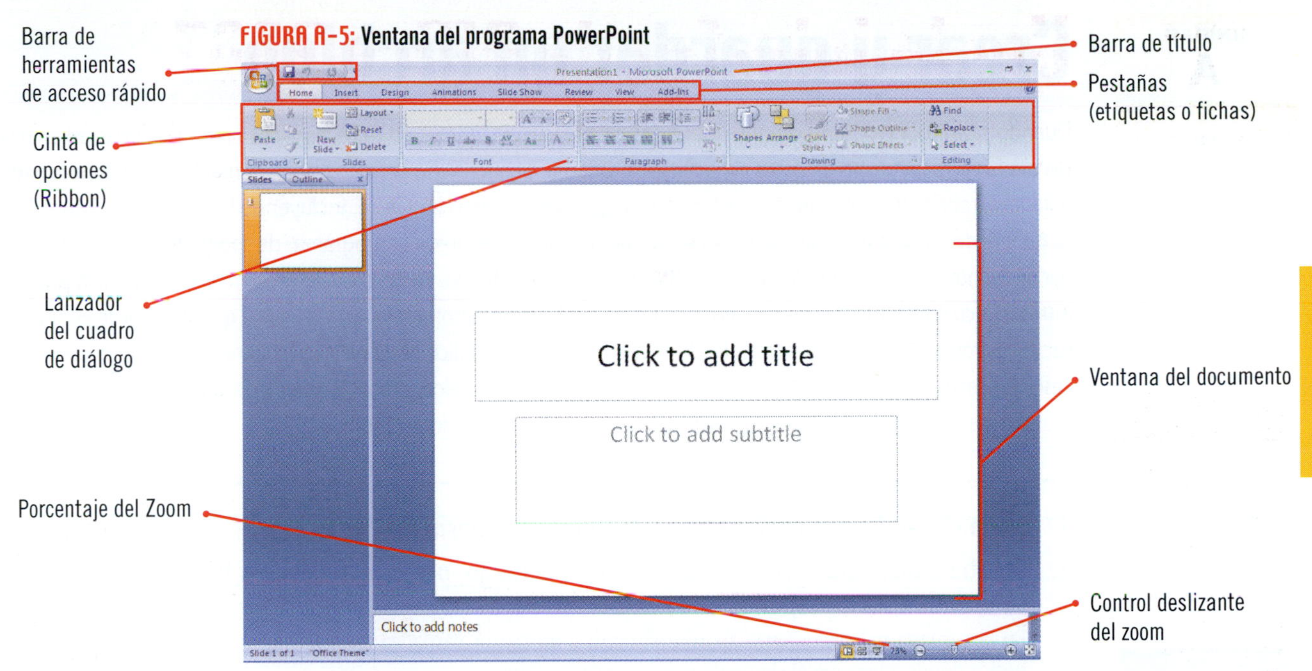

FIGURA A-6: Visualización de un tema con Live Preview (Vista previa en tiempo real)

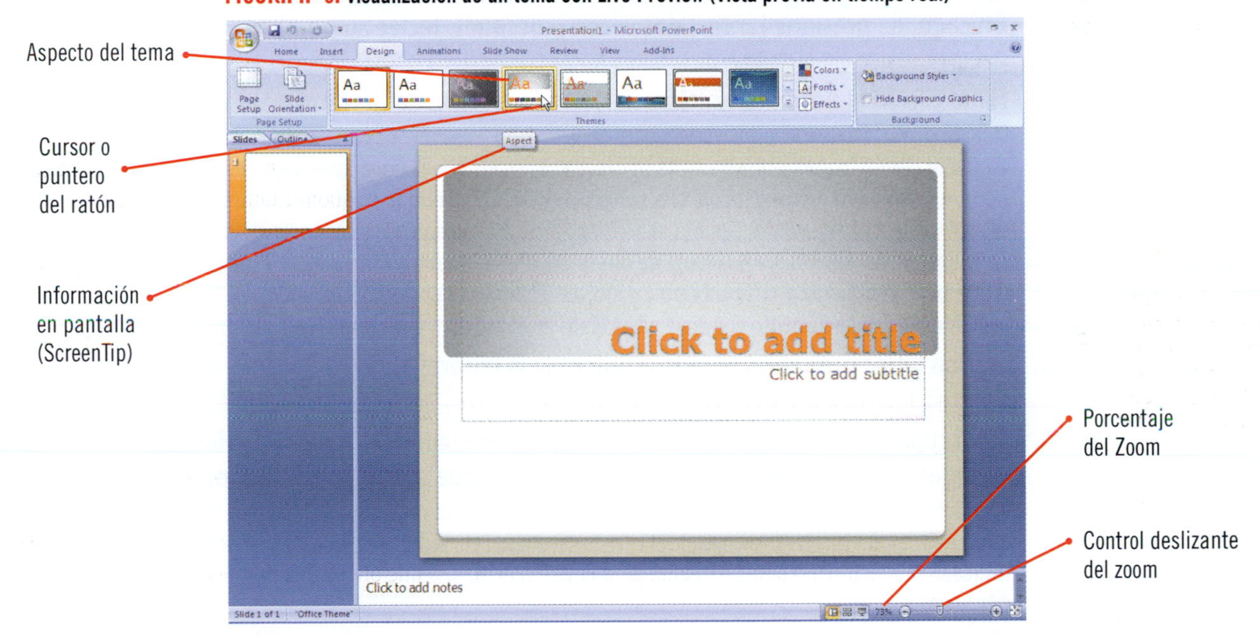

Personalizar la barra de herramientas de Quick Access (Acceso rápido)

Puede personalizar la barra de herramientas de acceso rápido para mostrar sus comandos favoritos. Para hacerlo, haga clic en el botón Customize Quick Access Toolbar (Personalizar barra de herramientas de acceso rápido) en la barra de título; luego, haga clic en el comando que quiere agregar. Si no ve el comando en la lista, haga clic en More Commands (Más comandos) para abrir la pestaña Customize (Personalizar) del cuadro de diálogo Options (Opciones de PowerPoint). En este cuadro de diálogo, utilice la lista de comandos disponibles para seleccionar una categoría, haga clic en el comando deseado de la lista a la izquierda, en Add (Agregar) para añadirlo a la barra de herramientas de acceso rápido y, después, en OK (Aceptar). Para eliminar un botón de la barra de herramientas, haga clic en el nombre de la lista a la derecha y luego en Remove (Quitar). Para agregar un comando a la barra de herramientas de acceso rápido al vuelo, simplemente haga clic con el botón derecho en el botón sobre la cinta de opciones y, a continuación, en Add to Quick Access Toolbar (Agregar a la barra de herramientas de acceso rápido) del menú emergente. Asimismo, puede emplear el botón Customize Quick Access Toolbar (Personalizar barra de herramientas de acceso rápido) para mover la barra de herramientas por debajo de la cinta de opciones, al hacer clic en Show Below the Ribbon (Mostrar debajo de la cinta de opciones) o al minimizar la cinta de opciones de modo que ocupe menos espacio en pantalla. Si usted hace clic en Minimize the Ribbon (Minimizar la cinta de opciones), ésta se minimiza para exhibir sólo las pestañas. Cuando hace clic en una de las pestañas, la cinta de opciones se abre de modo que usted pueda seleccionar un comando; una vez hecho esto, la cinta de opciones se cierra de nuevo y sólo quedan visibles las pestañas.

Crear y guardar un archivo

Cuando se trabaja en un programa, una de las primeras cosas que usted debe hacer es crear y guardar un archivo. Un **archivo** es un grupo de datos almacenados. Guardar un archivo le permite trabajar en un proyecto ahora, luego dejarlo y trabajar de nuevo en él más tarde. En algunos programas de Office, incluyendo Word, Excel y PowerPoint, se genera de manera automática un nuevo archivo cuando usted inicia el programa, de modo que todo lo que debe hacer es introducir algunos datos y guardar el archivo. En Access, debe crear expresamente un archivo antes de introducir cualquier dato. Es recomendable que dé a sus archivos nombres significativos y que los guarde en una ubicación apropiada para que sean fáciles de encontrar. Utilice Microsoft Word para familiarizarse con el proceso de creación y guardado de un documento. Primero, escriba algunas notas acerca de un posible lugar para una reunión de la empresa y, después, guarde la información para su uso posterior.

PASOS

1. **Haga clic en Document1 – Microsoft Word en la barra de tareas**
2. **Escriba Sitios para la reunión de la empresa; luego, presione dos veces [Enter], o [Intro]) si su teclado está en español**

   En la ventana del documento aparece el texto y un cursor parpadea en una nueva línea en blanco. El cursor indica dónde aparecerá el siguiente texto que se escribirá.
3. **Escriba Las Vegas, NV, presione [Enter], anote Orlando, FL, presione [Enter], escriba Chicago, IL, presione [Enter] dos veces y, después, teclee su nombre**

   Compare su documento con el de la figura A-7.
4. **Haga clic en el botón Save (Guardar) en la barra de herramientas de acceso rápido**

   Debido a que ésta es la primera vez que ha guardado este documento, se abre el cuadro de diálogo Save As (Guardar como), como se ilustra en la figura A-8. El cuadro de diálogo Save As incluye opciones para asignar un nombre de archivo y un lugar para el almacenamiento. Una vez que guarde un archivo por primera vez, haga clic en que guarda cualquier cambio al archivo *sin* abrir el cuadro de diálogo Save As debido a que no es necesaria información adicional. En la barra de dirección, Office exhibe el sitio predeterminado para guardar el archivo, pero puede cambiarlo a cualquier ubicación. En el campo del nombre de archivo, Office muestra un nombre sugerido para el documento con base en el texto en el archivo, pero puede introducir un nombre diferente.
5. **Escriba Sitios probables para la reunión de la empresa**

   El texto que usted anota reemplaza al texto resaltado.
6. **En el cuadro de diálogo Save As (Guardar como), emplee la barra de dirección o el panel de navegación para navegar hasta la unidad y la carpeta donde usted almacena sus archivos**

   Muchos estudiantes almacenan archivos en una unidad flash o en una unidad Zip, pero usted también puede almacenar archivos en su computadora, en una unidad de red o en cualquier dispositivo de almacenamiento indicado por su instructor o la persona de soporte técnico.
7. **Haga clic en Save**

   Se cierra el cuadro de diálogo Save As, el archivo se guarda en la ubicación que usted especificó y después el nombre del documento aparece en la barra del título, como se ilustra en la figura A-9. (Usted podrá o no ver una extensión de archivo.) Para una descripción de los distintos tipos de archivos que usted crea en Office, y las extensiones de archivo asociadas con cada uno, véase la tabla A-1. Puede guardar un archivo en una versión anterior de un programa al elegir una opción de guardado de la lista Save as Type (Guardar como tipo) , en el cuadro de diálogo Save As.

CONSEJO
Un nombre de archivo puede tener hasta 255 caracteres, incluyendo una extensión de archivo, y puede incluir caracteres y espacios, exceptuando ?, ", /, \, *, | o :.

CONSEJO
Puede crear un icono en el escritorio donde puede hacer doble clic tanto para iniciar un programa como para abrir un documento, al guardarlos en el escritorio.

CONSEJO
Para crear un nuevo archivo en blanco cuando se abre un archivo, haga clic en el botón Office, en New (Nuevo) y luego en Create (Crear).

TABLA A-1: Nombres de archivo comunes y extensiones de archivo predeterminadas

a un archivo creado en	se le llama	y tiene la extensión predeterminada
Excel	libro (de trabajo)	.xlsx
Word	documento	.docx
Access	base de datos	.accdb
PowerPoint	presentación	.pptx

FIGURA A-7: Creación de un documento en Word

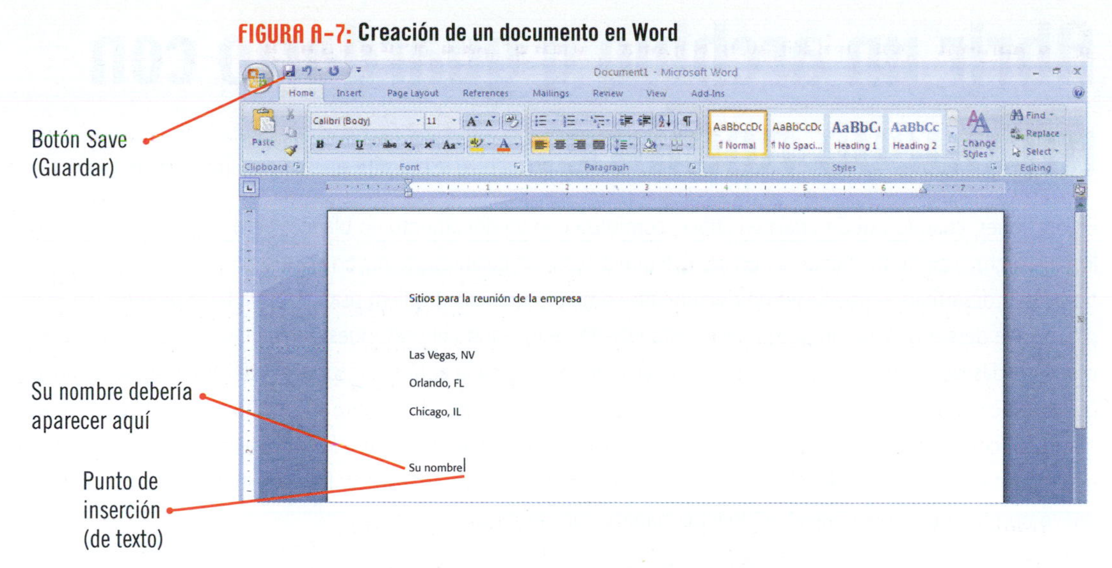

FIGURA A-8: Cuadro de diálogo Save As (Guardar como)

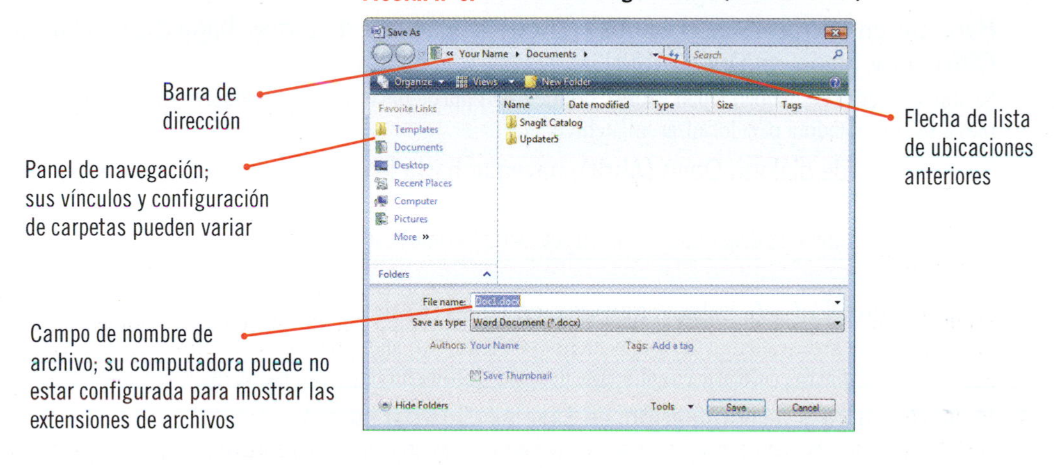

FIGURA A-9: Documento de Word con nombre

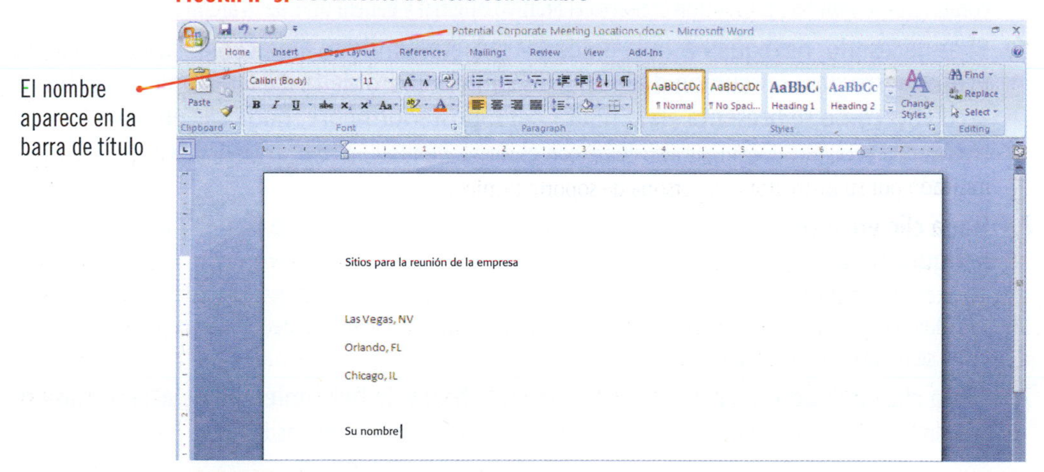

Uso del Office Clipboard (Portapapeles de Office)

Puede usar el portapapeles de Office para cortar y copiar elementos de un programa de Office y pegarlos en otros. El portapapeles puede almacenar un máximo de 24 elementos. Para tener acceso a él, abra el panel de tareas del portapapeles de Office haciendo clic en el lanzador del grupo Clipboard (Portapapeles) en la pestaña Home (Inicio). Cada vez que copia una selección, se guarda en el portapapeles de Office. Cada entrada en el portapapeles de Office incluye un icono, que le indica el programa en el que fue creado. Para pegar una entrada, haga clic en el documento donde usted quiere que aparezca y luego en el elemento del portapapeles de Office. Para eliminar un elemento del portapapeles de Office, haga clic derecho en el elemento y, después, clic en Delete (Eliminar).

Abrir un archivo y guardarlo con un nuevo nombre

En ocasiones, cuando usted trabaja en Office, comienza con un documento en blanco, pero a menudo necesita utilizar un archivo existente. Puede ser un archivo que usted o un colaborador hayan creado con anterioridad como un trabajo en desarrollo, o podría ser un documento completo que usted quiera usar como la base de otro. Por ejemplo, podría desear generar un presupuesto para este año empleando el presupuesto que creó el año pasado; podría escribir todas las categorías y la información a partir de cero o podría abrir el presupuesto del año pasado, guardarlo con un nuevo nombre y sólo hacer cambios para actualizarlo respecto al presente año. Al abrir el archivo existente y guardarlo con el comando Save As, se crea un duplicado que puede modificar a fondo, mientras que el archivo original permanece intacto. Haga uso de Excel para abrir un archivo de libro existente y guárdelo con un nuevo nombre de manera que el original permanezca sin cambios.

PASOS

CONSEJO
Si señala un comando en el menú de Office que se halle seguido por una flecha, se abre un submenú mostrando comandos adicionales relacionados.

CONSEJO
La lista de Recent Items (Documentos recientes) en el menú Office exhibe los documentos recientemente abiertos; puede hacer clic en cualquier archivo para abrirlo.

CONSEJO
El comando Save As (Guardar como) funciona en forma idéntica en todos los programas de Office, excepto en Access; en este último, dicho comando le permite guardar una copia del objeto de base de datos actual, tal como una tabla o forma, con un nuevo nombre, pero no una copia de toda la base de datos.

1. **Haga clic en Microsoft Excel – Book1 (Libro1) en la barra de tareas, haga clic en el botón Office y, luego, en Open (Abrir)**
   Se abre el cuadro de diálogo Open (Abrir), donde usted puede navegar hacia cualquier unidad o carpeta accesibles a su computadora para localizar un archivo.
2. **En el cuadro de diálogo Open (Abrir), navegue hasta la unidad y la carpeta donde almacena sus archivos**
   Se muestran los archivos disponibles en la carpeta actual, como se ilustra en la figura A-10. Esta carpeta contiene un archivo.
3. **Haga clic en OFFICE A-1.xlsx y, después, en Open (Abrir)**
   El cuadro de diálogo se cierra y se abre el archivo en Excel. Un archivo de Excel es una hoja de cálculo electrónica, de modo que tiene un aspecto diferente al de un documento en Word o una diapositiva de PowerPoint.
4. **Haga clic en y, a continuación, en Save As (Guardar como)**
   Se abre el cuadro de diálogo Save As (Guardar como) y el nombre de archivo actual es resaltado en el cuadro de texto de nombre de Archivo. Hacer uso del comando Save As le permite crear una copia del archivo actual existente con un nuevo nombre. Esta acción conserva el archivo original y genera un nuevo archivo que se puede modificar.
5. **Si es necesario, navegue hasta la unidad y carpeta donde se almacenan sus archivos, escriba Presupuesto para la reunión de la empresa en el cuadro de texto File name (Nombre de archivo), como se presenta en la figura A-11; posteriormente, haga clic en Save (Guardar)**
   Se crea una copia del documento existente con el nuevo nombre. El archivo original, Office A-1.xlsx, se cierra automáticamente.
6. **Haga clic en la celda A19, escriba su nombre y después presione [Enter], como se ilustra en la figura A-12**
   En Excel, usted introduce los datos en celdas, que se forman mediante la intersección de una fila y una columna. La celda A19 está en la intersección de la columna A y la fila 19. Cuando usted presiona [Enter], el puntero de la celda se mueve a la celda A20.
7. **Haga clic en el botón Save (Guardar) en la barra de herramientas de acceso rápido**
   Su nombre aparece en la hoja de cálculo y sus cambios al archivo son guardados.

Exploración de las opciones de File Open (Abrir archivo)

Quizás haya notado que el botón Open (Abrir) en el cuadro de diálogo Open (Abrir) incluye una flecha. En un cuadro de diálogo, si un botón incluye una flecha puede hacer clic en él para invocar el comando o puede hacer clic en la flecha para elegir de una lista de comandos relacionados. La flecha de la lista del botón Open engloba varios comandos relacionados, incluyendo Open Read-Only (Abrir como de sólo lectura) y Open as Copy (Abrir como copia). Al hacer clic en Open Read-Only se abre un archivo que usted puede sólo guardar si le asigna un nuevo nombre; no puede guardar los cambios en el archivo original. Al hacer clic en Open as Copy se crea una copia del archivo ya guardado y nombrado con la palabra "Copy" ("Copia") en el título. Como el comando Save As, esos comandos proporcionan formas adicionales para utilizar copias de archivos existentes mientras que aseguran que los archivos originales no se modificarán de modo inadvertido.

FIGURA A-10: Cuadro de diálogo Open (Abrir)

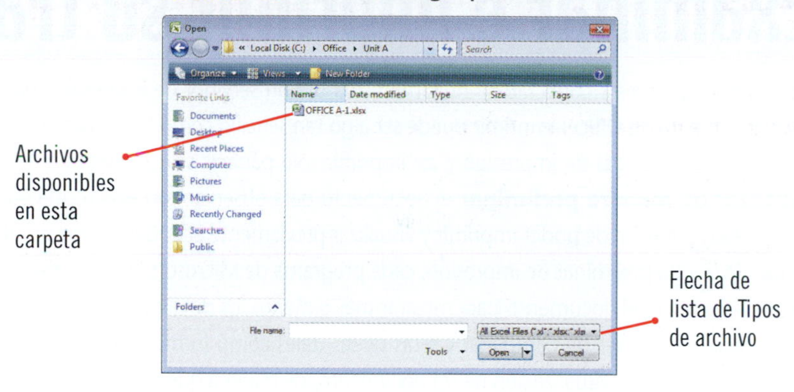

FIGURA A-11: Cuadro de diálogo Save As (Guardar como)

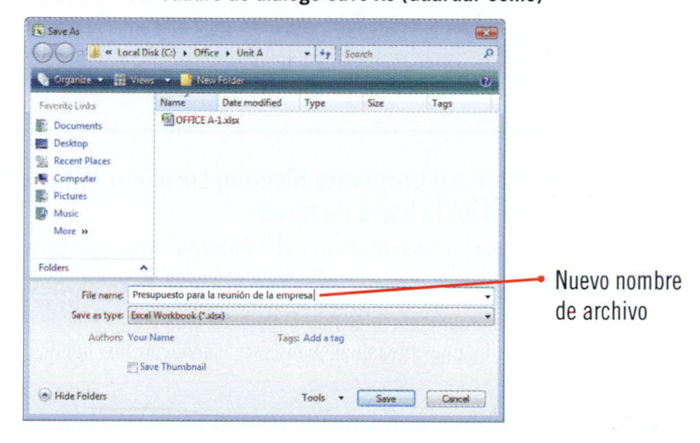

FIGURA A-12: Agregar su nombre a la hoja de cálculo

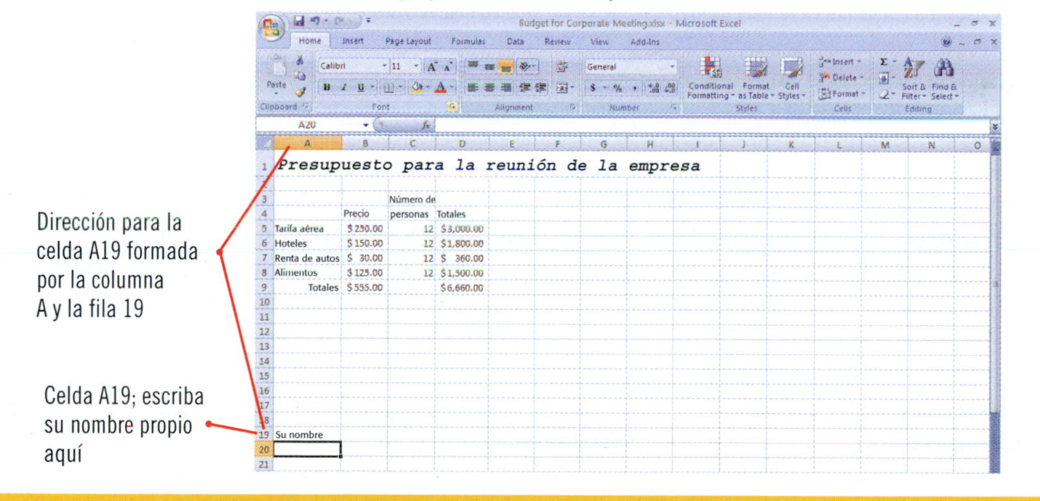

Trabajar en el Compatibility Mode (Modo de compatibilidad)

No todo se actualiza a la versión más reciente de Office. Como regla general, las nuevas versiones de software son **compatibles hacia atrás**, lo que implica que los documentos guardados en una versión antigua pueden leerse con el nuevo software. No obstante, el procedimiento inverso no siempre es cierto, de modo que Office 2007 incluye una característica denominada Compatibility Mode. Cuando usted abre un archivo creado en una versión anterior de Office, aparece el texto "Compatibility Mode" ("Modo de compatibilidad") en la barra de título, permitiéndole saber que el archivo fue creado en una versión anterior utilizable del programa. Si está trabajando con alguien que quizá no esté usando la versión más reciente del software, puede evitar posibles problemas de incompatibilidad al guardar su archivo en un formato anterior. Para hacerlo, haga clic en el botón Office, señale el comando Save As y, luego, haga clic en una opción del submenú Save As. Por ejemplo, si está trabajando en Excel, haga clic en el formato de Excel 97-2003 Workbook (Libro de Excel 97-2003), en lugar de en la opción predeterminada "Excel Workbook" ("Libro de Excel"). Para ver más opciones de formato de archivo, tales como Excel 97-2003 Template (Plantilla de Excel 97-2003) o Microsoft Excel 5.0/95 Workbook (Libro de Microsoft Excel 5.0/95), haga clic en Other Formats (Otros formatos) en el submenú Save As. En el cuadro de diálogo Save As, haga clic en el botón Save as type (Guardar como tipo), haga clic en la opción que usted considere que coincide mejor con la que su colaborador está usando y, después, haga clic en Save (Guardar).

Examinar e imprimir su trabajo

Si su computadora está conectada a una impresora o a un servidor de impresión, puede imprimir fácilmente cualquier documento de Office. Imprimir puede ser algo tan sencillo como hacer clic en un botón, o requerir más configuración para las tareas de impresión y así imprimir sólo páginas seleccionadas o llevar a cabo otras opciones y/o **visualizar de manera preliminar** el documento para observar con exactitud cómo quedará el mismo cuando sea impreso (con el fin de poder imprimir y visualizar previamente el trabajo, debe instalarse una impresora). Además del uso de la vista preliminar de impresión, cada programa de Microsoft Office le permite alternar entre diversas **vistas** de la ventana del documento para mostrar más o menos los detalles o una combinación diferente de elementos que vuelvan más fáciles de completar ciertas tareas, tales como formato o lectura de texto. Además, puede incrementar o disminuir su visualización de un documento, de manera que pueda ver más o menos del mismo en la pantalla a la vez. La modificación de su visualización de un documento no afecta el archivo en forma alguna, sólo el modo en que se observa en la pantalla. Experimente con cambios de la visualización de un documento de Word y después visualice de manera preliminar su trabajo e imprímalo.

PASOS

1. **Haga clic en Potencial Corporate Meeting Locations (Sitios probables para la reunión de la empresa) – Microsoft Word en la barra de tareas**
   Word se convierte en el programa activo y el documento llena la pantalla.
2. **Haga clic en la pestaña View (Vista) en la cinta de opciones**
   En la mayoría de los programas de Office, la pestaña View en la cinta de opciones incluye grupos y comandos para modificar su visualización del documento actual. Asimismo, puede cambiar la visualización haciendo uso de los botones de Vistas en la barra de estado.
3. **Haga clic en el botón Web Layout (Diseño Web) en el grupo Document Views (Vistas de documento) en la pestaña View (Vista)**
   La visualización cambia a la vista de Web Layout, como se ilustra en la figura A-13. Esta vista muestra cómo se verá el documento si lo guarda como una página Web.
4. **Haga clic ocho veces en el botón Zoom in (Acercar) en la barra de estado hasta que el porcentaje del zoom alcance 180%**
   Aumentar el zoom, o seleccionar un porcentaje mayor, provoca que un documento aparezca más grande en pantalla, pero, a la vez, que quepa menos de éste en la misma pantalla; **disminuir el zoom**, o elegir un porcentaje menor, le permite apreciar una mayor parte del documento, pero a un tamaño reducido.

   CONSEJO
   Puede emplear el botón Zoom en el grupo de Zoom de la pestaña View para agrandar o reducir el aspecto de un documento.
5. **Arrastre el Control deslizante del zoom en la barra de estado hacia la marca central**
   El control deslizante del zoom le permite aumentar o disminuir la vista sin abrir un cuadro de diálogo o hacer clic en botones.
6. **Haga clic en el botón Print Layout (Diseño de impresión) en la pestaña View**
   Regresa a la vista de Print Layout, que es la visualización predeterminada en Microsoft Word.
7. **Haga clic en el botón Office, señale Print (Imprimir) y, luego, haga clic en Print Preview (Vista preliminar)**
   La vista preliminar, Print Preview, presenta la visualización más precisa del aspecto que su documento tendrá cuando esté impreso, exhibiendo una página entera a la vez en pantalla. Compare su pantalla con la de la figura A-14. La cinta de opciones en Print Preview contiene una sola pestaña, también conocida como pestaña de **programa**, con comandos específicos para Print Preview. Los comandos en esta pestaña facilitan la visualización y la modificación de todos los parámetros tales como los márgenes y el tamaño de la página.
8. **Haga clic en el botón Print (Imprimir) en la cinta de opciones**
   Se abre el cuadro de diálogo Print (Imprimir), como se ilustra en la figura A-15. Puede utilizar este cuadro de diálogo para modificar la cantidad de páginas a imprimir, el número de copias impresas e incluso el número de páginas a imprimir en cada página. Si dispone de múltiples impresoras para elegir, puede cambiar la impresora instalada haciendo clic en la flecha de lista Name (Nombre) y, después, en el nombre de la impresora instalada que desea usar.

   CONSEJO
   Puede abrir el cuadro de diálogo Print (Imprimir) desde cualquier vista al hacer clic en el botón Office y, a continuación, en Print.
9. **Haga clic en OK (Aceptar) y luego en el botón Close Print Preview (Cerrar vista preliminar) en la cinta de opciones**
   Access se cierra, dejando activo Excel y abiertos Word y PowerPoint.

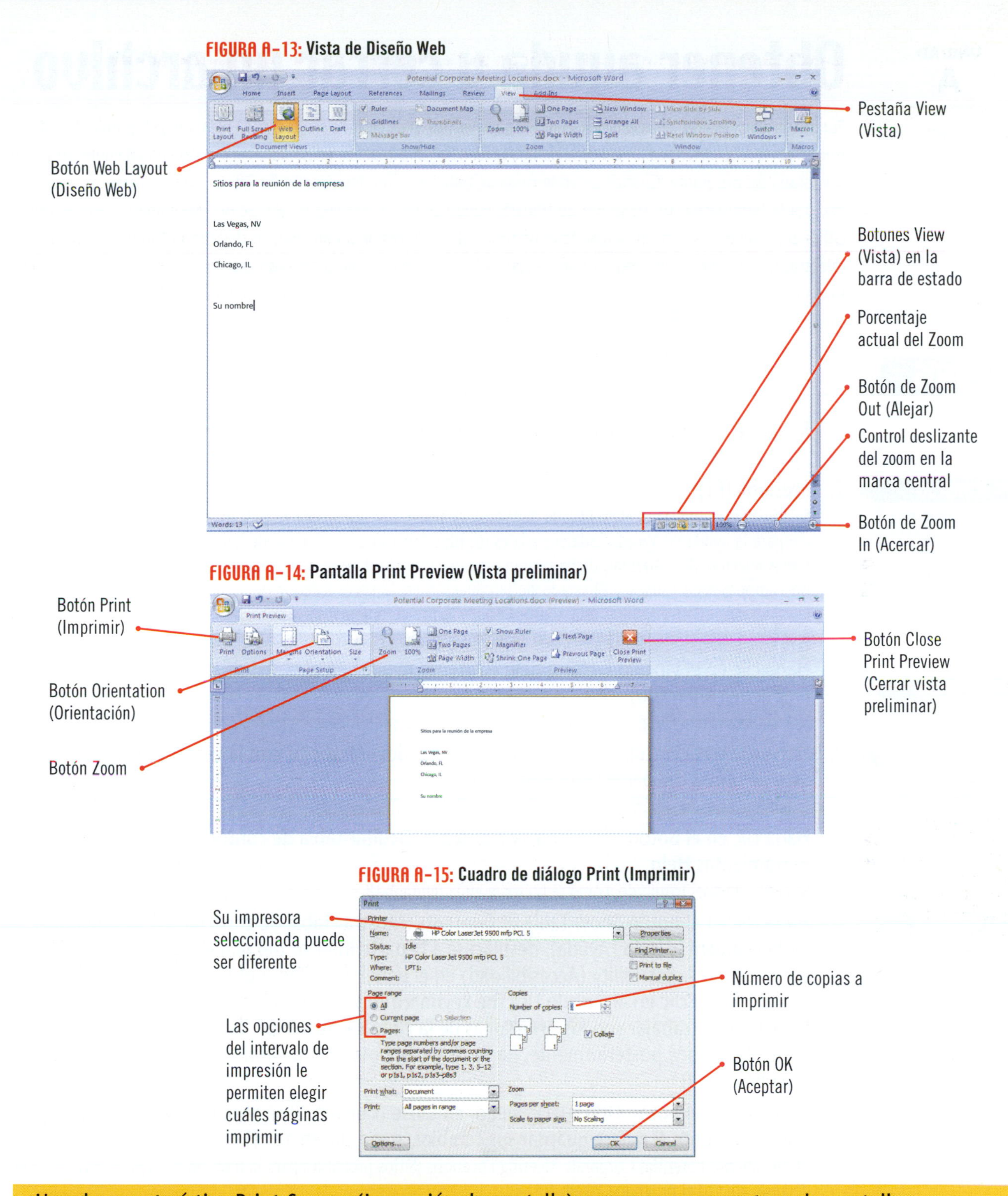

Usar la característica Print Screen (Impresión de pantalla) para crear una captura de pantalla

En algún momento, usted quizá desee crear una captura de pantalla. Una captura de pantalla es una instantánea de su pantalla, como si tomara una fotografía de ella con una cámara. Puede querer tomar una captura de pantalla si se presenta un mensaje de error y quiere que el departamento de soporte técnico revise con exactitud lo que se exhibe en la pantalla. O tal vez su instructor quiera ver cómo se ve su pantalla cuando se crea un documento en particular. Para crear una captura de pantalla, presione la tecla marcada como [PrtScn] o, si su teclado está en español, [Imp Pnt]. (Los teclados difieren, puede que [PrtScn] esté compartiendo la tecla con Insert (de Inserción, "Ins") o que se encuentre cercana a las teclas de función de su teclado. Puede que deba presionar la tecla [F lock] ([fn]) para habilitar las teclas de función). Al presionar esta tecla, una imagen digital de su pantalla se coloca en el área de almacenamiento temporal de Windows conocida como **Portapapeles** (**Clipboard**, en inglés). Abra el documento en donde pretende que aparezca la captura de pantalla, haga clic en la pestaña Home (Inicio) de la cinta de opciones (si es necesario) y, posteriormente, en la opción Paste (Pegar) de la pestaña Home. La captura de pantalla se pega en el documento.

UNIDAD
A
Office 2007

Obtener ayuda y cerrar un archivo

Puede obtener ayuda detallada en cualquier momento presionando la tecla [F1] en un programa de Office. Asimismo, puede obtenerla en la forma de una ScreenTip (Información en pantalla) al señalar casi cualquier icono en la ventana del programa. Cuando usted termina de trabajar en un documento de Office, tiene algunas opciones respecto a la terminación de su sesión de trabajo. Puede cerrar un archivo o salir de un programa usando el botón Office o haciendo clic en un botón de la barra de título. Al cerrar un archivo, se deja un programa en ejecución, mientras que al salir de un programa se cierran todos los archivos abiertos en éste además del programa mismo. En todos los casos, Office le avisa si intenta cerrar un archivo o salir de un programa y su documento contiene modificaciones sin guardar. Explore el sistema de ayuda en Microsoft Office y, a continuación, cierre sus documentos y salga de cualquier programa abierto.

PASOS

1. **Señale al botón Zoom en la pestaña View (Vista) de la cinta de opciones**
   Aparece una ScreenTip (Información en pantalla) que describe cómo funciona el botón Zoom.

> **CONSEJO**
> Si no está conectado a Internet, la ventana de Help (Ayuda) exhibe sólo el contenido de ayuda disponible en su computadora.

2. **Presione [F1]**
   Se abre la ventana Word Help (Ayuda de Word), como se muestra en la figura A-16, exhibiendo la página de inicio para la ayuda en Word. Cada entrada es un hipervínculo en el que puede hacer clic para abrir una lista de temas relacionados. Además, dicha ventana incluye una barra de herramientas de comandos de Ayuda útiles y un campo Search (Buscar). El estado de la conexión en la parte inferior de la ventana de Ayuda indica que la conexión a Office Online está activa. Office Online complementa el contenido de ayuda disponible en su computadora con una amplia variedad de temas, plantillas y capacitación actualizados.

3. **Haga clic en el vínculo Getting help (Obtener Ayuda) en el panel de la Table of Contents (Tabla de contenido)**
   Se modifica el icono siguiente a Getting help y su lista de subtemas se expande.

> **CONSEJO**
> También puede abrir la ventana Help haciendo clic en el botón Microsoft Office Help (Ayuda de Microsoft Office) a la derecha de las pestañas de la cinta de opciones.

4. **Haga clic en el vínculo Work with the Help window (Trabajar con la ventana de ayuda) en la lista de temas del panel izquierdo**
   El tema se abre en el panel derecho, como se ilustra en la figura A-17.

5. **Haga clic en el botón Hide Table of Contents (Ocultar tabla de contenido) en la barra de herramientas Help**
   Se cierra el panel izquierdo, como se presenta en la figura A-18.

> **CONSEJO**
> Puede imprimir el tema actual haciendo clic en el botón Print (Imprimir) en la barra de herramientas Help (Ayuda) para abrir el cuadro de diálogo Print (Imprimir).

6. **Haga clic en el botón Show Table of Contents (Mostrar tabla de contenido) en la barra de herramientas Help (Ayuda), desplácese a la parte inferior del panel izquierdo, haga clic en el vínculo Accessibility (Accesibilidad) en el panel de la Table of Contents (Tabla de contenido), haga clic en el vínculo Use the keyboard to work with Ribbon programs (Use el teclado para trabajar con los programas de la cinta de opciones), lea la información del panel derecho y, posteriormente, haga clic en el botón Help window Close (Cerrar la ventana de ayuda)**

7. **Haga clic en el botón Office y, luego, en Close (Cerrar). Si se abre un cuadro de diálogo que le pregunte si quiere guardar sus cambios, haga clic en Yes (Sí)**
   El documento Potential Corporate Meeting Locations (Sitios probables para la reunión de la empresa) se cierra, dejando abierto el programa Word.

8. **Haga clic en y, después, en Exit Word (Salir de Word)**
   Se cierra Microsoft Office Word y la ventana del programa Excel se encuentra activa.

9. **Haga clic en , en Exit Excel (Salir de Excel), en el botón PowerPoint de la barra de tareas si es necesario, en y, finalmente, clic en Exit PowerPoint (Salir de PowerPoint)**
   Tanto Microsoft Office Excel como Microsoft Office PowerPoint se cierran.

FIGURA A-16: Ventana de Word Help (Ayuda de Word)

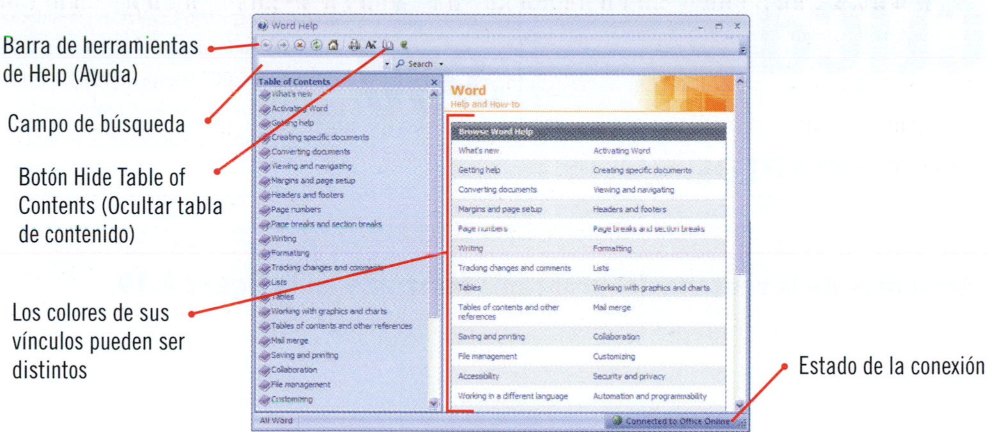

FIGURA A-17: Ventana Work with the Help window (Trabajar con la ventana Ayuda)

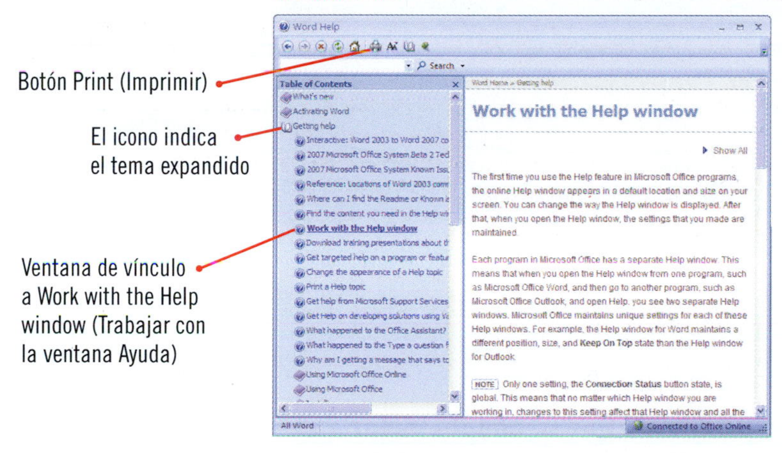

FIGURA A-18: Ventana de Help con la Tabla de contenido cerrada

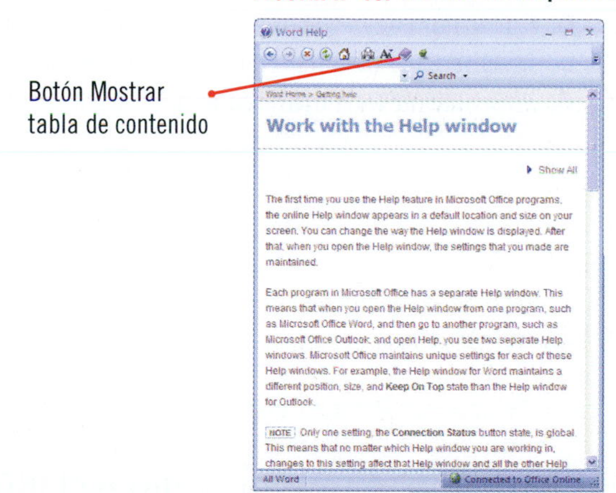

Recuperación de un documento

En ocasiones, mientras está usando Office, puede experimentar una falla en la energía eléctrica o su computadora puede "congelarse", haciendo imposible que continúe trabajando. Si se presenta este tipo de interrupción, cada programa de Office tiene una característica integrada de recuperación que le permite abrir y guardar archivos que estuvieran abiertos en el momento de la interrupción. Cuando reinicia el (los) programa(s) después de una interrupción, se abre el panel de tareas Document Recovery (Recuperación de documentos) en el lado izquierdo de su pantalla mostrando las versiones tanto original como recuperada de los archivos que estaban abiertos. Si no está seguro de qué archivo abrir (el original o el recuperado), por lo regular será mejor abrir el archivo recuperado porque contendrá la información más reciente. No obstante, puede abrir y revisar todas las versiones del archivo que hayan sido recuperadas y guardar la mejor de ellas. Cada archivo mostrado en el panel de tareas Document Recovery (Recuperación de documentos) exhibe una lista con opciones que le permiten abrir el archivo, guardarlo como está, eliminarlo o presentar las reparaciones efectuadas en el mismo durante la recuperación.

Práctica

Si cuenta con un perfil de usuario SAM, usted puede tener acceso a instructivos, prácticas y evaluación de las habilidades cubiertas en la unidad. Conéctese a su cuenta SAM (http://sam2007.course.com/) para iniciar actividades de capacitación o exámenes programados que se relacionan con las habilidades abordadas en esta unidad.

▼ REPASO DE CONCEPTOS

Etiquete los elementos de la ventana del programa mostrado en la figura A-19.

FIGURA A-19

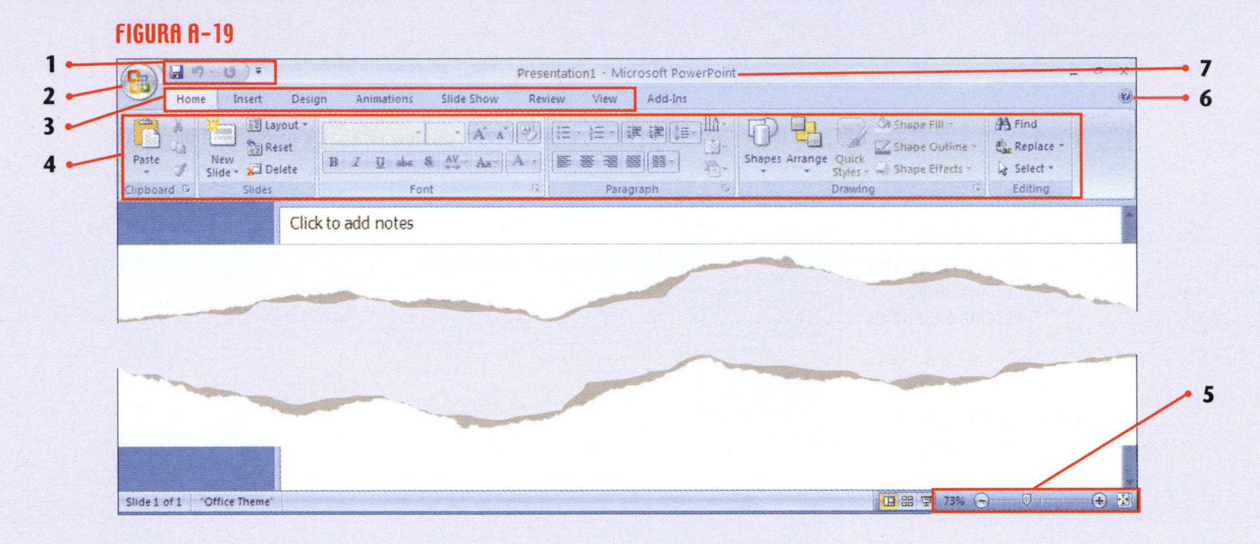

Relacione cada proyecto con el programa que se adapte mejor a él.

8. Microsoft Office PowerPoint
9. Microsoft Office Excel
10. Microsoft Office Word
11. Microsoft Office Access

a. Presupuesto de expansión de la empresa con proyecciones de gastos
b. Currículum de negocios para una solicitud de trabajo
c. Inventario de un almacén de partes automotrices
d. Presentación para una reunión del consejo directivo

▼ RETO INDEPENDIENTE 1

Usted acaba de aceptar un puesto administrativo con un distribuidor de autos local que recientemente ha invertido en computadoras y ahora está considerando adquirir Microsoft Office. Se le solicita que proponga diversas maneras en que Office podría ayudar al distribuidor. Usted crea su propuesta en Microsoft Word.

a. Inicie Word; luego, guarde el documento como **Microsoft Office Proposal** en la unidad y carpeta donde usted almacena sus archivos.
b. Escriba **Microsoft Office Word**, presione [Enter] ([Intro]) dos veces, escriba **Microsoft Office Excel,** presione [Enter] dos veces, escriba **Microsoft Office PowerPoint**, presione [Enter] dos veces, escriba **Microsoft Office Access**, presione [Enter] dos veces y finalmente escriba su nombre.
c. Haga clic en la línea debajo de cada nombre de programa, escriba por lo menos dos tareas adecuadas para ese programa y, después, presione [Enter].
d. Guarde su trabajo y, a continuación, imprima una copia de este documento.

Ejercicios de reto avanzado

- Presione el botón [PrtScn] ([Imp Pnt]) para crear una captura de pantalla y luego presione las teclas [Ctrl][V].
- Guarde e imprima el documento.

e. Salga de Word.

Introducción a Excel 2007

Archivos que necesita:

EX A-1.xlsx
EX A-2.xlsx
EX A-3.xlsx
EX A-4.xlsx
EX A-5.xlsx

En esta unidad, aprenderá cómo el software de hojas de cálculo le ayuda a analizar datos y a tomar decisiones de negocios, incluso si usted no es un profesional de las matemáticas. Se familiarizará con los diferentes elementos de una hoja de cálculo y aprenderá por sí mismo acerca de la ventana del programa Excel. Asimismo, trabajará en una hoja de Excel y efectuará cálculos simples. Ha sido contratado como asistente en Quest Specialty Travel (QST), una compañía que ofrece viajes para introducir a los turistas en la cultura regional. Usted presenta sus informes a Grace Wong, la vicepresidenta de finanzas. Como asistente de Grace, crea una hoja de cálculo para analizar los datos provenientes de diversas divisiones de la compañía, de modo que pueda ayudarla a tomar decisiones firmes con respecto a las inversiones y expansión de la empresa.

OBJETIVOS

- Entender el software de hoja de cálculo
- Explorar la ventana de Excel 2007
- Comprender las fórmulas
- Incluir etiquetas y valores y usar AutoSum (Autosuma)
- Editar entradas de las celdas
- Crear y editar una fórmula simple
- Modificar las vistas de la hoja de cálculo
- Seleccionar las opciones de impresión

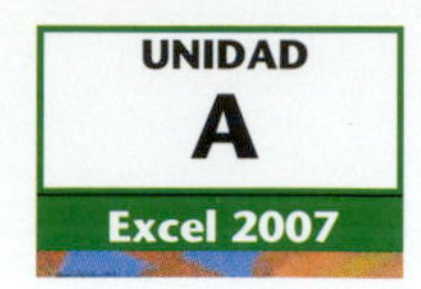

Entender el software de hoja de cálculo

Microsoft Excel es un programa de hoja de cálculo electrónica dentro de la suite Microsoft Office. Una **hoja de cálculo electrónica** es una aplicación que se utiliza para realizar cálculos numéricos y analizar y presentar datos numéricos. Una ventaja de los programas de hoja de cálculo sobre el papel y lápiz es que sus cálculos se actualizan de manera automática, por lo que puede modificar las entradas sin tener que volver a calcular todo en forma manual. La tabla A-1 muestra algunas de las tareas de negocios comunes que la gente lleva a cabo empleando Excel. En Excel, la hoja de cálculo electrónica en la que usted trabaja se conoce como **hoja de cálculo** y está contenida en un archivo denominado **libro de trabajo**, el cual tiene la extensión de archivo .xlsx. En Quest Specialty Travel, usa mucho el programa Excel para dar seguimiento a las finanzas y administrar datos corporativos.

DETALLES

Cuando utiliza Excel, usted cuenta con las siguientes ventajas:

- **Introducir datos de manera rápida y precisa**
  Con Excel, puede introducir información más rápida y precisa que con lápiz y papel. La figura A-1 presenta una hoja de nómina creada haciendo uso de lápiz y papel. La figura A-2 ilustra la misma hoja hecha con Excel. Se agregaron ecuaciones para calcular las horas y el pago. Puede copiar las deducciones de la nómina que no cambian cada trimestre y, posteriormente, usar Excel para calcular la nómina bruta y neta suministrando fórmulas y datos únicos para cada trimestre. Además, puede desarrollar rápidamente gráficos y otros elementos que contribuyan a visualizar cómo se distribuye dicha nómina.

- **Volver a calcular datos de manera sencilla**
  Corregir errores de escritura o actualizar los datos es una tarea fácil en Excel. En el ejemplo de la nómina, si usted recibe horas actualizadas para un empleado, sólo introduzca la nueva información y Excel volverá a calcular el pago.

- **Realizar análisis de escenarios o what-if (y si)**
  La habilidad de cambiar datos y ver rápidamente los resultados actualizados le proporciona el poder de tomar decisiones de negocios informadas. Por ejemplo, si está considerando aumentar la tarifa por hora para un guía de turistas principiante de $12.50 a $15.00, puede introducir el nuevo valor en la hoja y observar de inmediato el efecto en la nómina total así como en el empleado. En cualquier ocasión que use una hoja de cálculo para responder a la pregunta "¿y si?", está efectuando un **análisis de escenarios** o **what-if (y si)**. Excel también incluye un Scenario Manager (Administrador de escenarios) donde usted puede nombrar y guardar distintas versiones What-if de su hoja de cálculo.

- **Modificar el aspecto de la información**
  Excel proporciona eficaces características para hacer que la información sea visualmente atractiva y más fácil de entender. Puede dar formato a texto y números con distintas fuentes, colores y estilos para destacarlos.

- **Crear gráficos**
  Excel hace sencillo crear gráficos basados en la información de la hoja de cálculo. Los gráficos se actualizan en forma automática en Excel cada que los datos se modifican. La hoja de cálculo en la figura A-2 incluye un gráfico circular en 3D.

- **Compartir información**
  Resulta sencillo para todos en QST colaborar en Excel, utilizando la red interna de la compañía, Internet o un dispositivo de almacenamiento en la red. Por ejemplo, usted puede completar la nómina semanal que su jefa, Grace Wong, comenzó a crear. Asimismo, puede aprovechar las herramientas de colaboración tales como los libros de trabajo compartidos, de modo que múltiples personas puedan editar un libro de manera simultánea.

- **Saber aprovechar el trabajo anterior**
  En vez de crear una nueva hoja de cálculo para cada proyecto, es sencillo modificar una hoja de cálculo ya existente de Excel. Cuando usted está listo para crear la nómina de la semana siguiente, puede abrir el archivo de la nómina de la semana anterior, guardarlo con un nuevo nombre de archivo y modificar la información que sea necesaria. También, puede emplear archivos con formatos prediseñados conocidos como **templates (plantillas)** para crear rápidamente nuevas hojas de cálculo. Excel viene con muchas plantillas que puede personalizar.

FIGURA A-1: Hoja de cálculo tradicional

Quest Specialty Travel
Calculadora para pagos de nómina de guías de turistas

Nombre	Horas	Horas extra	Tarifa por hora	Pago normal	Pago por horas extra	Pago bruto
Brueghel, Pieter	40	4	15–	600–	120–	720–
Cortona, Livia	35	0	10–	350–	0–	350–
Klimt, Gustave	40	2	12^{50}	500–	50–	550–
Le Pen, Jean-Marie	29	0	15–	435–	0–	435–
Martinez, Juan	37	0	12^{50}	462.50	0–	462.50
Mioshi, Keiko	39	0	20–	780–	0–	780–
Sherwood, Burton	40	0	15–	600–	0–	600–
Strano, Riccardo	40	8	15–	600–	240–	840–
Wadsworth, Alicia	40	5	12^{50}	500–	125–	625–
Yamamoto, Johji	38	0	15–	570–	0–	570–

FIGURA A-2: Hoja de cálculo de Excel

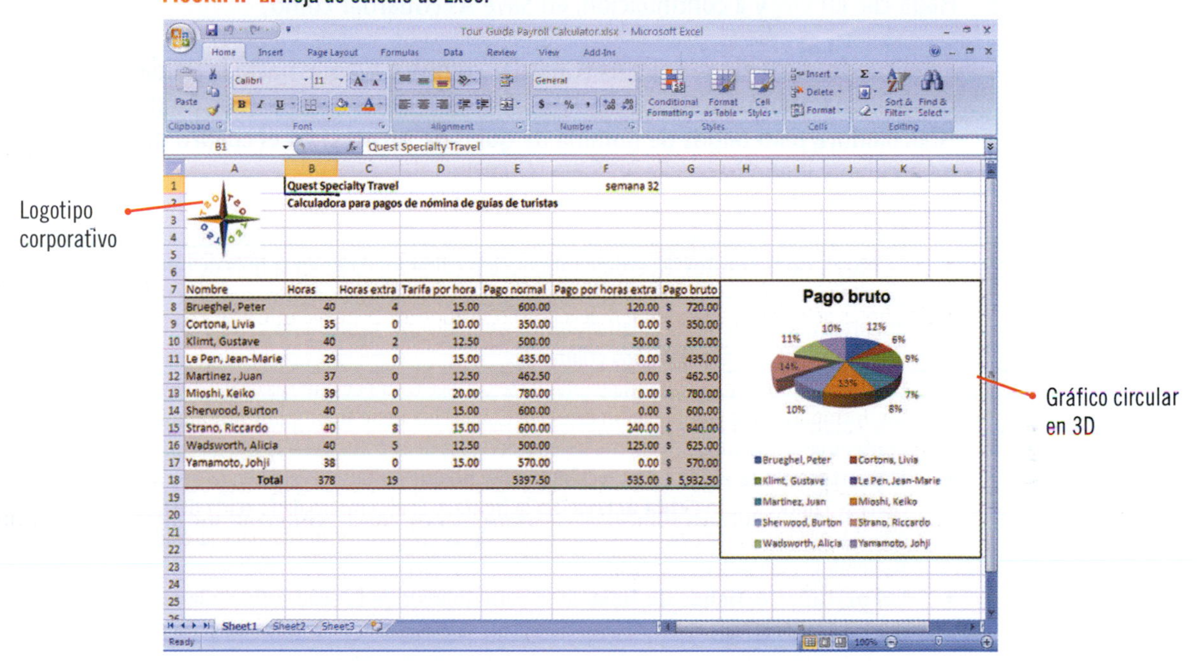

TABLA A-1: Tareas de negocios que se pueden realizar con Excel

puede utilizar hojas de cálculo para	mediante
Efectuar cálculos	Agregar fórmulas y funciones a los datos de la hoja de cálculo; por ejemplo, añadir una lista de resultados de ventas o el cálculo de un pago de automóvil
Representar valores gráficamente	Crear gráficos basados en los datos de la hoja de cálculo; por ejemplo, crear un gráfico que muestre los gastos
Generar informes	Crear libros de trabajo que combinen información de múltiples hojas de cálculo, como la información del total de ventas proveniente de múltiples tiendas
Organizar datos	Clasificar datos en orden ascendente o descendente; por ejemplo, alfabetizar una lista de productos o de nombres de clientes, o bien, enumerar las órdenes por fecha
Analizar datos	Crear resúmenes de datos y listas breves haciendo uso de PivotTables (Tablas dinámicas) o AutoFilters (Autofiltros); por ejemplo, hacer una lista de los 10 clientes principales con base en sus hábitos de gastos
Crear escenarios hipotéticos de datos "y si"	Utilizar valores de variables para investigar y probar diferentes resultados, como modificar la tasa de interés o la tarifa de pago de un préstamo

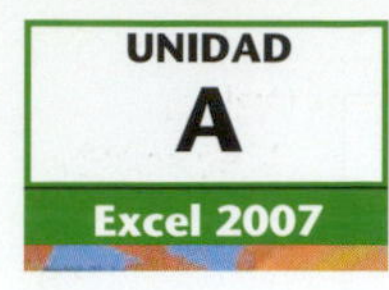

Explorar la ventana de Excel 2007

Para iniciar Excel, se debe estar ejecutando Microsoft Windows. De manera semejante a la del inicio de cualquier programa en Office, puede usar el botón Start (Inicio) en la barra de tareas de Windows o puede tener un acceso directo en su escritorio que prefiera utilizar. Si requiere ayuda adicional, pregunte a su instructor o al personal de soporte técnico. Usted decide iniciar Excel y familiarizarse con la ventana de la hoja de cálculo.

PASOS

CONSEJO

Para mayor información acerca del inicio de un programa o para abrir y guardar un archivo, véase la unidad "Introducción a Microsoft Office 2007".

¿PROBLEMAS?

Si no puede ver la extensión .xlsx en los nombres de archivos en el cuadro de diálogo Open (Abrir), no se preocupe; Windows puede estar configurado para mostrar o no las extensiones de los archivos.

1. **Inicie Excel, haga clic en el botón de Microsoft Office, y luego, en Open (Abrir)**
2. **En el cuadro de diálogo Open (Abrir), navegue hacia la unidad y carpeta donde usted almacena sus archivos de datos; después, haga clic en EX A-1.xlsx y en Open (Abrir)**
3. **Haga clic en, y a continuación, en Save As (Guardar como)**
4. **En el cuadro de diálogo Save As (Guardar como), navegue hasta la unidad y la carpeta donde almacena sus archivos de datos si es necesario, escriba Tour Guide Payroll Calculator (Calculadora para pagos de nómina de guías de turistas) en el cuadro de texto de nombre de archivo y luego haga clic en Save (Guardar)**

   Haciendo uso de la figura A-3 como guía, identifique los elementos siguientes:
   - El **cuadro de nombre** muestra la dirección de la celda activa. "A1" aparece en el cuadro de nombre.
   - La **barra de fórmulas** le permite introducir o editar los datos en la hoja de cálculo. La ventana de la hoja de cálculo contiene una cuadrícula de columnas y filas. Las columnas están etiquetadas alfabéticamente, mientras que las filas se rotulan en forma numérica. La ventana de la hoja de cálculo puede contener un total de 1,048,576 filas y 16,384 columnas.
   - La intersección de una columna y una fila se conoce como **celda**. Las celdas pueden contener texto, números, fórmulas o una combinación de éstos. Cada celda tiene su propia y única ubicación o **dirección de la celda**, que se identifica mediante las coordenadas de la columna y la fila que se intersecan.
   - El **puntero de la celda** es un rectángulo oscuro que destaca la celda en la que usted está trabajando. Esta celda se conoce como **celda activa**. En la figura A-3, el puntero de la celda destaca la celda A1, de manera que A1 es la celda activa. Los encabezados de la columna y la fila para la celda activa están resaltados, haciéndola más fácil de localizar.
   - Las **pestañas o fichas de hoja** en la parte inferior de la cuadrícula de la hoja de cálculo le permiten moverse entre las hojas de un libro de trabajo. De manera predeterminada, un archivo de libro de trabajo contiene tres hojas, pero puede usar sólo una o tener tantas como 255 en un libro de trabajo. El botón Insert Worksheet (Insertar hoja de cálculo) a la derecha de la Hoja3 le permite agregar hojas de cálculo a un libro de trabajo. Los **botones de desplazamiento de la pestaña de la hoja** le permiten navegar hacia pestañas de hoja adicionales cuando están disponibles.
   - Puede emplear las **barras de desplazamiento** para moverse a través de un documento que sea demasiado grande para caber en una pantalla a la vez.
   - La **barra de estado** se ubica en la parte inferior de la ventana de Excel. Proporciona una breve descripción del comando activo o tarea en desarrollo. El **indicador de modo** en la esquina inferior izquierda de la barra de estado proporciona información adicional acerca de ciertas tareas.
5. **Haga clic en la celda A4**

   La celda A4 se convierte en la celda activa. Para activar una celda diferente, puede hacer clic en la celda o presionar las teclas con flecha para desplazamiento en su teclado para moverse hasta ella.
6. **Haga clic en la celda B5, mantenga presionado el botón del ratón, arrastre el puntero hasta la celda B14 y libere el botón del ratón**

   Usted seleccionó un grupo de celdas y se encuentran resaltadas, como se ilustra en la figura A-4. Una selección de dos o más celdas, como B5:B14, se denomina **rango o intervalo**; usted selecciona un rango cuando quiere realizar una acción sobre un grupo de celdas a la vez, tal como moverlas o darles formato. Cuando selecciona un rango, la barra de estado muestra el promedio, recuento (o el número de elementos seleccionados) y la suma de las celdas seleccionadas como una referencia rápida.

FIGURA A-3: Libro de trabajo abierto

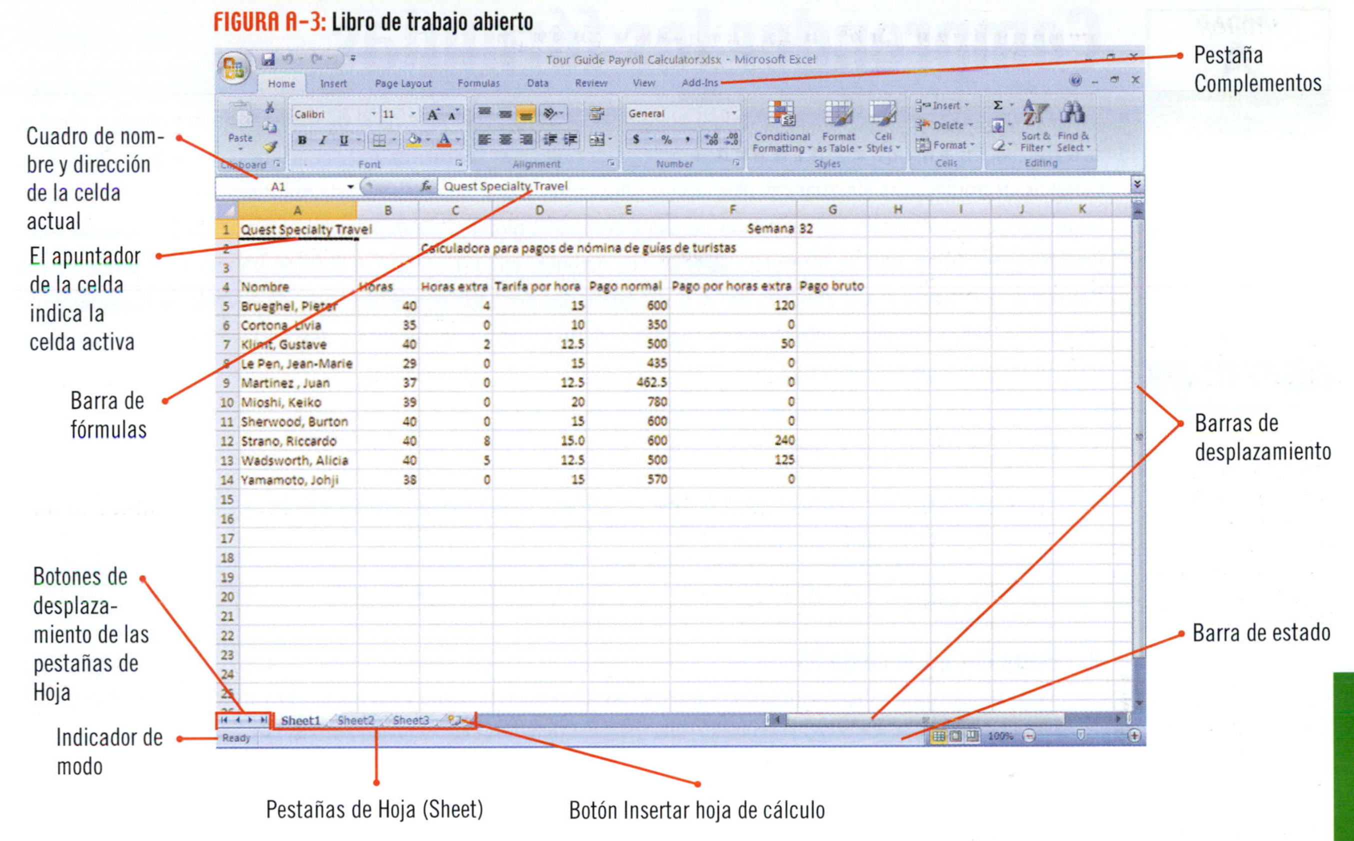

FIGURA A-4: Selección de un rango

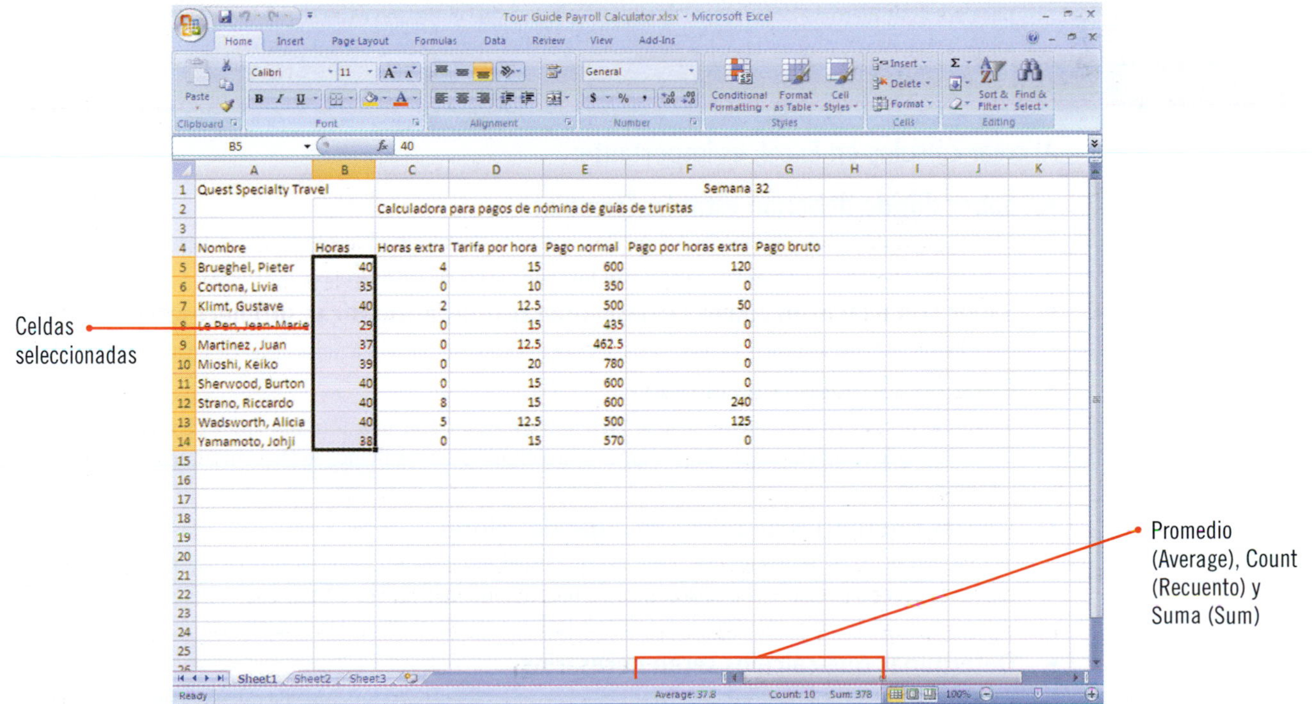

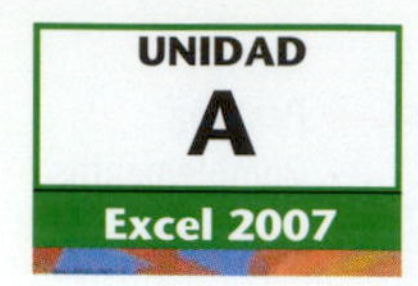

Comprender las fórmulas

Excel es un programa muy eficaz debido a que los usuarios con cualquier nivel de experiencia matemática pueden realizar cálculos con precisión. Para ello, se emplean fórmulas. Las **fórmulas** son ecuaciones en una hoja de cálculo. Usted usa fórmulas para efectuar cálculos tan sencillos como sumar una columna de números o tan complejos como las proyecciones de ganancias y pérdidas para una compañía global. Para explorar el potencial de Excel, debe comprender cómo funcionan las fórmulas. Los gerentes en QST utilizan el libro de trabajo Tour Guide Payroll Calculator para hacer el seguimiento de las horas laboradas por cada empleado antes de enviarlas al departamento de nómina. Usted empleará este libro con regularidad, de manera que necesita entender las fórmulas que contiene y cómo Excel calcula los resultados

PASOS

1. **Haga clic en la celda E5**
   La celda activa contiene una fórmula que aparece en la barra de fórmulas. Todas las fórmulas de Excel comienzan con el signo de igualdad (=). Si desea que una celda muestre el resultado de sumar 4 más 2, la fórmula en la celda debería verse igual a esta: =4+2. Si quiere que una celda presente el resultado de multiplicar los valores en su hoja de cálculo, como los valores en las celdas B5 y D5, la fórmula debería ser como ésta: =B5*D5, como se ilustra en la figura A-5.
2. **Haga clic en la celda F5**
   Mientras introduce una fórmula en una celda, las referencias de celda y los operadores aritméticos aparecen en la barra de fórmulas. Véase en la tabla A-2 una lista de operadores aritméticos comunes de Excel. Cuando ha terminado de introducir la fórmula, puede hacer clic en el botón Enter (o Intro, si su teclado está en español) de la barra de fórmulas, o bien, presionar la tecla [Enter]. Un ejemplo de una fórmula más compleja es el cálculo del pago de horas extra. En QST, el pago de horas extra se calcula como el doble del pago regular por hora por el número de horas extra laboradas. La fórmula usada para calcular el pago de las horas extra para el empleado en la fila 5 es: (Horas extra) por (2 veces el pago por hora).
   En una celda de la hoja, usted escribiría: =C5*(2*D5), como se muestra en la figura A-6.

   El uso de paréntesis establece grupos dentro de la fórmula e indica cuáles cálculos completar primero —consideración importante en fórmulas complejas—. En esta fórmula, el pago por hora es duplicado y ese valor se multiplica por el número de horas extra laboradas. Debido a que el tiempo extra se calcula al doble del pago por hora, los gerentes están conscientes de la necesidad de vigilar atentamente dichos gastos.

DETALLES

Al crear cálculos en Excel, es importante:

- **Saber dónde deberían estar las fórmulas**
  Las fórmulas de Excel son creadas en la celda donde se visualizan. Ello significa que la fórmula que calcula el pago bruto para el empleado en la fila 5 será introducida en la celda G5.
- **Saber con exactitud cuáles celdas y operaciones aritméticas son necesarias**
  No adivine; asegúrese de saber con exactitud cuáles celdas están involucradas antes de crear una fórmula.
- **Crear las fórmulas con cuidado**
  Asegúrese de saber exactamente lo que pretende conseguir con una fórmula antes de crearla. Una fórmula inexacta puede tener efectos de largo alcance si la fórmula o sus resultados se encuentran referenciados por otras fórmulas.
- **Utilizar referencias de celdas en lugar de valores**
  El atractivo de Excel reside en que, cada vez que usted modifica un valor en una celda, cualquier fórmula que contenga una referencia a ella se actualiza de manera automática. Por esta razón, es indispensable que utilice, siempre que sea posible, en lugar de los valores reales, referencias de celdas en fórmulas.
- **Determinar qué cálculos serán necesarios**
  En ocasiones, es difícil predecir qué datos serán necesarios dentro de una hoja de cálculo, pero usted debe procurar anticipar qué información estadística puede requerirse. Por ejemplo, si hay columnas de números, lo más probable es que sea adecuado que se presenten los totales tanto de columnas como de filas.

FIGURA A-5: Visualización de una fórmula

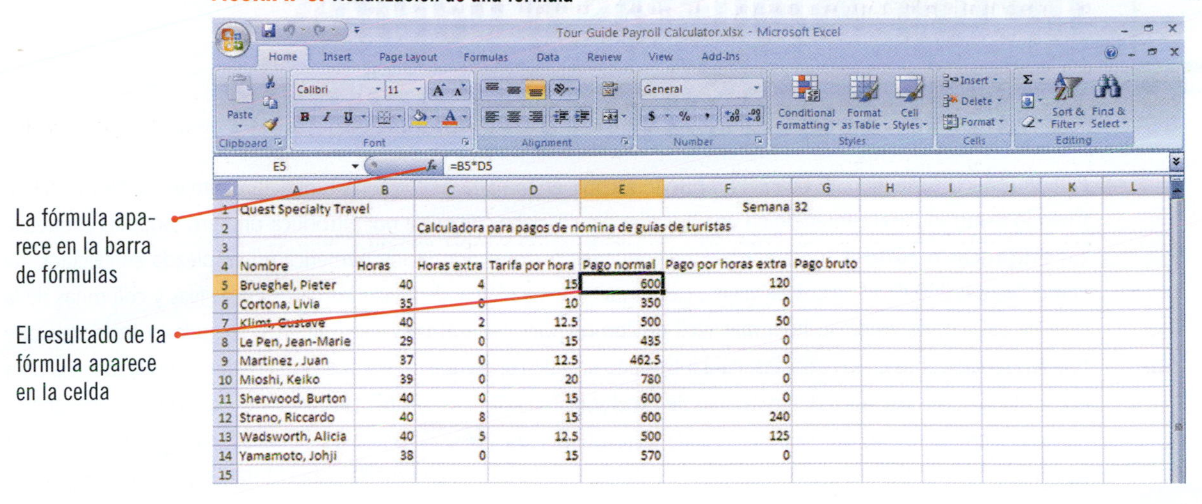

FIGURA A-6: Fórmula con operadores múltiples

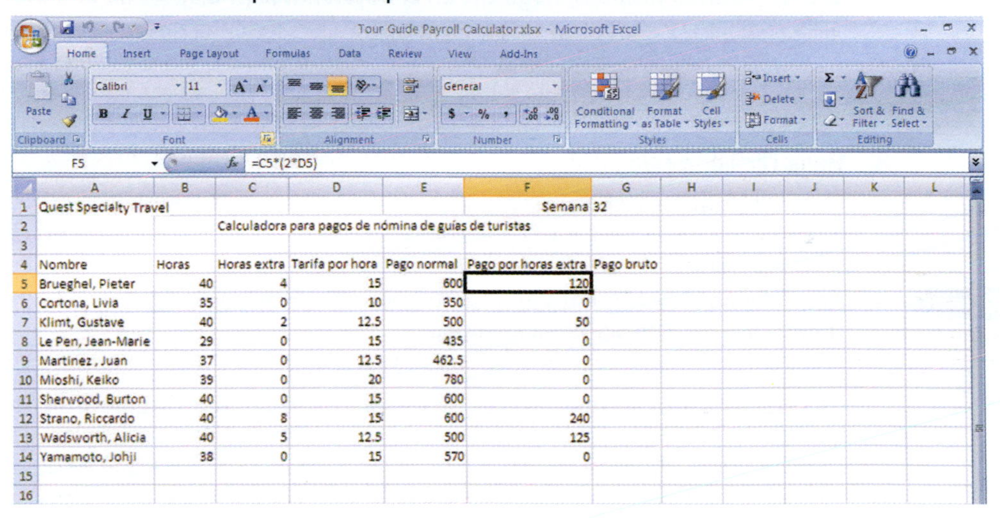

TABLA A-2: Operadores aritméticos de Excel

operador	propósito	ejemplo
+	Suma	=A5+A7
-	Resta o negación	=A5-10
*	Multiplicación	=A5*A7
/	División	=A5/A7
%	Porcentaje	=35%
^ (caret)	Exponente	=6^2 (lo mismo que 6^2)

Incluir etiquetas y valores y usar AutoSum (Autosuma)

Para introducir contenido en una celda, puede escribir en la barra de fórmulas o directamente en la misma celda. Cuando se introduce el contenido en una hoja de cálculo, debe comenzar por introducir primero todas las etiquetas. Las **etiquetas o rótulos** son entradas que contienen texto e información numérica no empleada en cálculos, tal como "Ventas 2009" o "Gastos de viaje". Las etiquetas le ayudan a identificar los datos en las filas y columnas de la hoja de cálculo, haciendo su hoja más fácil de comprender. Los **valores** son números, fórmulas y funciones que pueden ser aplicados en los cálculos. Para introducir un cálculo, escriba un signo de igualdad (=) más la fórmula para el cálculo; algunos ejemplos de un cálculo de Excel son: "=2+2" y "=C5+C6". Las funciones son fórmulas integradas de Excel; aprenderá más acerca de ellas en la siguiente unidad. Usted desea introducir alguna información en el libro de Tour Guide Payroll Calculator y emplear una función muy sencilla para el total de un rango de celdas.

PASOS

1. **Haga clic en la celda A15 y, luego, en la barra de fórmulas**
   Note que en el **indicador de modo** en la barra del estado ahora se lee "Edit" ("Modificar"), indicando que usted se halla en el modo Edit. Se encontrará en este modo cada vez que introduzca o modifique el contenido de una celda.
2. **Escriba Totales; después, haga clic en el botón Enter (Intro) en la barra de fórmulas**
   Al hacer clic en el botón Enter se acepta la entrada. El nuevo texto está alineado a la izquierda. De manera predeterminada, las etiquetas están alineadas hacia la izquierda mientras que los valores lo están hacia la derecha. Excel reconoce una entrada como valor si es un número o si comienza con uno de estos símbolos: +, -, =, @, # o $. Cuando una celda contiene tanto texto como números, Excel la reconoce como una etiqueta.
3. **Haga clic en la celda B15**
   Usted quiere en esta celda el total de las horas trabajadas por todos los días de viaje. Quizá podría pensar que debe crear una fórmula que se parezca a la siguiente: =B5+B6+B7+B8+B9+B10+B11+B12+B13+B14. Sin embargo, existe una manera más sencilla para obtener este resultado.
4. **Haga clic en el botón AutoSum (Autosuma) Σ en el grupo Editing (Modificar) en la pestaña Home (Inicio) de la cinta de opciones**
   La función SUM (SUMA) se inserta en su fórmula y aparece un rango sugerido entre paréntesis, como se puede apreciar en la figura A-7. Una **función** es una fórmula integrada; incluye los **argumentos** (la información necesaria para calcular una respuesta) así como referencias de celda y otra información única. Al hacer clic en el botón AutoSum, se suma el rango adyacente (es decir, las celdas cercanas a la celda activa) hacia arriba o hacia la izquierda, aunque, si es necesario, puede ajustar el rango. El uso de la función SUM es un método más rápido que introducir una fórmula y, utilizar el rango B5:B14, es más eficaz que introducir las referencias de celdas individuales.
5. **Haga clic en**
   Excel calcula el total contenido en las celdas de B5:B14 y muestra el resultado, 378, en la celda B15. En realidad, la celda contiene la fórmula =SUM(B5:B14)(=SUMA(B5:B14) y exhibe el resultado.
6. **Haga clic en la celda C13, escriba 6 y presione [Enter]**
   El número 6 se encuentra alineado a la derecha, el puntero de la celda se mueve a la celda C14 y el valor en la celda F13 se modifica.
7. **Haga clic en la celda C18, escriba Pago Bruto Promedio y, a continuación, presione [Enter]**
   La nueva etiqueta se introduce en la celda C18. El contenido aparece extendido hacia las celdas vacías a la derecha.
8. **Haga clic y mantenga presionado el botón del ratón en la celda B15, arrastre el puntero del ratón hasta la celda G15, haga clic en el botón Fill (Rellenar) en el grupo Editing (Modificar) y, después, con el botón derecho en el menú Fill (Rellenar)**
   Los valores calculados aparecen en el rango seleccionado, como se muestra en la figura A-8. Cada celda llena contiene una fórmula que suma el rango de celdas de arriba. El botón Fill llena las celdas con base en la primera secuencia de números en el rango.
9. **Guarde su trabajo**

CONSEJO
Si cambia su decisión y desea cancelar una entrada en la barra de fórmulas, haga clic en el botón Cancel (Cancelar) en la barra de fórmulas.

CONSEJO
Puede crear fórmulas en una celda incluso antes de que introduzca los valores para el cálculo; los resultados se volverán a calcular tan pronto como los datos se introduzcan.

CONSEJO
También puede presionar la tecla [Tab] para completar una entrada de celda y mover el puntero de la celda hacia la derecha.

FIGURA A-7: Creación de una fórmula usando el botón AutoSum (Autosuma)

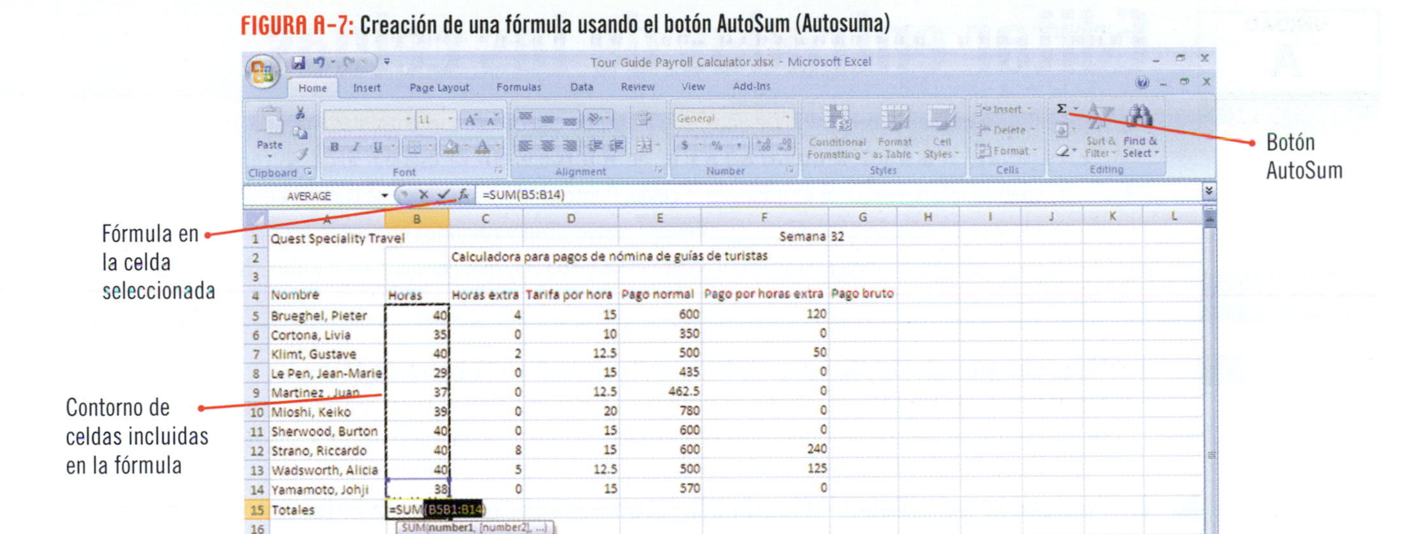

FIGURA A-8: Valores calculados

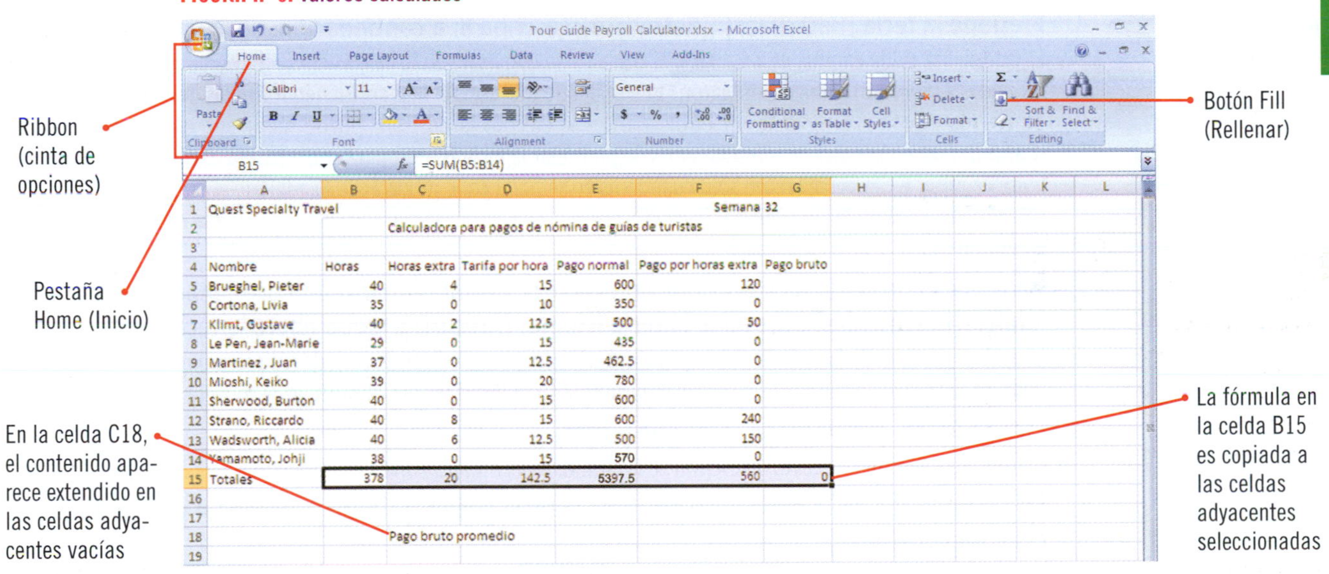

Excel 2007

Navegación a través de una hoja de cálculo

Con aproximadamente un millón de celdas disponibles en una hoja de cálculo, es fundamental saber cómo desplazarse, o **navegar**, en una hoja. Se pueden usar las teclas con flecha de desplazamiento del teclado [↑], [↓], [←] o [→] para moverse una celda a la vez, o presionar las teclas [Page Up] ([Re Pág]) o [Page Down] ([Av Pág]) para moverse una pantalla a la vez. Para moverse una pantalla a la izquierda presione [Alt][Page Up]; para moverse una pantalla hacia la derecha presione [Alt][Page Down]. Asimismo, puede emplear el puntero del ratón para hacer clic en la celda deseada. Si ésta no es visible en la ventana de la hoja de cálculo, use la barra de desplazamiento o el comando Go To (Ir a) haciendo clic en el botón Find & Select (Buscar y seleccionar) en el grupo Editing (Modificar) en la pestaña Home (Inicio) de la cinta de opciones. Para saltar rápidamente hasta la primera celda en una hoja de cálculo, presione [Ctrl][Home] ([Ctrl][Inicio]); para saltar hasta la última celda, presione [Ctrl][End] ([Ctrl][Fin]).

UNIDAD
A
Excel 2007

Editar entradas de las celdas

Puede modificar o **editar** el contenido de una celda activa en cualquier momento. Para hacerlo, haga doble clic en la celda, haga clic en la barra de fórmulas o, simplemente, comience a escribir. Excel se cambia al modo Edit (Modificar) cuando usted realiza las entradas en la celda. Punteros diferentes, que se ilustran en la tabla A-3, lo guían a través del proceso de edición o modificación. Usted observa algunos errores en la hoja de cálculo y decide efectuar las correcciones. El primer error se encuentra en la celda A5, que contiene un nombre mal escrito.

PASOS

CONSEJO
Al presionar [Enter] también se acepta la entrada de la celda, y el apuntador de celda se desplaza un lugar hacia abajo.

CONSEJO
En algunos teclados, quizá deba presionar una tecla de función "Fn" para habilitar las teclas de función.

CONSEJO
El botón Undo (Deshacer) le permite hasta 100 acciones anteriores, una a la vez.

1. **Haga clic en la celda A5; luego, a la derecha de la P en la barra de fórmulas**
   Tan pronto como hace clic en la barra de fórmulas, aparece una línea vertical parpadeante denominada **punto de inserción** en la barra de fórmulas en el sitio donde se insertará un nuevo texto. Véase la figura A-9. El puntero del ratón cambia a I cuando señala en cualquier sitio de la barra de fórmulas.
2. **Presione la tecla [Delete] ([Suprimir]), luego haga clic en el botón Enter (Intro) ✓ de la barra de fórmulas**
   Al hacer clic en el botón Enter, se acepta la edición y se corrige la ortografía del primer nombre del empleado. Además, puede presionar la tecla [Enter] o la tecla [Tab] para aceptar una decisión.
3. **Haga clic en la celda B6 y después presione la tecla [F2]**
   Excel cambia al modo Edit (Modificar) y el punto de inserción parpadea en la celda. Al presionar [F2], se activa la celda para hacer la edición directamente en la misma en vez de hacerlo en la barra de fórmulas. Algunas personas prefieren efectuar la edición en la celda en vez de utilizar la barra de fórmulas, pero los resultados en la hoja de cálculo son los mismos.
4. **Presione la tecla [Backspace] ([Retroceso]), escriba 8; a continuación, oprima la tecla [Enter]**
   El valor en la celda cambia de 35 a 38, y la celda B7 se convierte en la celda activa. ¿Observó que los cálculos en las celdas B15 y E15 también cambiaron? Ello se debe a que estas celdas contienen fórmulas que incluyen la celda B6 en sus cálculos. Si comete un error cuando se efectúa la edición, puede hacer clic en el botón Cancel (Cancelar) ✕ en la barra de fórmulas *antes* de presionar la tecla [Enter] para confirmar la entrada de la celda. Los botones Enter y Cancel aparecen sólo cuando usted se halla en el modo Edit. Si advierte el error *después* de haber confirmado la entrada de la celda, haga clic en el botón Undo (Deshacer) en la barra de herramientas de acceso rápido.
5. **Haga clic en la celda A9 y presione la tecla [F2]; después, mantenga presionada la tecla [Shift] ([Mayúsculas]), presione la tecla [Home] ([Inicio]) y luego libere la tecla [Shift]**
   Mantener presionada la tecla [Shift] le permitirá seleccionar texto usando teclado. Al presionar la tecla [Home], el puntero se traslada al inicio de la celda; al oprimir la tecla [End] ([Fin]), el puntero se moverá al final de la celda.
6. **Escriba Maez, Javier; luego, presione [Enter]**
   Cuando se selecciona el texto, al escribir se le elimina y reemplaza con el nuevo texto.
7. **Haga doble clic en la celda C12, presione la tecla [Delete] ([Supr]), escriba 4 y, a continuación, haga clic en ✓**
   Al hacer doble clic en una celda, se activa para efectuar la edición directamente en ella. Compare su pantalla con la de la figura A-10.
8. **Guarde su trabajo**
   Se guardan los cambios hechos en el libro de trabajo.

Recuperación de un archivo perdido de libro

En ocasiones, mientras utiliza Excel, puede experimentar una falla en la energía eléctrica o su computadora puede "congelarse", haciendo imposible que continúe trabajando. Si se presenta este tipo de interrupción, Excel tiene una característica integrada de recuperación que le permitirá abrir y guardar archivos que estuvieran abiertos en el momento de la interrupción. Cuando Excel reinicia después de una interrupción, se inicia automáticamente el modo File Recovery (Recuperación de archivos) e intenta efectuar cualquier reparación necesaria. Si requiere emplear un libro de trabajo corrompido, puede intentar repararlo en forma manual haciendo clic en el botón Office y en Open (Abrir). Seleccione el archivo de libro que quiera reparar, haga clic en la flecha de lista Open y, luego, en Open and Repair (Abrir y reparar).

FIGURA A-9: Hoja de cálculo en el modo Modificar

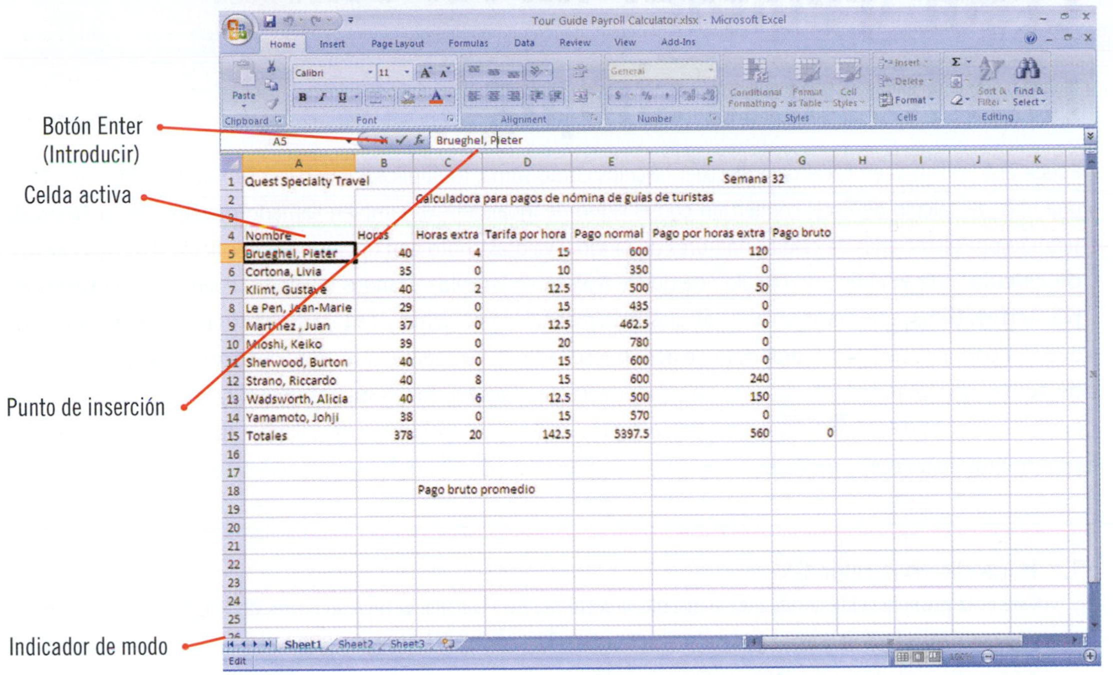

	A	B	C	D	E	F	G
1	Quest Specialty Travel					Semana	32
2			Calculadora para pagos de nómina de guías de turistas				
3							
4	Nombre	Horas	Horas extra	Tarifa por hora	Pago normal	Pago por horas extra	Pago bruto
5	Brueghel, Pieter	40	4	15	600	120	
6	Cortona, Livia	35	0	10	350	0	
7	Klimt, Gustave	40	2	12.5	500	50	
8	Le Pen, Jean-Marie	29	0	15	435	0	
9	Martinez, Juan	37	0	12.5	462.5	0	
10	Mioshi, Keiko	39	0	20	780	0	
11	Sherwood, Burton	40	0	15	600	0	
12	Strano, Riccardo	40	8	15	600	240	
13	Wadsworth, Alicia	40	6	12.5	500	150	
14	Yamamoto, Johji	38	0	15	570	0	
15	Totales	378	20	142.5	5397.5	560	0
18			Pago bruto promedio				

FIGURA A-10: Hoja de cálculo modificada

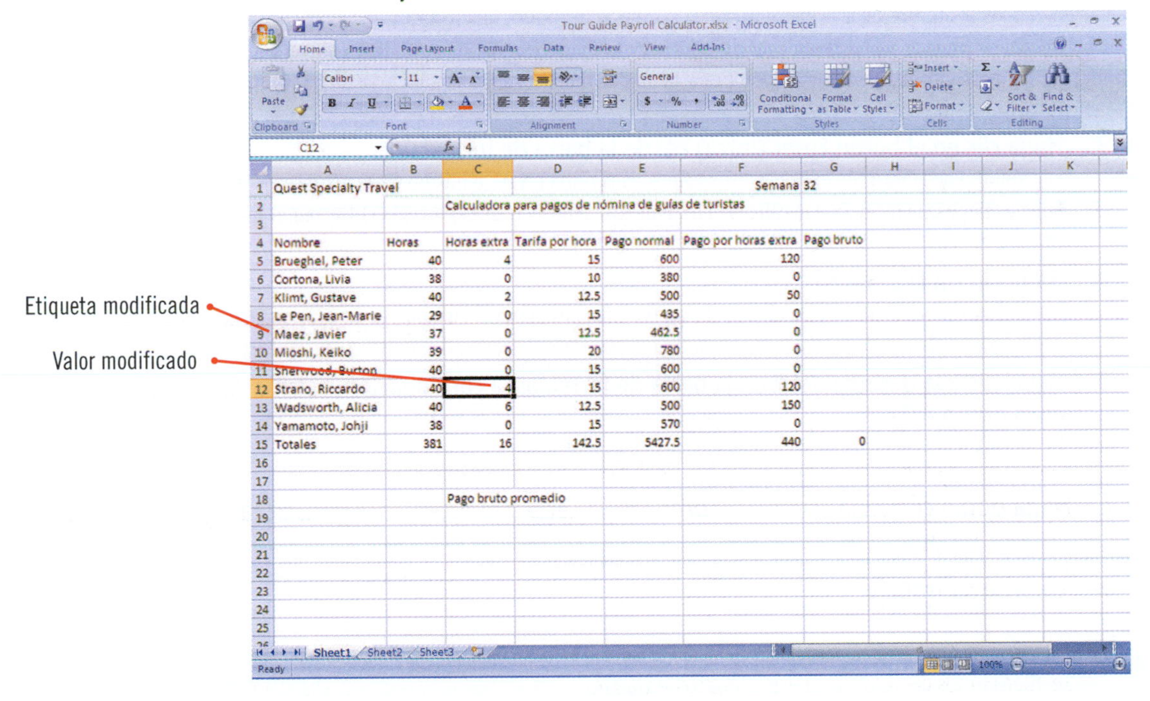

	A	B	C	D	E	F	G
1	Quest Specialty Travel					Semana	32
2			Calculadora para pagos de nómina de guías de turistas				
3							
4	Nombre	Horas	Horas extra	Tarifa por hora	Pago normal	Pago por horas extra	Pago bruto
5	Brueghel, Peter	40	4	15	600	120	
6	Cortona, Livia	38	0	10	380	0	
7	Klimt, Gustave	40	2	12.5	500	50	
8	Le Pen, Jean-Marie	29	0	15	435	0	
9	Maez , Javier	37	0	12.5	462.5	0	
10	Mioshi, Keiko	39	0	20	780	0	
11	Sherwood, Burton	40	0	15	600	0	
12	Strano, Riccardo	40	4	15	600	120	
13	Wadsworth, Alicia	40	6	12.5	500	150	
14	Yamamoto, Johji	38	0	15	570	0	
15	Totales	381	16	142.5	5427.5	440	0
18			Pago bruto promedio				

TABLA A-3: Cursores (punteros) comunes en Excel

nombre	puntero	se usa para
Normal		Seleccionar una celda o rango de celdas; indica el modo Listo
Copia		Crear un duplicado de la(s) celda(s) seleccionada(s)
Manejo de relleno		Crear una serie alfanumérica en un rango
I vertical		Modificar el contenido de la barra de fórmulas
Mover		Cambiar la ubicación de la(s) celda(s) seleccionada(s)

Crear y editar una fórmula simple

Puede usar fórmulas en Excel para efectuar cálculos como suma, multiplicación y hacer promedios. Las fórmulas en una hoja de cálculo de Excel comienzan con el signo de igualdad (=), también llamado **prefijo de la fórmula**, seguido por direcciones de celdas, nombres de rango y valores, junto con operadores de cálculo. Los **operadores de cálculo** indican el tipo de cálculo que quiere realizar en las celdas, rangos o valores. Pueden incluir **operadores aritméticos**, que llevan a cabo cálculos matemáticos como suma y resta, **operadores de comparación**, que comparan valores con el propósito de dar un resultado de verdadero/falso, **operadores de concatenación de texto**, que unen cadenas de texto en celdas diferentes y **operadores de referencia**, que le permiten utilizar rangos en los cálculos. Usted desea crear una fórmula en la hoja de cálculo que efectúe el cálculo del ingreso bruto para cada empleado.

PASOS

1. **Haga clic en la celda G5**
   Ésta es la primera celda donde quiere insertar la fórmula. Para calcular el ingreso bruto, debe agregar los conceptos de pago normal y pago por horas extra. Para el empleado Peter Brueghel, el pago normal aparece en la celda E5 mientras que el pago por horas extra se presenta en la celda F5.
2. **Escriba =, haga clic en la celda E5, escriba + y, luego, haga clic en la celda F5**
   Compare su barra de fórmulas con la de la figura A-11. Las referencias de celda azul y verde en la celda G5 corresponden a los contornos de la celda coloreada. Cuando se introduce una fórmula, es recomendable utilizar, siempre que se pueda, referencias de celda en lugar de valores. Así, si posteriormente se modifica un valor en una celda (si, por ejemplo, el pago normal de Peter se modifica a 615), cualquier fórmula que incluya dicha información reflejará los datos actualizados precisos.
3. **Haga clic en el botón Enter (Intro) ✓ de la barra de fórmulas**
   El resultado de la fórmula =E5+F5, 720, aparece en la celda G5. Este mismo valor aparece en la celda G15 debido a que ésta contiene una fórmula que calcula el total de los valores en las celdas G5:G14 y, por el momento, no existen otros valores.
4. **Haga clic en la celda F5**
   La fórmula en esta celda calcula el pago de horas extra al multiplicar las horas extra (C5) por el doble de la tarifa normal por hora de trabajo (2*D5). Usted desea modificar esta fórmula para reflejar una nueva tarifa de pago para horas extra.
5. **Haga clic a la derecha del 2 en la barra de fórmulas; a continuación, escriba .5, como se muestra en la figura A-12**
   La fórmula que calcula el pago de horas extra se ha modificado.
6. **Haga clic en ✓ de la barra de fórmulas**
   Compare su pantalla con la de la figura A-13. Observe que todos los valores calculados en las celdas G5, F15 y G15 han cambiado para reflejar sus modificaciones en la celda F5.
7. **Guarde su trabajo**

CONSEJO
Puede hacer referencia a una celda en una fórmula ya sea escribiendo la referencia de la celda o haciendo clic en dicha celda en la hoja de cálculo; cuando hace clic en una celda para agregar una referencia, el indicador de modo cambia a "Señalar".

Introducción a los rangos con nombre

Puede resultar difícil recordar las ubicaciones de las celdas con información esencial en una hoja de cálculo, pero el empleo de nombres de celda puede hacer mucho más fácil esta tarea. Usted puede nombrar una sola celda o un rango de celdas contiguas. Por ejemplo, se puede nombrar una celda que contiene datos correspondientes al ingreso bruto promedio como "AVG_GP", por sus siglas en inglés, en lugar de intentar recordar la dirección de celda C18. Un rango nombrado puede comenzar con una letra o un guión bajo y no contiene ningún espacio ni algún nombre reservado, como el nombre de una función u otro objeto (tal como otro rango con nombre diferente) en el libro de trabajo. Para nombrar un rango, seleccione la(s) celda(s) que quiere nombrar, haga clic en el cuadro de nombre de la barra de fórmulas, escriba el nombre que quiere utilizar y presione [Enter]. Asimismo, puede nombrar un rango haciendo clic en la pestaña Formulas (Fórmulas), en la flecha de lista Define Name (Asignar nombre a un rango) y después en Define Name (Definir nombre) en el grupo Defined Names (Nombres definidos). Teclee el nuevo nombre de rango en el cuadro de texto Nombre del cuadro del diálogo Nombre nuevo, verifique el rango seleccionado y, a continuación, haga clic en OK (Aceptar). Cuando emplea un rango nombrado en una fórmula, aparece éste, en lugar de la dirección de las celdas. También, puede crear un rango nombrado haciendo uso del contenido de una celda ya en el rango. Seleccione el rango que contiene el texto que quiere usar como un nombre y haga clic en el botón Crear (Create) desde la selección en el grupo Nombres definidos (Defined Names). Se abre el cuadro de diálogo Create Names from Selection (Crear nombres a partir de la selección). Seleccione la ubicación del nombre que quiere utilizar y, después, haga clic en OK (Aceptar).

FIGURA A-11: Fórmula simple en una hoja de cálculo

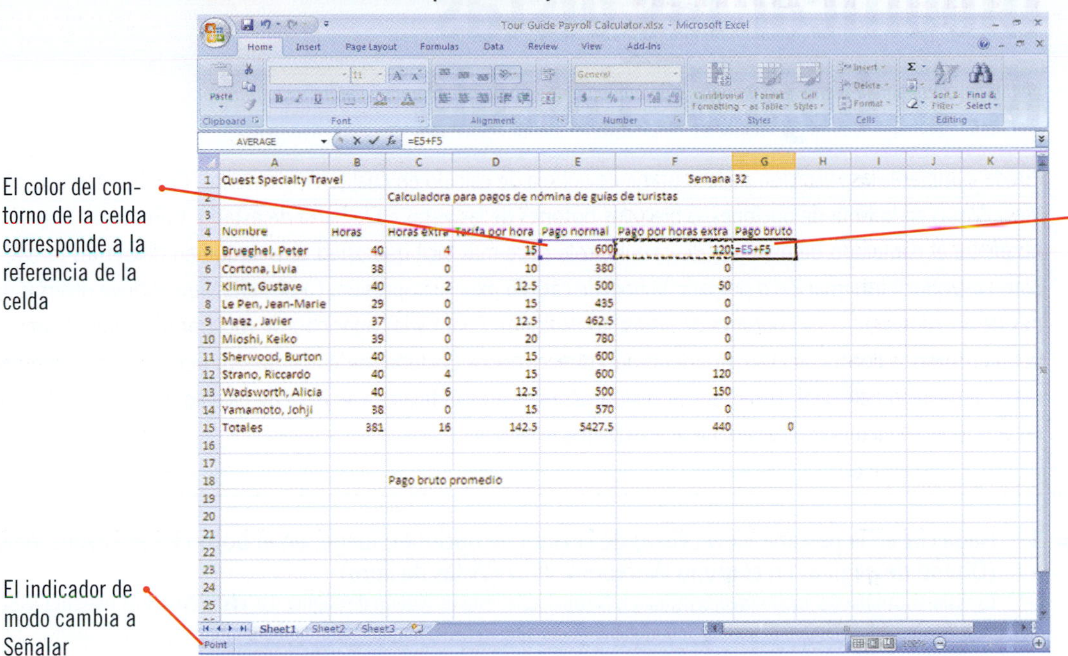

	A	B	C	D	E	F	G
1	Quest Specialty Travel					Semana	32
2			Calculadora para pagos de nómina de guías de turistas				
3							
4	Nombre	Horas	Horas extra	Tarifa por hora	Pago normal	Pago por horas extra	Pago bruto
5	Brueghel, Peter	40	4	15	600	120	=E5+F5
6	Cortona, Livia	38	0	10	380	0	
7	Klimt, Gustave	40	2	12.5	500	50	
8	Le Pen, Jean-Marie	29	0	15	435	0	
9	Maez , Javier	37	0	12.5	462.5	0	
10	Mioshi, Keiko	39	0	20	780	0	
11	Sherwood, Burton	40	0	15	600	0	
12	Strano, Riccardo	40	4	15	600	120	
13	Wadsworth, Alicia	40	6	12.5	500	150	
14	Yamamoto, Johji	38	0	15	570	0	
15	Totales	381	16	142.5	5427.5	440	0
18			Pago bruto promedio				

FIGURA A-12: Fórmula modificada en una hoja de cálculo

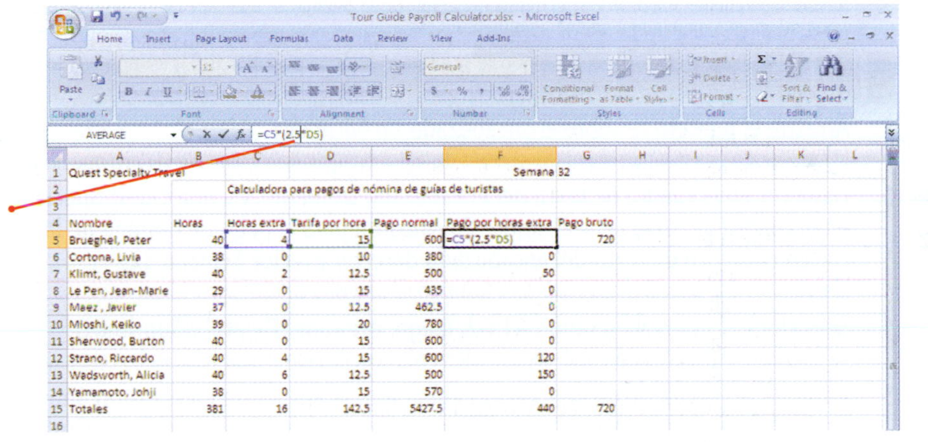

	A	B	C	D	E	F	G
1	Quest Specialty Travel					Semana	32
2			Calculadora para pagos de nómina de guías de turistas				
3							
4	Nombre	Horas	Horas extra	Tarifa por hora	Pago normal	Pago por horas extra	Pago bruto
5	Brueghel, Peter	40	4	15	600	=C5*(2.5*D5)	720
6	Cortona, Livia	38	0	10	380	0	
7	Klimt, Gustave	40	2	12.5	500	50	
8	Le Pen, Jean-Marie	29	0	15	435	0	
9	Maez , Javier	37	0	12.5	462.5	0	
10	Mioshi, Keiko	39	0	20	780	0	
11	Sherwood, Burton	40	0	15	600	0	
12	Strano, Riccardo	40	4	15	600	120	
13	Wadsworth, Alicia	40	6	12.5	500	150	
14	Yamamoto, Johji	38	0	15	570	0	
15	Totales	381	16	142.5	5427.5	440	720

FIGURA A-13: Fórmula modificada con cambios

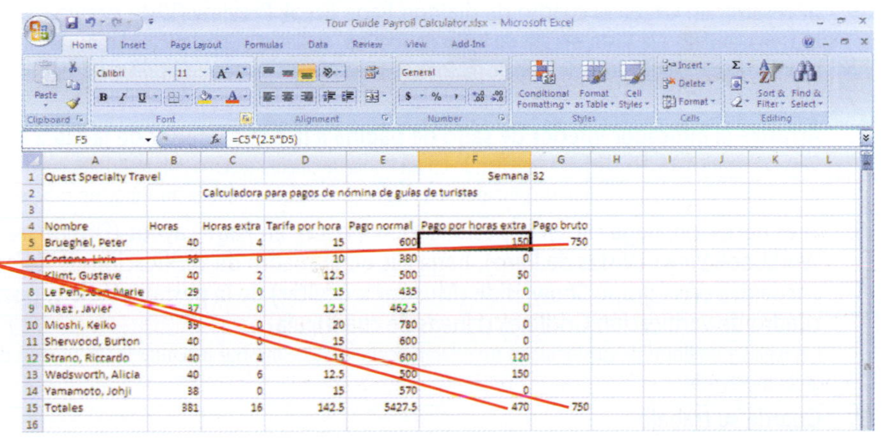

	A	B	C	D	E	F	G
1	Quest Specialty Travel					Semana	32
2			Calculadora para pagos de nómina de guías de turistas				
3							
4	Nombre	Horas	Horas extra	Tarifa por hora	Pago normal	Pago por horas extra	Pago bruto
5	Brueghel, Peter	40	4	15	600	150	750
6	Cortona, Livia	38	0	10	380	0	
7	Klimt, Gustave	40	2	12.5	500	50	
8	Le Pen, Jean-Marie	29	0	15	435	0	
9	Maez , Javier	37	0	12.5	462.5	0	
10	Mioshi, Keiko	39	0	20	780	0	
11	Sherwood, Burton	40	0	15	600	0	
12	Strano, Riccardo	40	4	15	600	120	
13	Wadsworth, Alicia	40	6	12.5	500	150	
14	Yamamoto, Johji	38	0	15	570	0	
15	Totales	381	16	142.5	5427.5	470	750

Excel 2007

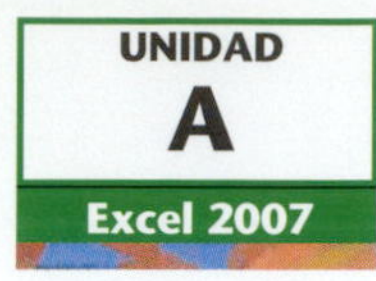

Modificar las vistas de la hoja de cálculo

Puede cambiar la visualización de la ventana de la hoja de cálculo en cualquier momento, usando ya sea la pestaña View (Vista) en la cinta de opciones, o bien, los botones de las vistas en la barra de estado. Cambiar su visualización no afecta el contenido de una hoja de cálculo, sólo hace más fácil que usted se enfoque en diferentes tareas, tales como introducir información o preparar la hoja de cálculo para su impresión. La pestaña View incluye diversas opciones de visualización, como botones de vistas, controles de Zoom y la capacidad de mostrar u ocultar elementos de la hoja, como la cuadrícula. La barra de estado ofrece menos opciones de visualización, pero su uso puede resultar más conveniente. Usted quiere realizar algunos ajustes finales a su hoja de cálculo, incluyendo agregar un encabezado al documento para darle una vista más atractiva.

PASOS

1. **Haga clic en la pestaña View (Vista) de la cinta de opciones; luego, en el botón Page Layout View (Diseño de página) en el grupo Workbook View (Vistas de libro)**
   La vista se cambia del modo predeterminado, Normal, a la vista de Diseño de página. La **vista Normal** presenta la hoja de cálculo sin incluir ciertos detalles como encabezados y pies, o bien, herramientas como las reglas y el indicador de número de página; es eficaz para crear y modificar una hoja de cálculo, pero puede no ser lo suficientemente detallada si se pretende darle los toques finales a un documento. La **vista Page Layout (Diseño de página)** proporciona una visión más precisa del aspecto que la hoja de cálculo tendrá cuando se imprima, como se muestra en la figura A-14. Se presentan los márgenes de la página, junto con un cuadro de texto para el encabezado. Aparece un cuadro de texto para los pies en la parte inferior de la página, pero puede que su pantalla no sea lo suficientemente grande para verlo sin desplazar el contenido de la misma. En la parte superior y al extremo izquierdo de la página, se aprecian las reglas. Parte de una página adicional se puede observar a la derecha de esta página, pero se halla atenuada, indicando que no contiene algún dato. Un indicador de número de página en la barra de estado le informa cuál es la página actual y el número total de páginas en esta hoja de cálculo.

2. **Arrastre el puntero sobre el encabezado *sin hacer clic***
   El encabezado está compuesto por tres cuadros de texto: el izquierdo, el central y el derecho.

3. **Haga clic en el cuadro de texto del encabezado izquierdo, escriba Quest Specialty Travel, haga clic en el cuadro de texto central, anote Calculadora para el pago de nómina de los guías de viaje, haga clic en el cuadro de texto del encabezado derecho y teclee Semana 32**
   El nuevo texto aparecerá en los cuadros de texto, como se ilustra en la figura A-15.

4. **Seleccione el intervalo o rango A1:G2; luego, presione [Delete] ([Suprimir])**
   La información duplicada que acaba de introducir en el encabezado es suprimida de las celdas en la hoja de cálculo.

5. **Haga clic en el cuadro de verificación Ruler, que se encuentra en el grupo Show/Hide (Mostrar u ocultar) de la pestaña View (Vista); luego, en el cuadro de verificación de Gridlines (Líneas de cuadrícula)**
   Las reglas y las líneas de cuadrícula quedan ocultas. De manera predeterminada, las líneas de cuadrícula en una hoja de cálculo no se imprimen, por lo que al ocultarlas usted tiene una imagen más precisa del documento final.

6. **Haga clic en el botón Vista previa de salto de página en la barra de estado; a continuación, si es necesario, en OK en el cuadro de diálogo Page Break Preview (Vista previa de salto de página)**
   La vista se cambia a la **Vista previa de salto de página**, que muestra una vista reducida de cada página de su hoja de cálculo, junto con los indicadores de salto de página que puede arrastrar para incluir mayor o menor cantidad de información en una página.

7. **Arrastre el indicador inferior de salto de página a la parte inferior de la fila 21**
   Véase la figura A-16. Si usted está trabajando en una hoja de cálculo extensa con múltiples páginas, en ocasiones deberá ajustar los sitios de salto de página; sin embargo, en esta hoja de cálculo, toda la información cabe en una página.

8. **Si es necesario, haga clic en la pestaña View (Vista), en Page Layout (Diseño de página) en el grupo Workbook Views (Vistas de libro), haga clic en el cuadro de verificación de Ruler (Regla) que se encuentra en el grupo Show/Hide (Mostrar u ocultar) de la pestaña View y, posteriormente, en el cuadro de verificación Gridlines (Líneas de cuadrícula)**
   Las reglas y las líneas de cuadrícula ya no estarán ocultas. Puede mostrar u ocultar los elementos de la pestaña View en cualquier momento.

9. **Guarde su trabajo**

CONSEJO
Aunque una hoja de cálculo puede contener más de un millón de filas y columnas, el documento en proceso sólo contiene tantas páginas como sean necesarias para el proyecto actual.

CONSEJO
Puede cambiar la información del encabezado y el pie utilizando la pestaña Header & Footer Tools Design (Diseño y herramientas para encabezado y pie de página) que se abre cuando un encabezado o un pie están activos. Por ejemplo, puede insertar la fecha haciendo clic en el botón Current Date (Fecha actual) que se halla en el grupo Header & Footer Elements (Elementos del encabezado y pie de página), o la hora haciendo clic en el botón Current Time (Hora actual).

CONSEJO
Una vez que visualice una hoja de cálculo en la Vista previa de salto de página, el indicador de salto de página aparecerá como líneas punteadas luego de que usted regrese otra vez a la vista Normal.

FIGURA A-14: Vista Diseño de página

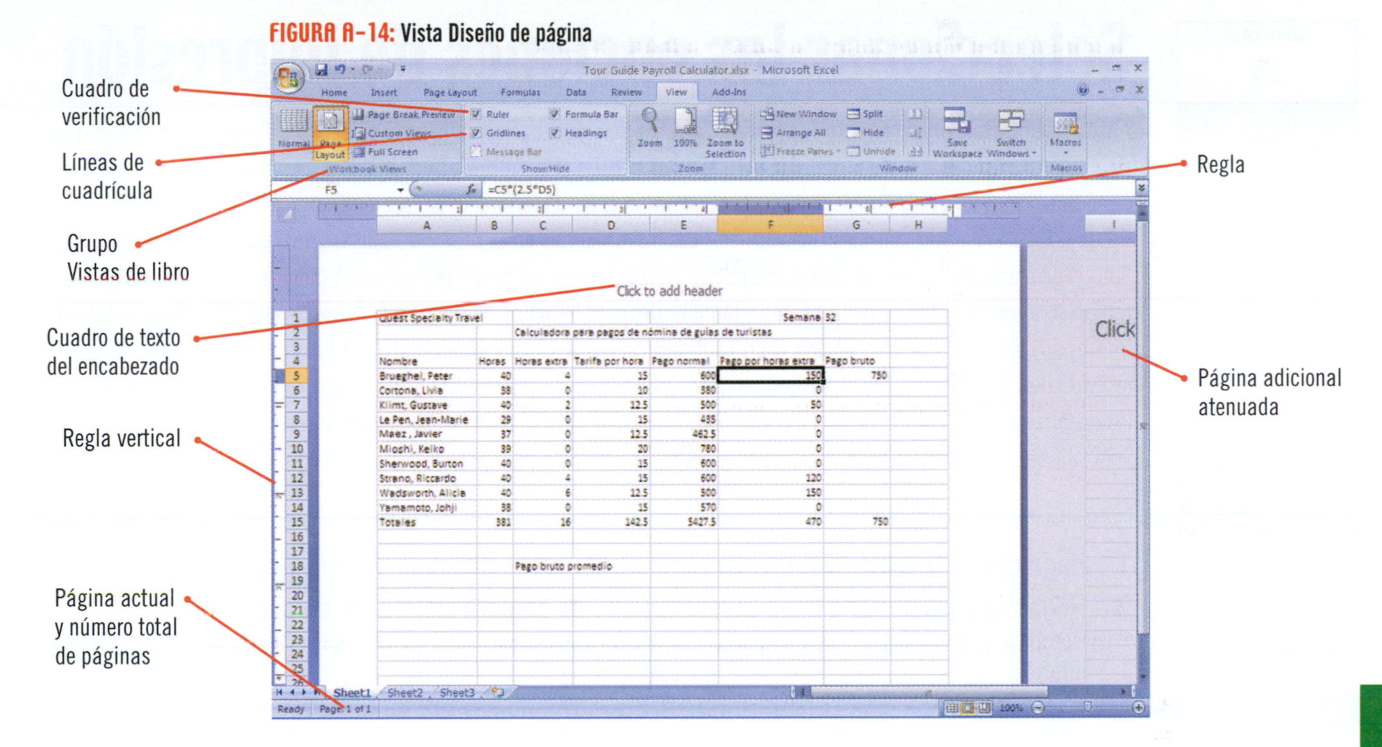

FIGURA A-15: Cuadros del encabezado

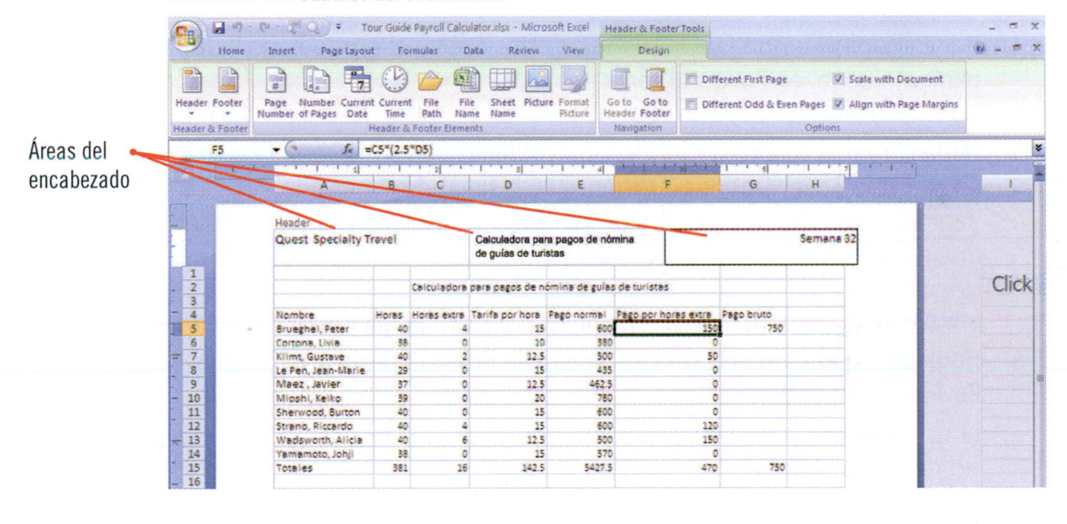

FIGURA A-16: Vista previa de salto de página

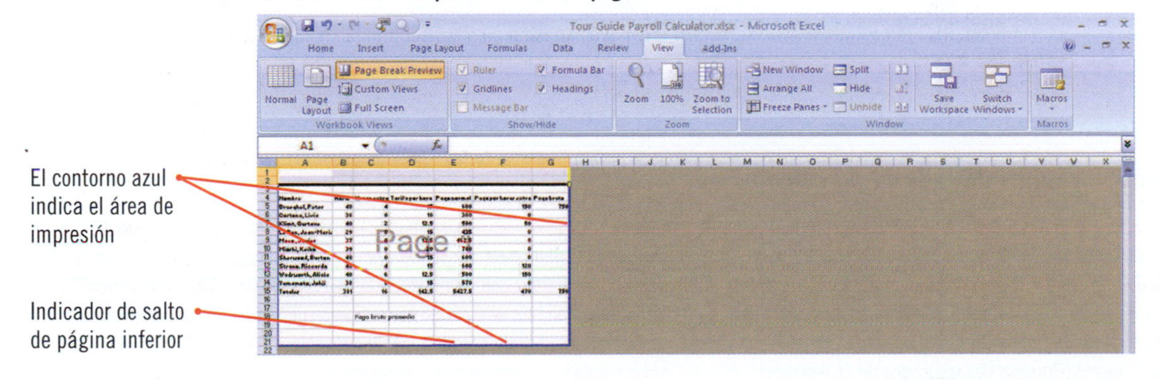

UNIDAD A

Excel 2007

Seleccionar las opciones de impresión

Antes de imprimir un documento, puede que desee revisarlo haciendo uso de la pestaña Page Layout (Diseño de página) y Print Preview (Vista preliminar) para mejorar su salida impresa. Además, es recomendable que revise sus configuraciones en el cuadro de diálogo Print (Imprimir), para asegurarse de que está imprimiendo el número deseado de copias y usando la impresora correcta. Las herramientas en la pestaña Page Layout incluyen un grupo Page Setup (Configurar página), donde usted puede ajustar la orientación de la impresión (la dirección en la cual el contenido se imprime a través de la página), tamaño del papel y saltos de página. El grupo Scale to Fit (Ajustar área de impresión) hace posible ajustar una gran cantidad de datos en una sola página sin hacer cambios a los márgenes individuales. En el grupo Sheet Options (Opciones de la hoja), puede activar y desactivar las líneas de cuadrícula y los encabezados de columna/fila. La revisión de su hoja de cálculo final en Preview le muestra con exactitud cómo se verá su hoja de cálculo cuando esté impresa. Está listo para preparar la impresión de su hoja de cálculo.

PASOS

1. **Haga clic en la celda A21, escriba su nombre y luego presione [Enter] ([Intro])**
2. **Haga clic en la pestaña Page Layout (Diseño de página) en la cinta de opciones**
   Compare su pantalla con la de la figura A-17. La línea punteada indica el **área de impresión**, el área que será impresa.
3. **Haga clic en el botón Orientation (Orientación) en el grupo Page Setup (Configurar página); después, en Landscape (Horizontal)**
   La orientación del papel cambia a **horizontal**, de manera que el contenido se imprimirá a lo largo de la hoja en lugar de hacerlo a lo ancho de ella.
4. **Haga clic en el botón Orientation (Orientación) en el grupo Page Setup (Configurar página); luego, en Portrait (Vertical)**
   La orientación regresa al sentido **vertical**, por lo que el contenido se imprimirá a lo ancho de la página.
5. **Haga clic en el cuadro de verificación Gridlines View checkbox (Ver - Líneas de la cuadrícula) en el grupo Sheet Options (Opciones de la hoja) de la pestaña Page Layout (Diseño de página), haga clic en el cuadro de verificación Gridlines Print (Imprimir - Líneas de la cuadrícula) para seleccionarlo si es necesario y, luego, guarde su trabajo**
   La impresión de las líneas de cuadrícula hacen más fáciles de leer los datos, pero dichas líneas no se imprimirán a menos que el cuadro de verificación Imprimir - Líneas de la cuadrícula se encuentre marcado.
6. **Haga clic en el botón de Office, señale Print (Imprimir) y, después, haga clic en Print Peview (Vista preliminar)**
   La Vista preliminar le muestra exactamente el aspecto que su copia impresa tendrá. Se puede imprimir desde esta vista haciendo clic en el botón Print (Imprimir) de la cinta de opciones o cerrar la Vista preliminar sin imprimir, haciendo clic en el botón Close Print Preview (Cerrar vista preliminar).
7. **Haga clic en el botón Zoom en el grupo Zoom de la pestaña Vista preliminar**
   La imagen de su hoja de cálculo se agranda. Compare su pantalla con la de la figura A-18.
8. **Haga clic en el botón imprimir en el grupo Print (Imprimir), compare sus parámetros de configuración con los de la figura A-19 y, después, haga clic en OK (Aceptar)**
   Se imprime una copia de la hoja de cálculo.
9. **Salga de Excel**

CONSEJO
Puede utilizar el control deslizante del Zoom en cualquier momento para agrandar la visualización de áreas específicas de su hoja de cálculo.

CONSEJO
Puede imprimir su hoja de cálculo utilizando los parámetros predeterminados haciendo clic en el botón Office, señalando Imprimir y, luego, haciendo clic en Quick Print (Impresión rápida).

CONSEJO
Para cambiar la impresora activa, haga clic en la flecha de lista Nombre y, a continuación, elija una impresora diferente.

Impresión de las fórmulas de la hoja de cálculo

En ocasiones, deberá conservar un registro de todas las fórmulas en una hoja de cálculo para consultar exactamente cómo llegó a un cálculo complejo, de modo que pueda explicarlo a otros. Puede hacer esto si imprime las fórmulas en una hoja de cálculo en vez de los resultados de esos cálculos. Para hacerlo, abra el libro de trabajo que contiene las fórmulas que quiere imprimir. Haga clic en el botón de Office, luego en Excel Options (Opciones de Excel). Haga clic en Advanced (Avanzadas), que se encuentra en el panel izquierdo, desplácese hasta Display options for this worksheet section (Mostrar opciones para esta hoja), haga clic en la flecha de lista y seleccione todo el libro o la hoja en la que desea que se muestren las fórmulas, haga clic en el cuadro de verificación de Show formulas in cells instead of their calculated results checkbox (Mostrar fórmulas en celdas en lugar de los resultados calculados) y, finalmente, en OK (Aceptar).

FIGURA A-17: Hoja de cálculo con orientación vertical

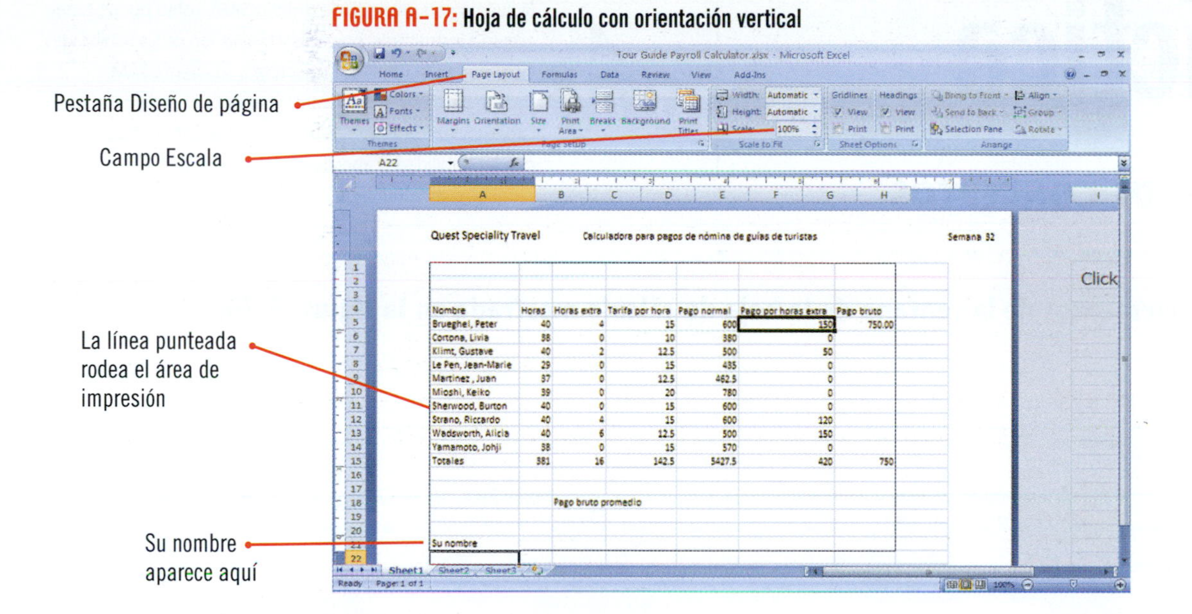

FIGURA A-18: Hoja de cálculo en Vista preliminar

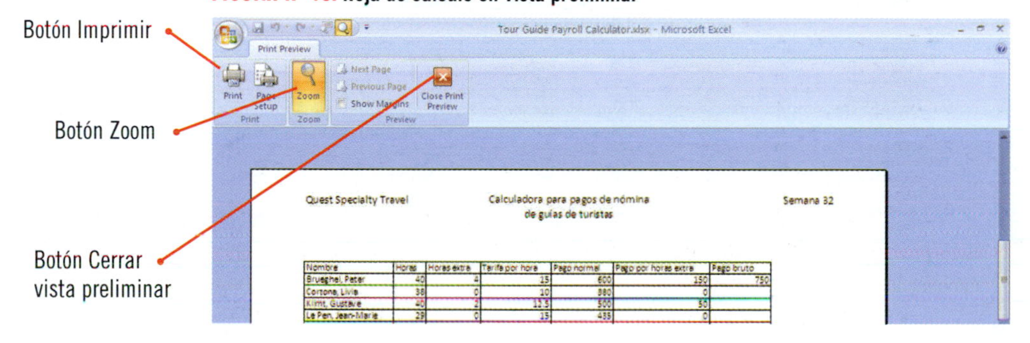

FIGURA A-19: Cuadro de diálogo Imprimir

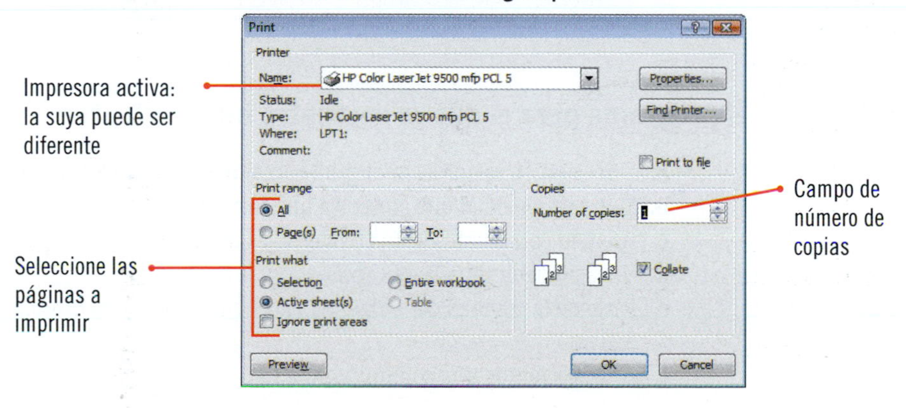

Ajuste de la impresión

Si desea ajustar en una sola hoja de papel una gran cantidad de datos, pero no quiere invertir mucho tiempo intentando ajustar los márgenes y otros parámetros, use la opción Fit to (Ajustar a) en el cuadro de diálogo Page Setup (Configurar página). Abra este cuadro de diálogo haciendo clic en el lanzador del grupo Scale to Fit (Ajustar área de impresión) en la pestaña Diseño de página. Asegúrese de que se encuentre seleccionada la pestaña Página y haga clic en el botón Fit to (Ajustar a). Seleccione el número de páginas que quiere que la hoja de cálculo ajuste; después, haga clic en OK (Aceptar). Si está listo para imprimir, haga clic en Print y se abrirá el cuadro de diálogo Print. Seleccione las páginas que desea imprimir y el número de copias que quiera y luego haga clic en OK.

Práctica

Si cuenta con un perfil de usuario SAM, usted puede tener acceso a instructivos, prácticas y evaluación de las habilidades cubiertas en la unidad. Conéctese a su cuenta SAM (http://sam2007.course.com/) para iniciar actividades de capacitación o exámenes programados que se relacionan con las habilidades abordadas en esta unidad.

▼ REPASO DE CONCEPTOS

Etiquete los elementos de la ventana de la hoja de cálculo mostrada en la figura A-20.

FIGURA A-20

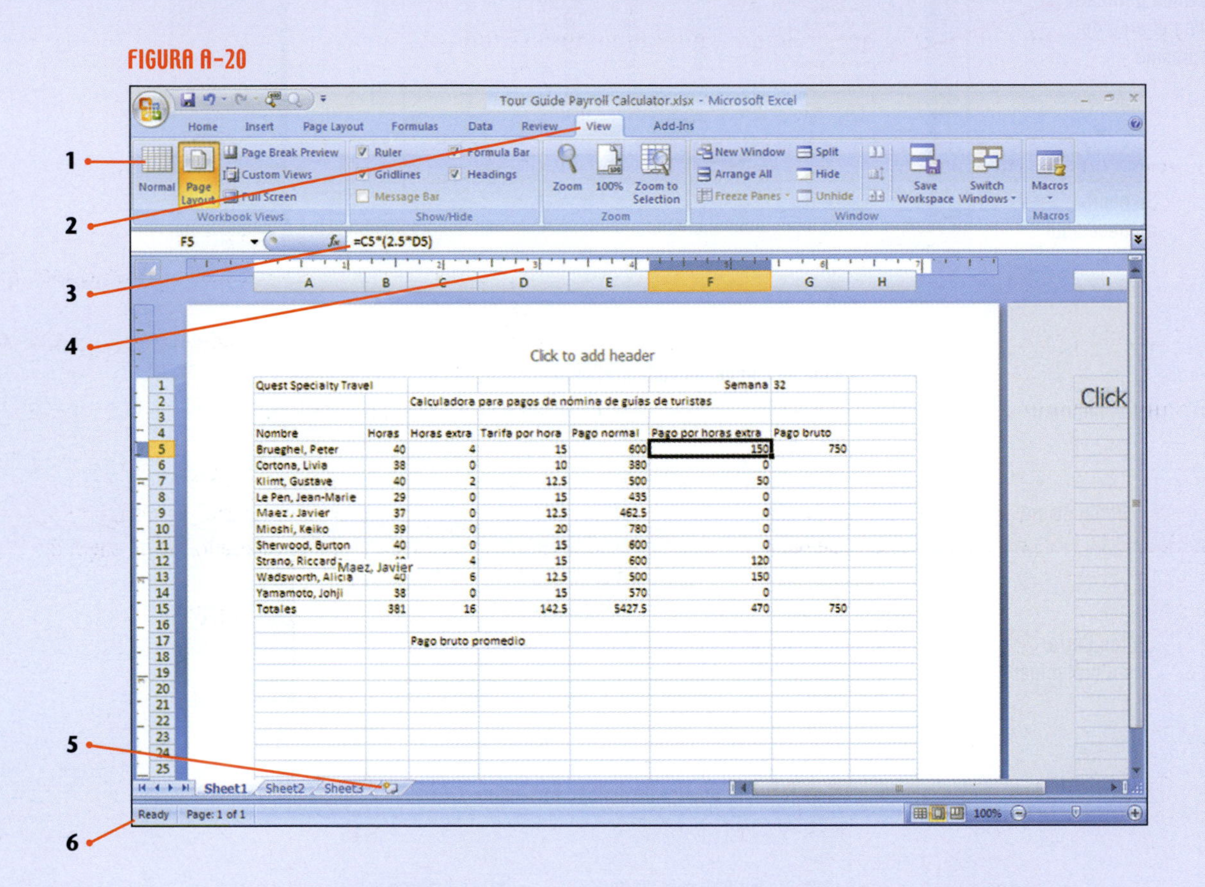

Relacione cada proyecto con el programa para el que se encuentre mejor adaptado.

7. **Celda**
8. **Vista Normal**
9. **Libro de trabajo**
10. **Cuadro de nombre**
11. **Prefijo de fórmula**
12. **Orientación**

a. Dirección en la que se imprimirá el contenido de la página
b. Signo de igualdad que precede a una fórmula
c. Archivo compuesto de una o más hojas de cálculo
d. Vista predeterminada en Excel
e. Parte de la ventana del programa Excel que muestra las direcciones de celdas activas
f. Intersección de una columna y una fila

Seleccione la respuesta más adecuada de la lista de opciones.

13. En Excel, el orden de precedencia determina:
- **a.** El orden en el que se imprimen las hojas de cálculo.
- **b.** Los colores utilizados para distinguir las referencias de las celdas.
- **c.** El orden en el que se realizan los cálculos.
- **d.** Cómo se multiplican los valores.

14. El número máximo de hojas de cálculo que puede incluir en un libro de trabajo es:
- **a.** 3
- **b.** 250
- **c.** 255
- **d.** Ilimitado

15. Una selección de celdas múltiples se conoce como un(a):
- **a.** Grupo
- **b.** Rango
- **c.** Referencia
- **d.** Paquete

16. El uso de una dirección de celda en una fórmula se conoce como:
- **a.** Formulación
- **b.** Prefijado
- **c.** Referencia de celda
- **d.** Matemáticas de celda

17. ¿Cuál vista de hoja de cálculo le muestra el aspecto que tendrá su hoja cuando se imprima?
- **a.** Page Layout (Diseño de página)
- **b.** Datos
- **c.** Review (Repaso)
- **d.** View (Vista)

18. ¿En qué botón debería hacer clic si quiere imprimir fórmulas en una hoja de cálculo?
- **a.** Guardar
- **b.** Rellenar
- **c.** Cualquier botón en la Barra de herramientas de acceso rápido
- **d.** Office

19. Al hacer clic en el lanzador del grupo Ajustar área de impresión de la pestaña Diseño de página, ¿qué cuadro de diálogo se abre?
- **a.** Print (Imprimir)
- **b.** Scale to fit (Ajustar área de impresión)
- **c.** Width/Height (Anchura/Altura)
- **d.** Page Setup (Configurar página)

20. ¿En qué vista puede observar las áreas de encabezado y pie de página de una hoja de cálculo?
- **a.** Normal View (Vista Normal)
- **b.** Page Layout View (Vista de Diseño de página)
- **c.** Page Break Preview (Vista previa de salto de página)
- **d.** Header/Footer View (Vista Encabezado/pie de página)

21. ¿Cuál tecla puede presionar para cambiar al modo Modificar?
- **a.** [F1]
- **b.** [F2]
- **c.** [F4]
- **d.** [F6]

▼ REPASO DE HABILIDADES

1. Enteder el software de hoja de cálculo.
- **a.** ¿Cuál es la diferencia entre un libro de trabajo y una hoja de cálculo?
- **b.** Identifique cinco usos comunes de negocios para las hojas de cálculo electrónicas.
- **c.** ¿Qué es el análisis "what if" ("y si")?

2. Explorar la ventana de Excel 2007.
- **a.** Inicie Excel.
- **b.** Abra el archivo EX A-2.xlsx desde la unidad y la carpeta donde almacene sus archivos de datos; luego, guárdelo como **Estadísticas del clima**.
- **c.** Localice la barra de fórmulas, las pestañas de las hojas, el indicador de modo y el puntero de celda.

3. Comprender las fórmulas.
- **a.** ¿Cuál es la temperatura promedio más alta de las ciudades enumeradas? (*Sugerencia*: seleccione el rango B5:G5 y utilice la barra de estado.)
- **b.** ¿Qué fórmula crearía para calcular la diferencia en la altitud entre Chicago y Phoenix?

4. Incluir etiquetas y valores, y usar AutoSum (Autosuma).
- **a.** Haga clic en la celda H7; luego, utilice el botón de AutoSum (Autosuma) para calcular la precipitación pluvial total.
- **b.** Haga clic en la celda H8; después, haga uso del botón AutoSum para calcular la precipitación total de nieve.
- **c.** Guarde sus cambios al archivo.

5. Editar entradas de las celdas.
- **a.** Use la tecla [F2] para corregir la ortografía de Sante Fe en una celda de la hoja de cálculo (la ortografía correcta es Santa Fe).
- **b.** Haga clic en la celda A12; luego, escriba su nombre.
- **c.** Guarde sus cambios.

▼ REPASO DE HABILIDADES (CONTINUACIÓN)

6. Crear y editar una fórmula simple.

a. Cambie el valor de 41 en la celda B8 a **52**.

b. Cambie el valor de 35 en la celda C7 a **35.4**.

c. Seleccione el rango B10:G10; luego, emplee el botón Fill (Rellenar) en el grupo Editing (Modificar) en la pestaña Start (Inicio) para rellenar la fórmula en las celdas restantes de la selección. (*Sugerencia*: si usted observa un icono de advertencia, haga clic en él y, luego, clic en Ignore error (Ignorar error).)

7. Modificar las vistas de la hoja de cálculo.

a. Haga clic en la pestaña Vista en la cinta de opciones; a continuación, cambie a la vista Diseño de página.

b. Agregue el encabezado **Average Annual Weather Statistics (Estadísticas del clima promedio anual)** en el cuadro central del encabezado.

c. Agregue su nombre en el cuadro de la derecha del encabezado.

d. Elimine el contenido de la celda A1.

e. Elimine el contenido de la celda A12.

f. Guarde sus cambios.

8. Seleccionar las opciones de impresión.

a. Utilice la pestaña de Page Layout (Diseño de página) para cambiar la orientación a vertical.

b. Desactive las líneas de la cuadrícula desmarcando tanto el cuadro de verificación Gridlines View (Ver líneas de la cuadrícula) como el de Gridlines Print (Imprimir líneas de la cuadrícula) en el grupo Sheet Options (Opciones de la hoja).

c. Observe la hoja de cálculo en vista preliminar; luego, aumente el zoom para agrandar la vista. Compare su pantalla con la de la figura A-21.

d. Abra el cuadro de diálogo Print (Imprimir) e imprima una copia de la hoja de cálculo.

e. Guarde sus cambios y cierre el libro de trabajo.

FIGURA A-21

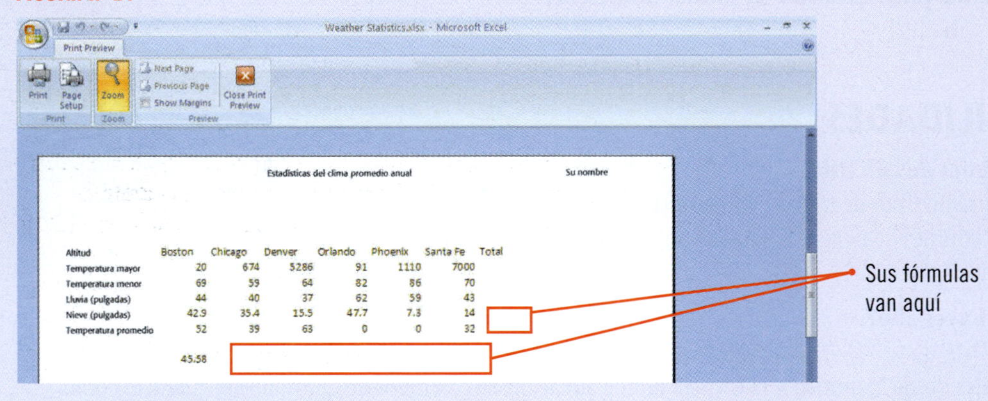

▼ RETO INDEPENDIENTE 1

Una oficina inmobiliaria local lo ha contratado para que efectúe la transición al uso de Excel en sus despachos. Les gustaría hacer una lista de sus propiedades en una hoja de cálculo. Usted ha comenzado una hoja de cálculo para este proyecto que contiene etiquetas, mas no datos.

TABLA A-4

Dirección de la propiedad	Precio	Recámaras	Baños
1507 Cactus Lane	350000	3	2.5
32 California Lane	325000	3	4
60 Pottery Lane	475500	2	2
902 Fortunata Drive	295000	4	3
Total			

a. Abra el archivo EX A-3.xlsx del sitio donde almacene sus archivos de datos y guárdelo como **Real Estate Listings (Listados de bienes inmobiliarios)**.

b. Introduzca los datos mostrados en la tabla A-4 en las columnas A, C, D y E (la información de la dirección de la propiedad debería vaciarse en la columna B).

▼ RETO INDEPENDIENTE 1 (CONTINUACIÓN)

c. Utilice la vista Page Layout (Diseño de página) para crear un encabezado con los siguientes componentes: un título en el centro y su nombre a la derecha.

d. Haga las fórmulas para los totales en las celdas C6:E6.

e. Guarde sus cambios, observe la vista preliminar de su trabajo y compárelo con la figura A-22.

f. Imprima la hoja de cálculo.

g. Cierre la hoja de cálculo y salga de Excel.

FIGURA A-22

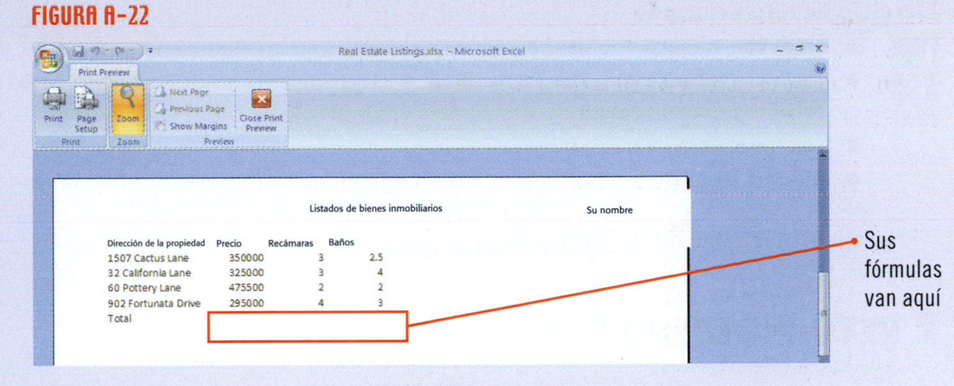

▼ RETO INDEPENDIENTE 2

FIGURA A-23

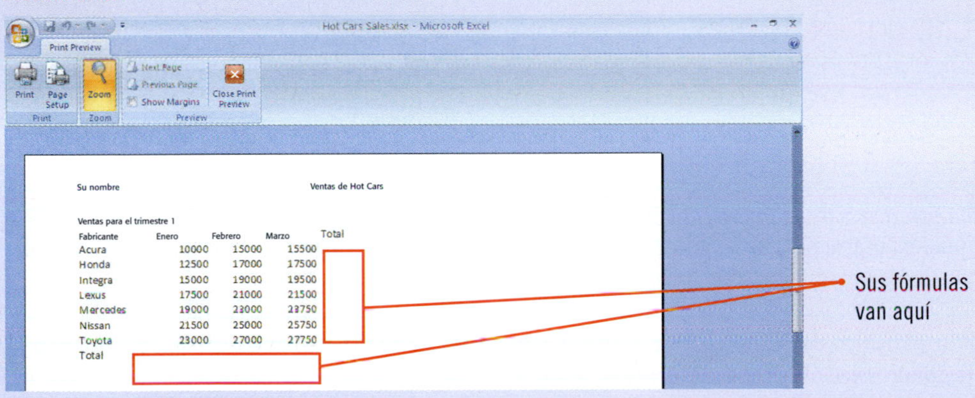

Usted es el gerente general de Hot Cars, un pequeño distribuidor de partes automotrices. Aunque la compañía tiene sólo tres años de antigüedad, se expande con rapidez y usted está buscando constantemente formas de ahorrar tiempo. Recientemente, ha comenzado a usar Excel para administrar y mantener los datos de inventario y ventas, lo que le ha sido de gran ayuda para hacer un seguimiento preciso y eficaz de la información.

a. Inicie Excel.

b. Guarde un nuevo libro de trabajo como **Hot Cars Sales (Ventas de Hot Cars)** en la unidad y la carpeta donde almacene sus archivos de datos.

c. Cambie a una vista apropiada y agregue un encabezado que contenga su nombre en el cuadro de texto izquierdo del encabezado y un título en el cuadro de texto central de dicho encabezado.

d. Haciendo uso de la figura A-23 como guía, haga etiquetas para al menos siete fabricantes de autos y ventas por tres meses. Incluya tantas etiquetas como sea necesario. Los fabricantes de autos deberían estar en la columna A, y los meses en las columnas B, C y D. Debería agregarse una fila de Totales en la parte inferior de los datos y una columna de Totales en la columna E.

e. Introduzca los valores de su elección para las ventas mensuales de cada fabricante.

f. Agregue una fórmula en la columna de Totales para calcular el total de las ventas mensuales para cada fabricante. Añada fórmulas en la parte inferior de cada columna de valores para hacer el cálculo del total para esa columna. Recuerde que puede utilizar la función SUM (SUMA) para ahorrar tiempo.

g. Guarde sus cambios, observe la vista preliminar de la hoja de cálculo e imprímala.

Excel 2007

▼ RETO INDEPENDIENTE 2 (CONTINUACIÓN)

Ejercicio de reto avanzado

- Haga una etiqueta dos filas por debajo de los datos en la columna A que diga 15% de incremento.
- Haga una fórmula en la fila que contiene la etiqueta del 15% de incremento, para calcular un aumento del 15% en el total de las ventas del mes.
- Guarde el libro de trabajo.
- Muestre las fórmulas en la hoja de cálculo e imprima una copia de la hoja con las fórmulas mostradas.

h. Cierre el (los) libro(s) de trabajo y salga de Excel.

▼ RETO INDEPENDIENTE 3

FIGURA A-24

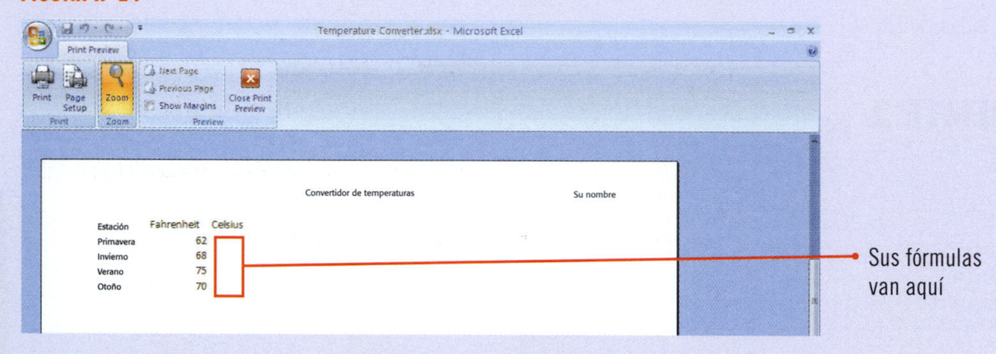

Este reto independiente requiere de una conexión activa a Internet. Su oficina está abriendo una filial en París y usted considera que sería útil crear una hoja de cálculo que pudiera usarse para hacer la conversión de temperaturas Fahrenheit a Celsius o centígrados, con el fin de ayudar a los empleados que no estén familiarizados con este tipo de medición de las temperaturas.

a. Inicie Excel y guarde un libro en blanco con el nombre de **Temperature Converter (Convertidor de temperaturas)** en la unidad y carpeta donde usted almacene sus archivos de datos.
b. Haga columnas y filas empleando la figura A-24 como guía.
c. Haga etiquetas para cada una de las estaciones del año.
d. En las celdas apropiadas, introduzca lo que determine que sería una temperatura ideal en interiores para cada estación.
e. Emplee su navegador para averiguar la fórmula de conversión de grados Fahrenheit a Celsius. (*Sugerencia*: use su motor de búsqueda favorito con un término como "conversión de temperaturas".)
f. En las celdas apropiadas, haga una ecuación que calcule la conversión de la temperatura Fahrenheit que usted introduzca a una temperatura en grados Celsius.
g. Observe la hoja de cálculo de manera preliminar en la vista de Diseño de página, agregue su nombre al encabezado así como un título significativo.
h. Guarde su trabajo e imprima la hoja de cálculo.
i. Cierre el archivo y, posteriormente, salga de Excel.

▼ RETO INDEPENDIENTE DE LA VIDA REAL

FIGURA A-25

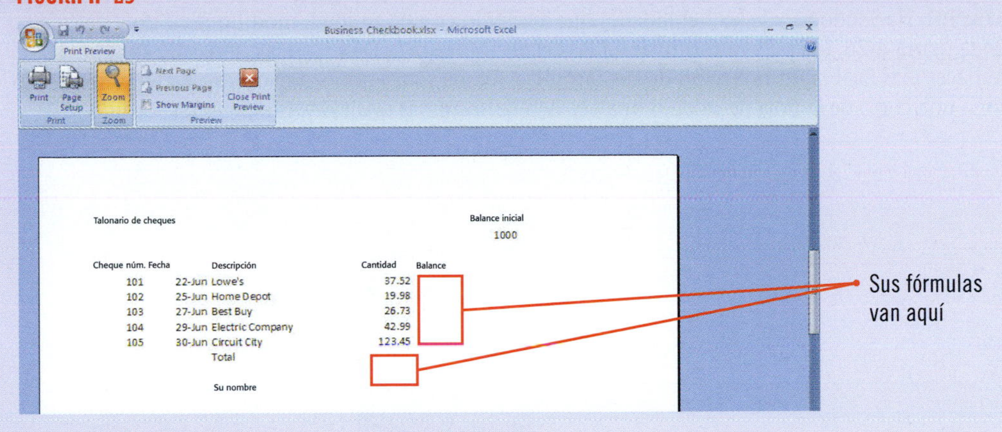

Ha decidido finalizar su jornada laboral y convertir su pasatiempo favorito en un negocio. Ha establecido un pequeño negocio vendiendo el producto o servicio de su elección. Desea emplear Excel para hacer un seguimiento de sus muchos costos iniciales.

a. Inicie Excel, abra el archivo EX A-4.xlsx desde la unidad y carpeta donde almacene sus archivos de datos y guárdelo como **Business Checkbook (Talonario de cheques del negocio).**

b. Escriba los números de cheques (elija en forma arbitraria un número de inicio) en las celdas A5 hasta la A9.

c. Invente datos de muestra para la fecha, el producto y la cantidad en las celdas B5 hasta la D9.

d. Guarde su trabajo.

Ejercicio de reto avanzado

- Utilice la ayuda para averiguar acerca de la creación de una serie de números.
- Elimine el contenido de las celdas A5:A9.
- Construya una serie de números en las celdas A5:A9.
- En la celda C15, escriba una breve descripción de cómo construyó la serie.
- Guarde el libro de trabajo.

e. Construya fórmulas en las celdas E5:E9 que calculen un balance de cuentas. (*Sugerencia*: para el primer cheque, el balance de cuentas es igual al balance de inicio menos un cheque; para los cheques siguientes, el balance de cuentas es igual al valor del balance anterior menos cada valor de cheque.)

f. Haga una fórmula en la celda D10 que sume el total de la cantidad de los cheques.

g. Introduzca su nombre en la celda C12 y compare su pantalla con la de la figura A-25.

h. Guarde sus cambios al archivo, observe la vista preliminar e imprima la hoja de cálculo. Por último, salga de Excel.

▼ TALLER VISUAL

Abra el archivo EX A-5.xlsx desde la unidad y la carpeta donde almacene sus archivos de datos; luego, guárdelo como **Inventory Items (Productos del inventario)**. Haciendo uso de las habilidades que aprendió en esta unidad, modifique su hoja de cálculo de manera que coincida con la de la figura A-26. Introduzca fórmulas en las celdas D4 hasta la D13 y en las celdas B14 y C14. Use el botón AutoSum (Autosuma) para hacer más fácil la introducción de sus fórmulas. Añada su nombre en el cuadro de texto izquierdo del encabezado y, después, imprima una copia de la hoja de cálculo una vez con las fórmulas ocultas y, otra, con las fórmulas mostradas.

FIGURA A-26

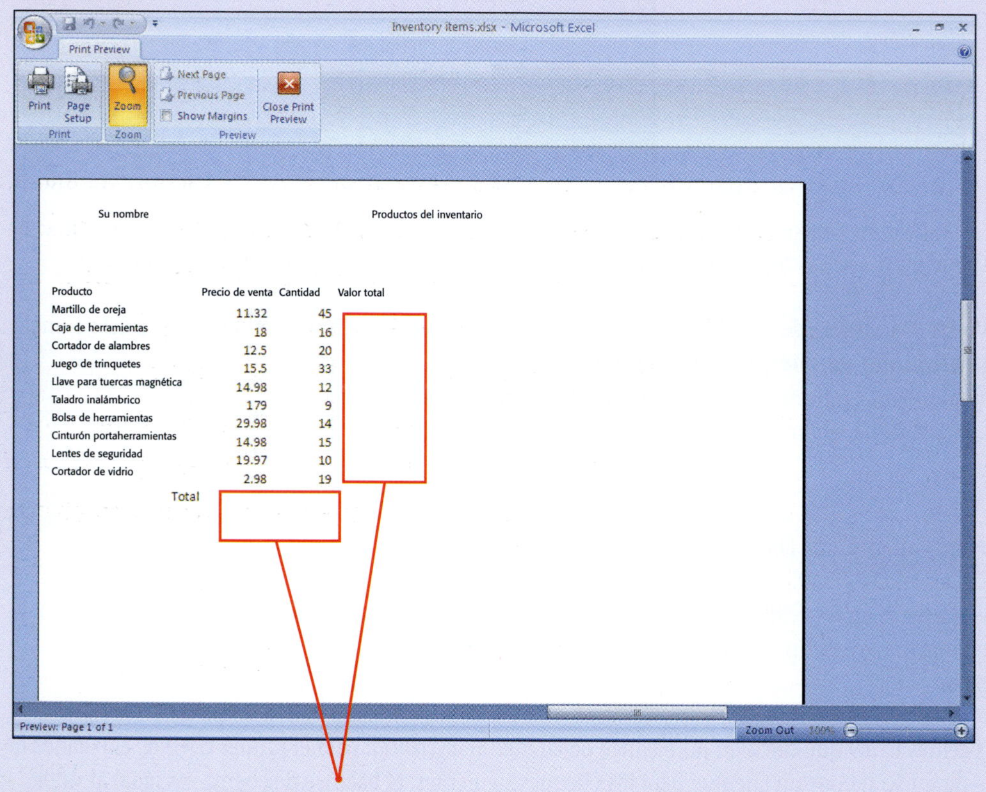

UNIDAD
B
Excel 2007

Trabajar con fórmulas y funciones

Archivos que necesita:

EX B-1.xlsx
EX B-2.xlsx
EX B-3.xlsx
EX B-4.xlsx

A partir de su conocimiento de los fundamentos de Excel, puede expandir sus hojas de cálculo para incluir funciones y fórmulas complejas. Para trabajar con más eficiencia, puede copiar y mover fórmulas ya existentes a otras celdas en lugar de volver a escribir de manera manual la misma información. Cuando copia o mueve, también puede controlar cómo se manejan las referencias de celda, de modo que sus fórmulas siempre hagan referencia a las celdas deseadas. Grace Wong, vicepresidente de finanzas en Quest Specialty Travel, necesita analizar los ingresos por viaje para el presente año. Le ha pedido a usted que prepare una hoja de cálculo que haga un resumen de dichos datos de ingresos y que incluya algún análisis estadístico. Asimismo, le gustaría que realizara un análisis del tipo "What if" ("Y si"), para observar la cantidad de ingresos trimestrales que se obtendrían con diversos incrementos proyectados.

OBJETIVOS

- Crear una fórmula compleja
- Incluir una función
- Escribir una función
- Copiar y mover entradas de celdas
- Entender las referencias de celdas absolutas y relativas
- Copiar fórmulas con referencias de celda relativas
- Copiar fórmulas con referencias de celda absolutas
- Redondear un valor con una función

UNIDAD
B
Excel 2007

Crear una fórmula compleja

Una **fórmula compleja** es la que utiliza más de un operador aritmético. Por ejemplo, puede necesitar crear una fórmula que emplee suma y multiplicación. Puede usar operadores aritméticos para separar las tareas dentro de una ecuación compleja. En las fórmulas que contengan más de un operador aritmético, Excel hace uso de las reglas estándar de orden de precedencia para determinar cuál operación efectuar primero. Puede modificar el orden de precedencia en una fórmula con el empleo de paréntesis para encerrar la parte que quiere calcular en primer lugar. Por ejemplo, la fórmula =4+2*5 es igual a 14, porque el orden de precedencia dicta que la multiplicación se efectúa antes de la suma. Sin embargo, la fórmula =(4+2)*5 es igual a 30, porque los paréntesis provocan que se calcule primero la suma de 4+2. Quiere crear una fórmula que calcule 20% de incremento en los ingresos por viaje.

PASOS

1. **Inicie Excel, abra el archivo EX B-1.xlsx desde la unidad y carpeta donde almacene sus Archivos y guárdelo como Tour Revenue Analysis (Análisis de ingresos por viaje)**
2. **Haga clic en la celda B14, escriba =, haga clic en la celda B12 y luego escriba +**
   En esta primera parte de la fórmula, usted está creando referencias para el total destinado al trimestre 1.
3. **Haga clic en la celda B12 y, luego, escriba *.2**
   La segunda parte de esta fórmula suma un incremento de 20% (B12*.2) al valor original de la celda. Compare su hoja de cálculo con la de la figura B-1.
4. **Haga clic en el botón Enter (Introducir) en la barra de fórmulas**
   El resultado, 386122.344, aparece en la celda B14.
5. **Presione la tecla [Tab], escriba =, haga clic en la celda C12, escriba +, haga clic en la celda C12, escriba *.2 y, después, en**
   El resultado, 410969.712, aparece en la celda C14.
6. **Arrastre el puntero desde la celda C14 hasta la celda E14, haga clic en el botón Fill (Rellenar) en el grupo Editing (Modificar) de la pestaña Home (Inicio) de la Cinta de opciones y, a continuación, en Right (Hacia la derecha)**
   Los valores calculados aparecen en el rango seleccionado, como se muestra en la figura B-2.
7. **Guarde su trabajo**

CONSEJO

Cuando haga clic en una referencia de celda, el indicador de modo de la barra de estado se lee como "Señalar", indicando que puede hacer clic en referencias de celda adicionales para agregarlas a la fórmula.

Revisión del orden de precedencia

Cuando trabaja con fórmulas que contienen más de un operador, el orden de precedencia es muy importante debido a que afecta al valor final. Por ejemplo, quizá piense que la fórmula 4+2*5 es igual a 30, pero debido a que el orden de precedencia dicta que la multiplicación se efectúa antes de la suma, el resultado real es 14. Si una fórmula contiene dos o más operadores, como 4+.55/4000*25, Excel realiza los cálculos en una secuencia particular basada en las reglas siguientes: las operaciones dentro de los paréntesis se calculan antes que cualquier otra operación. Los operadores de referencia (como los rangos) se calculan primero. A continuación se calculan los exponentes; después, cualquier multiplicación y división, de manera progresiva de izquierda a derecha. Por último, se calculan la suma y la resta, de izquierda a derecha. En el ejemplo 4+.55/4000*25, Excel efectúa las operaciones aritméticas dividiendo primero .55 entre 4000, luego multiplicando el resultado por 25 y, sumando entonces 4; usted puede modificar el orden de los cálculos haciendo uso de paréntesis. Por ejemplo, en la fórmula (4+.55)/4000*25, Excel sumaría primero 4 y .55, luego dividiría esa cantidad entre 4000 y finalmente multiplicaría por 25.

FIGURA B-1: Fórmula con múltiples operadores aritméticos

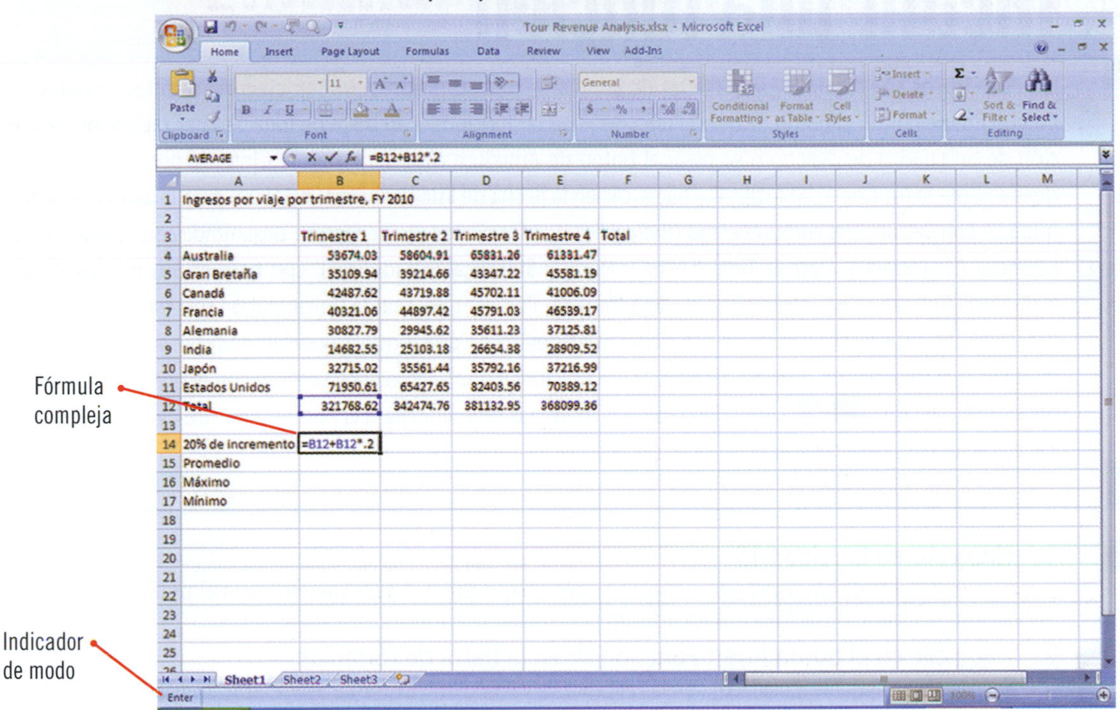

FIGURA B-2: Fórmulas complejas en la hoja de cálculo

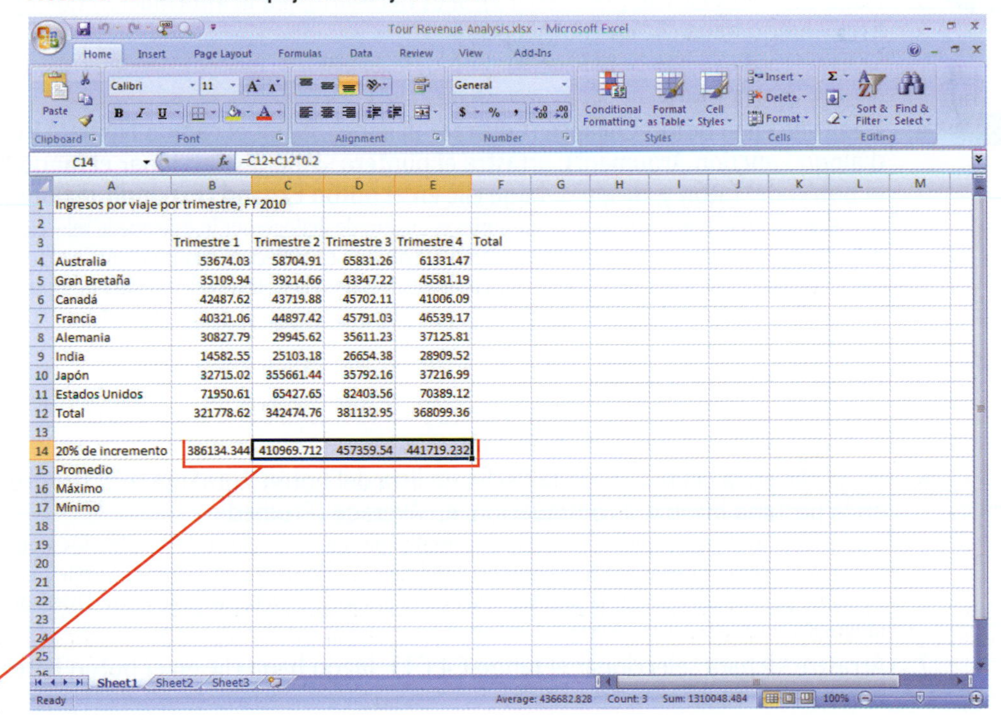

Excel 2007

Incluir una función

Las **funciones** son fórmulas predefinidas de la hoja de cálculo que le permiten efectuar cálculos complejos fácilmente. Puede utilizar el botón de Insert Function (Insertar función) en la barra de fórmulas para seleccionar una función de un cuadro de diálogo o emplear el botón de AutoSum (Autosuma) en la Cinta de opciones para insertar rápidamente la función SUM (SUMA) y hacer clic en la flecha de lista del botón AutoSum para incluir otras funciones que use con frecuencia, como Average (Promedio). Las funciones se encuentran organizadas en categorías, como Financial (Financieras), Date & Time (Fecha y Hora) y Statistical (Estadísticas), con base en sus propósitos. Puede incluir una función sola o como parte de otra fórmula. Por ejemplo, usar la función SUM sola para sumar un rango de celdas. Asimismo, podría utilizar la función SUM dentro de una fórmula que sume un rango de celdas y luego multiplicar el total por un número decimal. Si usa una función sola, comience siempre con el prefijo de fórmula = (el signo de igualdad). Usted debe calcular las ventas promedio para el primer trimestre del año y decida recurrir a una función para hacerlo.

PASOS

CONSEJO
Cuando emplee el botón Insert Function o la flecha de lista del botón AutoSum, no es necesario escribir el signo de igualdad (=); Excel lo agrega si se requiere.

CONSEJO
Para saber acerca de una función, haga clic en la lista Select a function (Seleccionar una función) y consulte los argumentos y el formato requerido para la función.

CONSEJO
Cuando seleccione un rango, recuerde seleccionar todas las celdas entre e incluyendo las dos referencias en el rango.

1. **Haga clic en la celda B15**
   Ésta es la celda donde usted quiere incluir el cálculo que promedia los ingresos para el primer trimestre. Desea utilizar el cuadro de diálogo Insert Function para incluir esta función.
2. **Haga clic en el botón Insert Function en la barra de fórmulas**
   Se inserta un signo de igualdad (=) en la celda activa y en la barra de fórmulas y se abre el cuadro de diálogo Insert Function, como se muestra en la figura B-3. En este cuadro de diálogo, usted especifica la función que quiere agregar haciendo clic en la que desea de la lista Select a function (Seleccionar una función). Esta lista muestra inicialmente las funciones recientemente utilizadas. Si no ve la función que quiere, puede hacer clic en la flecha de lista Or select a category (O seleccionar una categoría) para elegir la categoría deseada o, si no está seguro de cuál categoría seleccionar, puede escribir el nombre o una descripción de la función en el campo Search for a function (Buscar una función). La función AVERAGE (PROMEDIO) es una función estadística, pero no necesita abrir la categoría Estadísticas porque esta función aparece en la lista Most Recently Used (Usadas recientemente).
3. **Haga clic en AVERAGE (PROMEDIO); si es necesario, lea la información que aparece bajo la lista y luego haga clic en OK (Aceptar)**
   Se abre el cuadro de diálogo Function Arguments (Argumentos de función), donde usted define el rango de celdas que desea promediar.
4. **Haga clic en el botón Collapse (Contraer diálogo) en el campo Número1 del cuadro de diálogo Function Arguments, arrastre el puntero para seleccionar el rango B4:B11, libere el botón del ratón y, después, haga clic en el botón Expand (Expandir diálogo)**
   Al hacer clic en el botón Collapse se minimiza el cuadro de diálogo por lo que puede seleccionar las celdas en la hoja de cálculo. Cuando hace clic en el botón Expand, se restablece el cuadro de diálogo, como se puede apreciar en la figura B-4. Asimismo, puede comenzar a arrastrar en la hoja de cálculo para minimizar de manera automática el cuadro de diálogo; después de que haya seleccionado el rango deseado, el cuadro de diálogo se restablece.
5. **Haga clic en OK (Aceptar)**
   Se cierra el cuadro de diálogo Function Arguments y el valor calculado se muestra en la celda C15. El ingreso promedio por país para el trimestre 1 es de 40221.0775.
6. **Haga clic en la celda C15, en la flecha de lista del botón AutoSum del grupo Modificar en la pestaña Inicio y, a continuación, en Average (Promedio)**
   Una ScreenTip (Ventana de información en pantalla) debajo de la celda C15 muestra los argumentos necesarios para completar la función. El texto number1 (número1) se muestra en negritas, lo que le dice a usted que el siguiente paso es suministrar la primera celda en el grupo que pretende promediar. Usted desea promediar un rango de celdas.
7. **Arrastre para seleccionar el rango C4:C11, luego haga clic en el botón Enter de la barra de fórmulas**
   Los ingresos promedio por país para el segundo trimestre aparecen en la celda C15.
8. **Seleccione el rango C15:E15, haga clic en el botón Fill (Rellenar) en el grupo Modificar y, después, en Right (Hacia la derecha)**
   La fórmula en la celda C15 se copia al resto del rango seleccionado, como se ilustra en la figura B-5.
9. **Guarde su trabajo**

FIGURA B-3: Cuadro de diálogo Insertar función

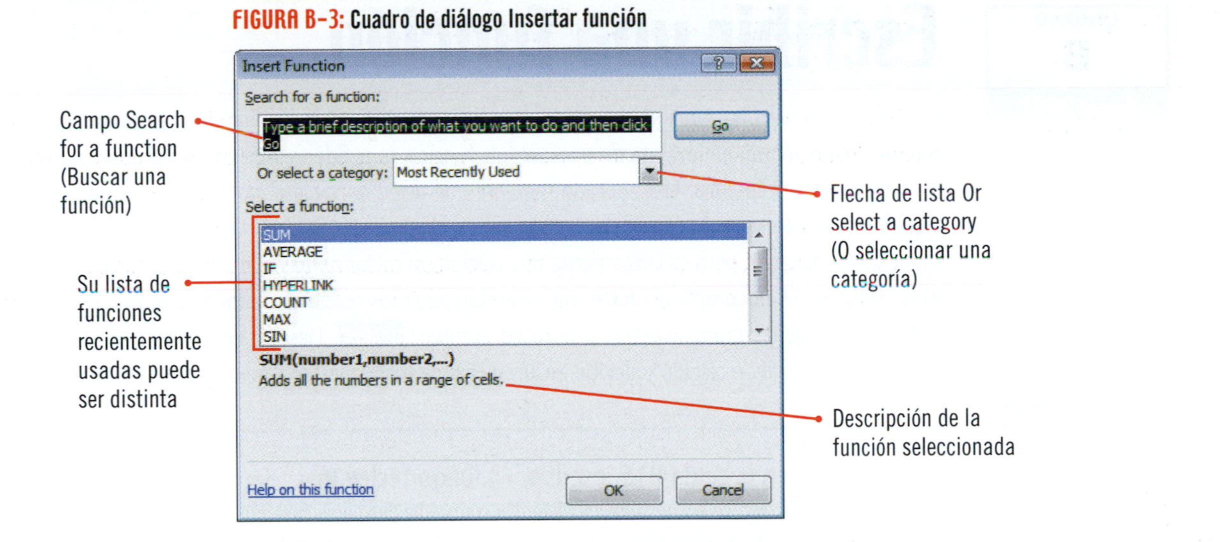

FIGURA B-4: Cuadro de diálogo expandido de Function Arguments (Argumentos de función)

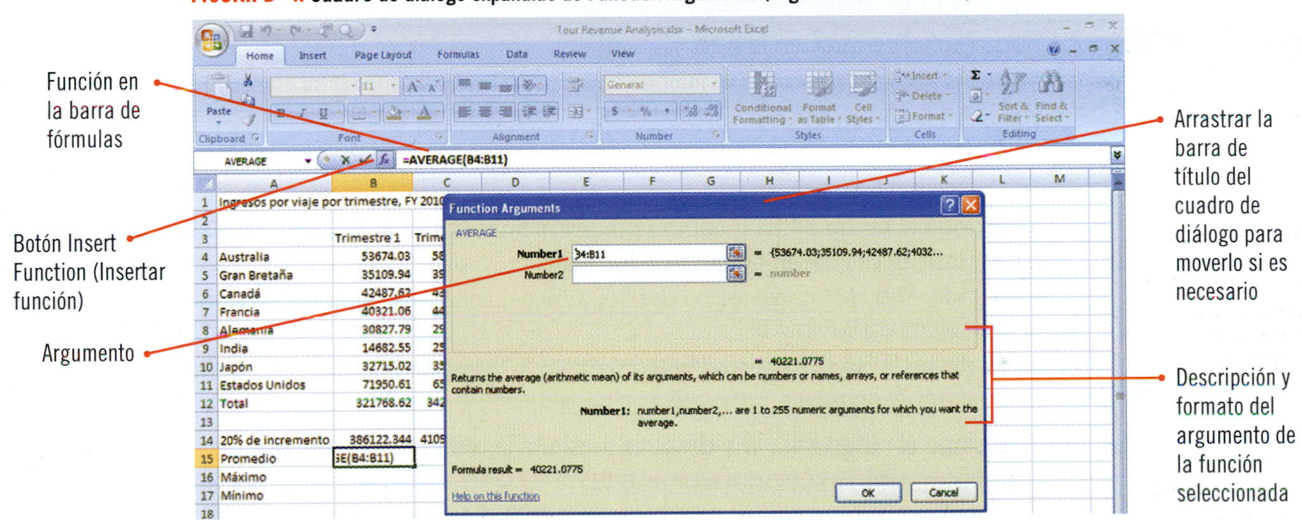

FIGURA B-5: Función Average (Promedio) en la hoja de cálculo

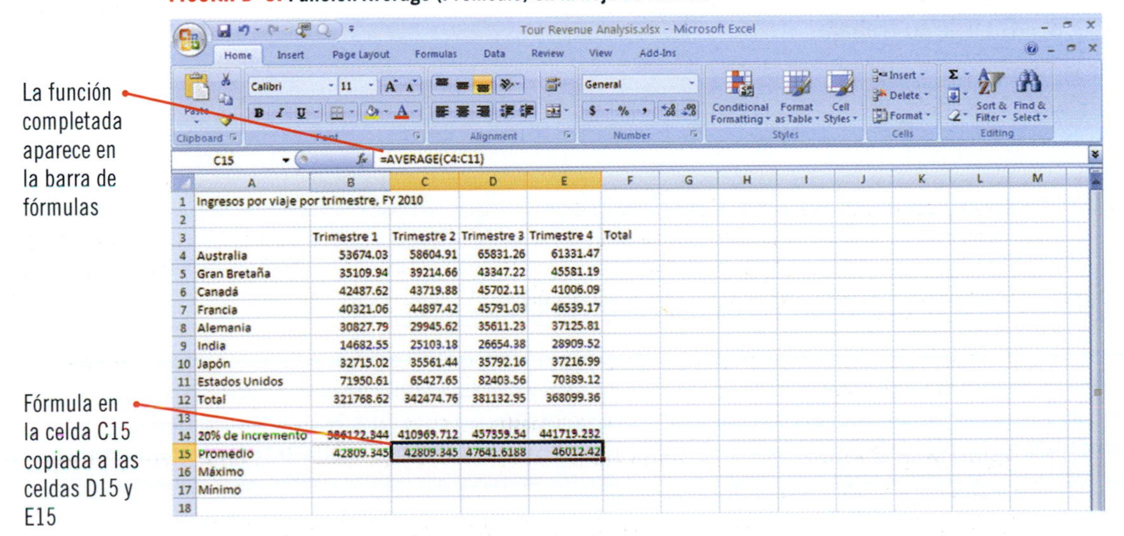

Excel 2007

UNIDAD
B
Excel 2007

Escribir una función

Además de incluir una función utilizando el cuadro de diálogo Insert Function (Insertar función) o el botón de AutoSum (Autosuma) en la Cinta de opciones, la función se puede escribir manualmente en una celda y completar los argumentos necesarios. Este método requiere que usted conozca el nombre y los caracteres iniciales de la función, pero puede ser más rápido que abrir varios cuadros de diálogo. Los usuarios experimentados de Excel a menudo lo prefieren, pero es únicamente una opción, ni mejor ni más correcta que cualquier otra. La característica AutoComplete (Autocompletar) hace más sencillo incluir los nombres de las funciones porque sugiere los mismos dependiendo de las primeras letras que usted escriba. Desea calcular las ventas trimestrales máximas y mínimas en su hoja de cálculo y decide incluir de forma manual estas funciones estadísticas.

PASOS

1. **Haga clic en la celda B16, escriba = y luego teclee m**
   Puesto que usted se encuentra escribiendo manualmente esta función, es necesario comenzar con el signo de igualdad (=). La característica AutoComplete muestra una lista de nombres de función comenzando con M. Una vez que escriba un signo de igualdad en una celda, cada letra que anote actúa como un disparador para activar la característica AutoComplete. Ésta minimiza la cantidad de caracteres que requiere escribir para incluir una función y reduce los errores de escritura y de sintaxis.
2. **Haga clic sobre MAX en la lista**
   Aparece una ScreenTip (Ventana de información en pantalla) que describe la función.
3. **Haga doble clic en MAX**
   La función se agrega a la celda y aparece una ScreenTip debajo de la celda para ayudarle a completar la fórmula. Véase la figura B-6.
4. **Seleccione el rango B4:B11, como se muestra en la figura B-7, luego haga clic en el botón Enter (Introducir) en la barra de fórmulas**
   El resultado, 71950.61, aparece en la celda B16. Cuando complete la entrada, el paréntesis de cierre se agrega automáticamente a la fórmula.
5. **Haga clic en la celda B17, escriba =, escriba m y luego haga doble clic en MIN**
   El argumento para la función MIN aparece en la celda.
6. **Seleccione el rango B4:B11 y después presione la tecla [Enter] ([Intro])**
   El resultado, 14682.55, se presenta en la celda B17.
7. **Seleccione el rango B16:E17, haga clic en la flecha de lista del botón Fill (Rellenar) en el grupo Editing (Modificar) y, luego, en Right (Hacia la derecha)**
   Los valores máximo y mínimo para todos los trimestres se muestran en el rango seleccionado, como se puede apreciar en la figura B-8.
8. **Guarde su trabajo**

CONSEJO
Puede hacer un clic en cualquier función de la lista AutoComplete para abrir una ScreenTip describiendo la función seleccionada.

Uso de las funciones COUNT (CONTAR) y COUNTA (CONTARA)

Cuando selecciona un rango, aparece en la barra de estado un conteo de las celdas en el rango que no están en blanco. Por ejemplo, si selecciona el rango A1:A5 y únicamente las celdas A1 y A2 contienen datos, la barra de estado exhibe la leyenda "Count: 2" ("Recuento: 2"). Para contar con más precisión las celdas no vacías, o para incorporar estos cálculos en una hoja de cálculo, puede utilizar las funciones COUNT (CONTAR) y COUNTA (CONTARA). COUNT devuelve el número de celdas que contienen datos numéricos, incluyendo números, datos y fórmulas. COUNTA devuelve el número de celdas que contienen cualquier tipo de datos, incluso texto o un espacio en blanco. Por ejemplo, la fórmula =COUNT(A1:A5) devuelve el número de celdas en el rango que contienen datos numéricos, mientras que la fórmula =COUNTA(A1:A5) devuelve el número de celdas en el rango que no están vacías.

FIGURA B-6: Función MAX en proceso

13					
14	20% de incremento	386122.344	410969.712	457359.54	441719.232
15	Promedio	40221.0775	42809.345	47641.6188	46012.42
16	Máximo	=Max(			
17	Mínimo	MAX(number1, [number2], ...)			
18					

FIGURA B-7: Completando la función MAX

El paréntesis de cierre se agrega de forma automática cuando se acepta la entrada

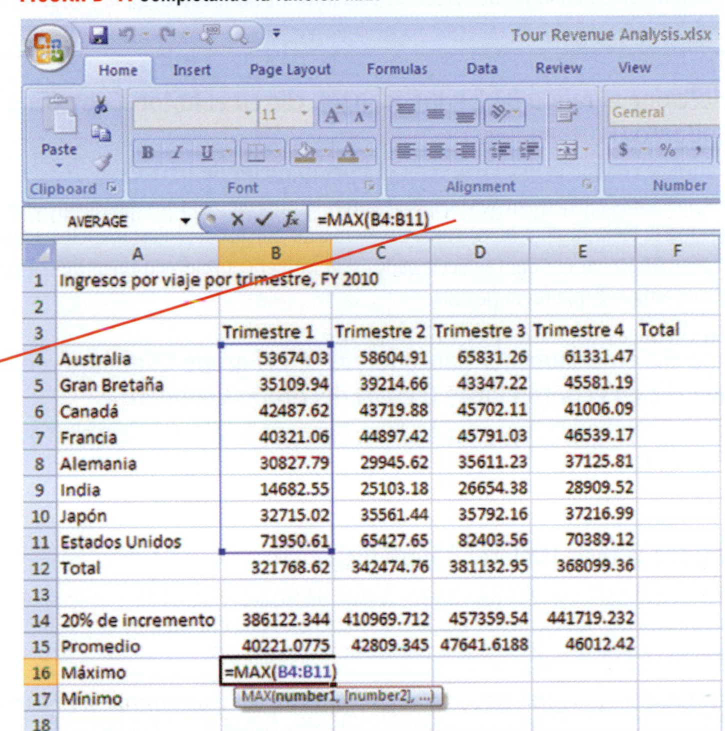

	A	B	C	D	E	F
1	Ingresos por viaje por trimestre, FY 2010					
2						
3		Trimestre 1	Trimestre 2	Trimestre 3	Trimestre 4	Total
4	Australia	53674.03	58604.91	65831.26	61331.47	
5	Gran Bretaña	35109.94	39214.66	43347.22	45581.19	
6	Canadá	42487.62	43719.88	45702.11	41006.09	
7	Francia	40321.06	44897.42	45791.03	46539.17	
8	Alemania	30827.79	29945.62	35611.23	37125.81	
9	India	14682.55	25103.18	26654.38	28909.52	
10	Japón	32715.02	35561.44	35792.16	37216.99	
11	Estados Unidos	71950.61	65427.65	82403.56	70389.12	
12	Total	321768.62	342474.76	381132.95	368099.36	
13						
14	20% de incremento	386122.344	410969.712	457359.54	441719.232	
15	Promedio	40221.0775	42809.345	47641.6188	46012.42	
16	Máximo	=MAX(B4:B11)				
17	Mínimo	MAX(number1, [number2], ...)				
18						

FIGURA B-8: Funciones MAX y MIN completadas

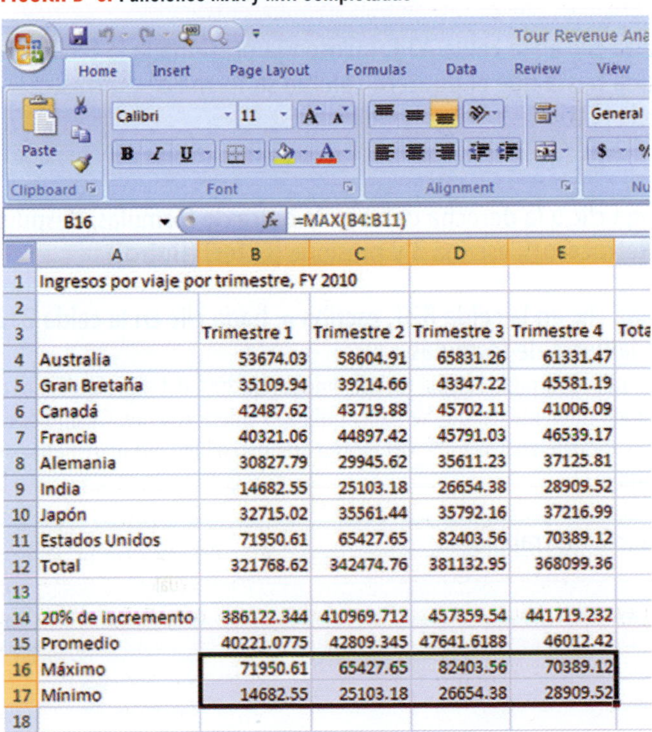

	A	B	C	D	E
1	Ingresos por viaje por trimestre, FY 2010				
2					
3		Trimestre 1	Trimestre 2	Trimestre 3	Trimestre 4
4	Australia	53674.03	58604.91	65831.26	61331.47
5	Gran Bretaña	35109.94	39214.66	43347.22	45581.19
6	Canadá	42487.62	43719.88	45702.11	41006.09
7	Francia	40321.06	44897.42	45791.03	46539.17
8	Alemania	30827.79	29945.62	35611.23	37125.81
9	India	14682.55	25103.18	26654.38	28909.52
10	Japón	32715.02	35561.44	35792.16	37216.99
11	Estados Unidos	71950.61	65427.65	82403.56	70389.12
12	Total	321768.62	342474.76	381132.95	368099.36
13					
14	20% de incremento	386122.344	410969.712	457359.54	441719.232
15	Promedio	40221.0775	42809.345	47641.6188	46012.42
16	Máximo	71950.61	65427.65	82403.56	70389.12
17	Mínimo	14682.55	25103.18	26654.38	28909.52
18					

UNIDAD
B
Excel 2007

Copiar y mover entradas de celdas

Puede copiar o mover celdas y rangos (o sus contenidos) de un sitio a otro con los botones Cut (Cortar), Copy (Copiar) y Paste (Pegar); con el controlador de relleno en la esquina inferior derecha de la celda activa, o bien, la característica de arrastrar y soltar. Al copiar las celdas, los datos originales permanecen en el sitio original; cuando las corta o las mueve, los datos originales son eliminados. Asimismo, puede cortar, copiar y pegar celdas o rangos desde una hoja de cálculo a otra. Además del 20% de incremento en los ingresos de viajes, usted quiere mostrar un aumento de 30%. En lugar de reescribir esta información, usted copia y mueve las etiquetas en estas celdas.

PASOS

CONSEJO
Para cortar o copiar contenido seleccionado dentro de una celda, active la celda y luego seleccione los caracteres dentro de la misma que usted desea cortar o copiar.

1. **Seleccione el rango B3:E3; luego, haga clic en el botón Copy (Copiar) en el grupo Clipboard (Portapapeles)**
   El rango seleccionado (B3:E3) se copia al **Portapapeles de Office**, un área de almacenamiento temporal que retiene las selecciones que usted copia o corta. Un borde con movimiento rodea el rango seleccionado hasta que presiona la tecla [Esc], o bien, copia un elemento adicional al Portapapeles. Observe que la información que copió permanece en el rango seleccionado; si la hubiera cortado en lugar de copiarla, la información se habría eliminado una vez que fuera pegada.

2. **Haga clic en el launcher (lanzador) en el grupo Clipboard, en la celda B19; después, haga clic en el botón Paste (Pegar) del grupo Clipboard**
   Se abre el panel del Portapapeles de Office, como se muestra en la figura B-9. Su Portapapeles puede contener elementos adicionales. Cuando se pega un elemento desde el Portapapeles en la hoja de cálculo, sólo necesita especificar la celda superior izquierda del rango donde desee pegar la selección.

CONSEJO
El Portapapeles puede retener hasta 24 elementos. Una vez que se encuentra lleno, el elemento existente más antiguo se elimina automáticamente cada vez que usted agrega otro elemento.

3. **Presione la tecla [Delete] ([Suprimir])**
   Las celdas seleccionadas están vacías. Usted ha decidido pegar las celdas en una fila diferente. Puede pegar de manera repetida un elemento desde el Portapapeles de Office tantas veces como desee, mientras el elemento permanezca en éste.

CONSEJO
También, puede cerrar el panel del Portapapeles haciendo clic en el lanzador del grupo Clipboard.

4. **Haga clic en la celda B20; a continuación, haga clic en el primer elemento del Portapapeles de Office y, luego, en el botón Close (Cerrar) en el panel del Portapapeles**
   Las celdas B20:E20 contienen las etiquetas copiadas.

5. **Haga clic en la celda A14, mantenga presionada la tecla [Ctrl], señale cualquier borde de la celda hasta que el puntero cambie su forma a , arrastre hasta la celda A21 y libere la tecla [Ctrl]**
   A medida que usted realiza el arrastre, el puntero cambia a , como se ilustra en la figura B-10.

6. **Haga clic a la derecha del 2 en la barra de fórmulas; después, presione la tecla [Backspace] ([Retroceso]), escriba 3 y presione [Enter] ([Intro])**

7. **Haga clic en la celda B21, escriba =, haga clic en la celda B12, escriba *1.3 y, después, en de la barra de fórmulas**
   Esta nueva fórmula calcula un incremento de 30% del ingreso para el trimestre 1, aunque haciendo uso de un método diferente del que se había utilizado anteriormente. Cualquier monto que multiplique por 1.3 regresará una cantidad igual al 130% del monto original, o bien, un incremento de 30%. Compare su pantalla con la de la figura B-11.

8. **Guarde su trabajo**

FIGURA B-9: Datos copiados del Clipboard (Portapapeles)

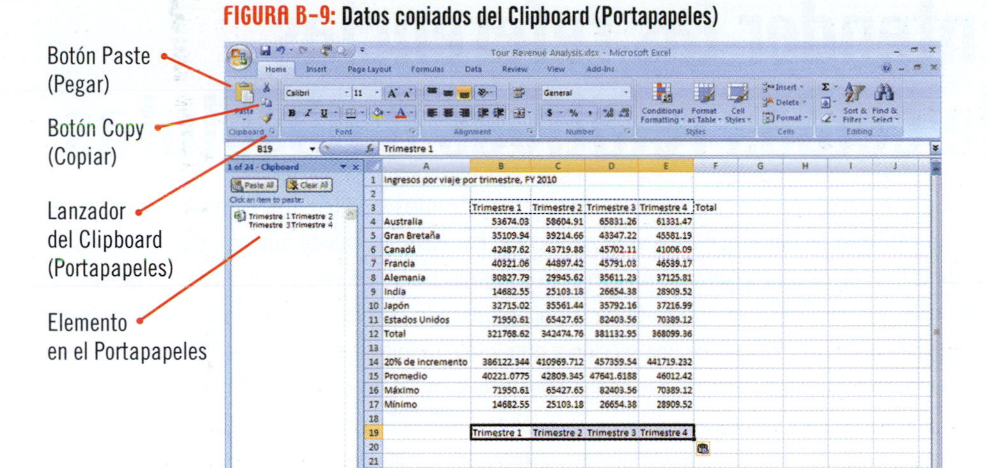

FIGURA B-10: Copia del contenido de la celda mediante arrastrar y soltar

FIGURA B-11: Fórmula para el cálculo de 30% de incremento

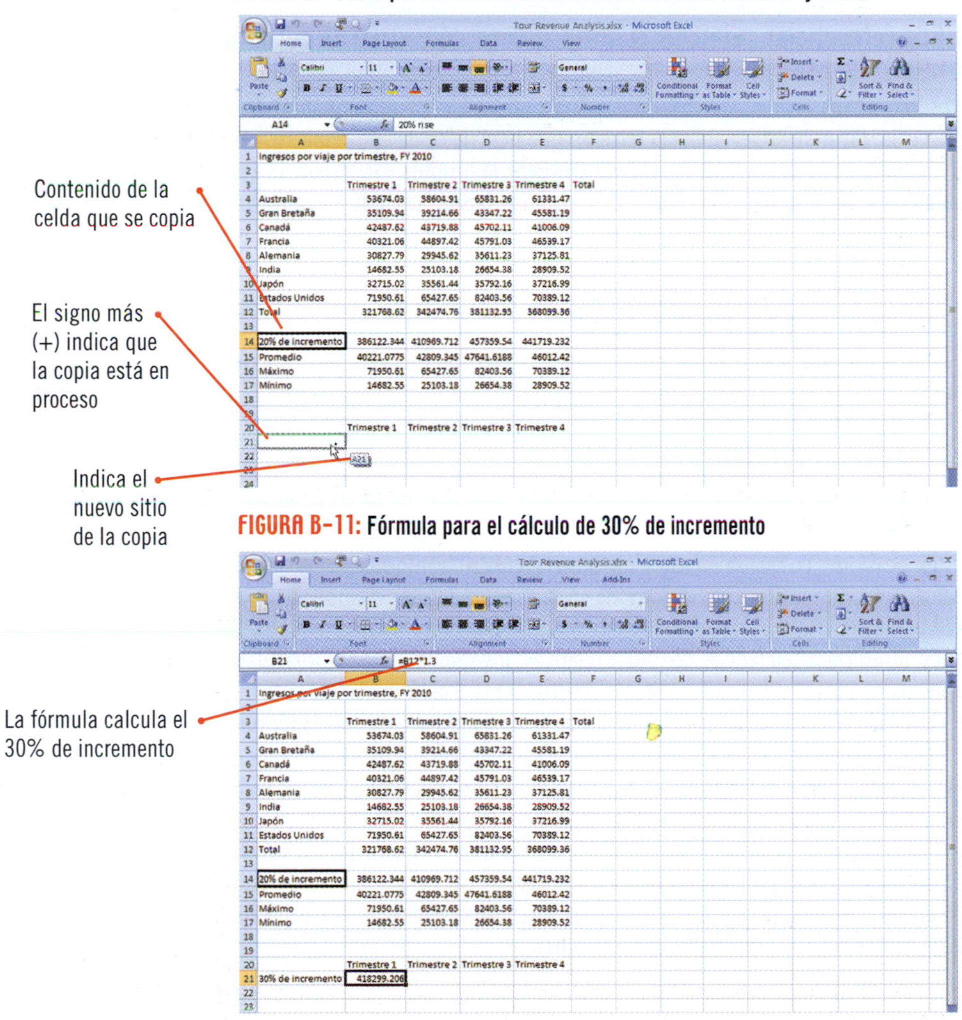

Inserción y eliminación de celdas seleccionadas

A medida que agrega fórmulas a su libro, puede necesitar insertar o eliminar celdas. Cuando hace esto, Excel ajusta de manera automática las referencias de celda para refrescar sus nuevas ubicaciones. Para insertar celdas, haga clic en la flecha de lista del botón Insert (Insertar) en el grupo Cells (Celdas) de la pestaña Inicio; luego, haga clic en Insert Cells (Insertar celdas). Se abre el cuadro de diálogo Insert (Insertar celdas), solicitándole si quiere insertar una celda y mover las celdas seleccionadas hacia abajo o hacia la derecha de la nueva. Para eliminar una o más celdas seleccionadas, haga clic en la flecha de lista del botón Delete (Eliminar) en el grupo Cells, haga clic en Delete Cells (Eliminar celdas) y, en el cuadro de diálogo Delete (Eliminar celdas), indique de qué manera quiere mover las celdas adyacentes. Cuando utilice esta opción, tenga cuidado de no alterar la alineación de la fila o columna que pueda ser necesaria para mantener la exactitud de las referencias de celda en la hoja de cálculo. Haga clic en el botón Insert o Delete para agregar/eliminar una sola celda.

UNIDAD
B
Excel 2007

Entender las referencias de celdas relativas y absolutas

A medida que trabaje en Excel, quizá desee reutilizar las fórmulas en diferentes partes de una hoja de cálculo para reducir la cantidad de datos que debe volver a escribir. Por ejemplo, puede querer incluir un análisis "Y si" en una parte de la hoja de cálculo mostrando un conjunto de proyecciones de ventas, en el caso de que éstas se incrementen en 10%, y otro análisis en otra parte de la hoja mostrando las proyecciones si las ventas se incrementaran en 50%; puede copiar las fórmulas de una sección a otra y sólo modificar el "1" por el "5". Pero cuando copia las fórmulas, es importante asegurarse de que hagan referencia a las celdas correctas. Para lograrlo, debe comprender la diferencia entre referencias de celda relativas y absolutas. Usted planea reutilizar las fórmulas en distintas partes de sus hojas de cálculo, de modo que desea entender las referencias de celdas relativas y absolutas.

DETALLES

- **Utilice referencias relativas cuando quiera conservar la relación con la ubicación de la fórmula**

  Cuando crea una fórmula que hace referencia a otra celda, Excel normalmente no "registra" la dirección exacta de la celda. En su lugar, examina la relación que tiene la celda con respecto a la celda que contiene la fórmula. Por ejemplo, en la figura B-12, la celda F5 contiene la fórmula =SUM(B5:E5). Cuando Excel recupera los valores para calcular la fórmula en la celda F5, en realidad busca "la celda a cuatro columnas a la izquierda de la fórmula", que en este caso es la celda B5. Así, si copia la celda en un nuevo sitio, tal como la celda F6, los resultados reflejarán la nueva ubicación de la fórmula y automáticamente recuperará los valores en las celdas B6, C6, D6 y E6. Éstas son **referencias de celdas relativas** debido a que Excel está registrando las celdas de entrada en relación o relativas a la celda de la fórmula.

  En la mayoría de los casos, usted emplea referencias de celda relativas cuando las copia o las mueve, de manera que ésta es la configuración predeterminada de Excel. En la figura B-12, las fórmulas en F5:F12 y en B13:F13 contienen referencias de celdas relativas. Totalizan las "cuatro celdas a la izquierda de" o las "ocho celdas por arriba" de las fórmulas.

- **Use referencias absolutas cuando desee conservar la dirección exacta de la celda en una fórmula**

  Existen ocasiones en que se pretende que Excel recupere la información de la fórmula desde una celda específica y no se desea que la dirección de la celda en la fórmula cambie cuando se copie a un nuevo sitio. Por ejemplo, usted puede tener un precio en una celda específica que desea usar en todas las fórmulas, sin importar sus ubicaciones. Si utilizara referencias de celdas relativas, los resultados de la fórmula serían incorrectos porque Excel emplearía una celda diferente cada vez que usted copiara la fórmula. Por lo tanto, necesita utilizar una **referencia de celda absoluta**, referencia que no cambia cuando usted copie la fórmula.

  Una referencia absoluta se crea al colocar un signo monetario $ (de pesos o dólares) antes tanto de la letra de la columna como del número de fila de la dirección de la celda. Puede escribir el signo monetario cuando escriba la dirección de la celda en una fórmula (por ejemplo, "=C12*B16) o puede seleccionar una dirección de celda en la barra de fórmulas y entonces presionar la tecla [F4] para que los signos monetarios se agreguen de manera automática. La figura B-13 muestra fórmulas que contienen tanto referencias absolutas como relativas. Las fórmulas en las celdas B19 a la E26 utilizan referencias absolutas de celdas para referirse a un incremento potencial de ventas del 50%, mostrado en la celda B16.

FIGURA B-12: Fórmulas con referencias relativas

Fórmula con referencias relativas

Las fórmulas copiadas se ajustan para conservar la relación con la fórmula a las celdas referenciadas

Sales Projections.xlsx - Microsoft Excel

F5 =SUM(B5:E5)

	A	B	C	D	E	F
1			Ventas de Quest Specialty Travel			
2			Proyección de ventas para 2011			
3						
4		Trimestre 1	Trimestre 2	Trimestre 3	Trimestre 4	Total
5	Australia	54,000	58,000	59,000	61,000	$ 252,000
6	Gran Bretaña	37,000	47,000	45,000	46,000	$ 175,000
7	Canadá	45,000	44,000	46,000	46,000	$ 181,000
8	Francia	42,000	45,000	46,000	47,000	$ 180,000
9	Alemania	31,000	30,000	36,000	38,000	$ 135,000
10	India	16,000	25,000	26,000	29,000	$ 96,000
11	Japón	33,000	36,000	36,000	38,000	$ 143,000
12	Estados Unidos	72,000	66,000	83,000	71,000	$ 292,000
13	Total	$ 330,000	$ 351,000	$ 377,000	$ 376,000	$ 1,058,000
14						
15	incremento					
16	potencial					
17						
18		Trimestre 1	Trimestre 2	Trimestre 3	Trimestre 4	Total
19	Australia	81,000	87,000	88,500	91,500	$ 348,000
20	Gran Bretaña	55,500	70,500	67,500	69,000	$ 262,500
21	Canadá	67,500	66,000	69,000	69,000	$ 271,500
22	Francia	63,000	67,500	69,000	70,500	$ 270,000
23	Alemania	46,500	45,000	54,000	57,000	$ 202,500
24	India	24,000	37,500	39,000	43,500	$ 144,000
25	Japón	49,500	54,000	54,000	57,000	$ 214,500
26	Estados Unidos	108,000	99,000	124,500	106,500	$ 438,000
27	Total	$ 495,000	$ 526,500	$ 565,500	$ 564,000	$ 2,151,000
28						

FIGURA B-13: Fórmulas con referencias absolutas y relativas

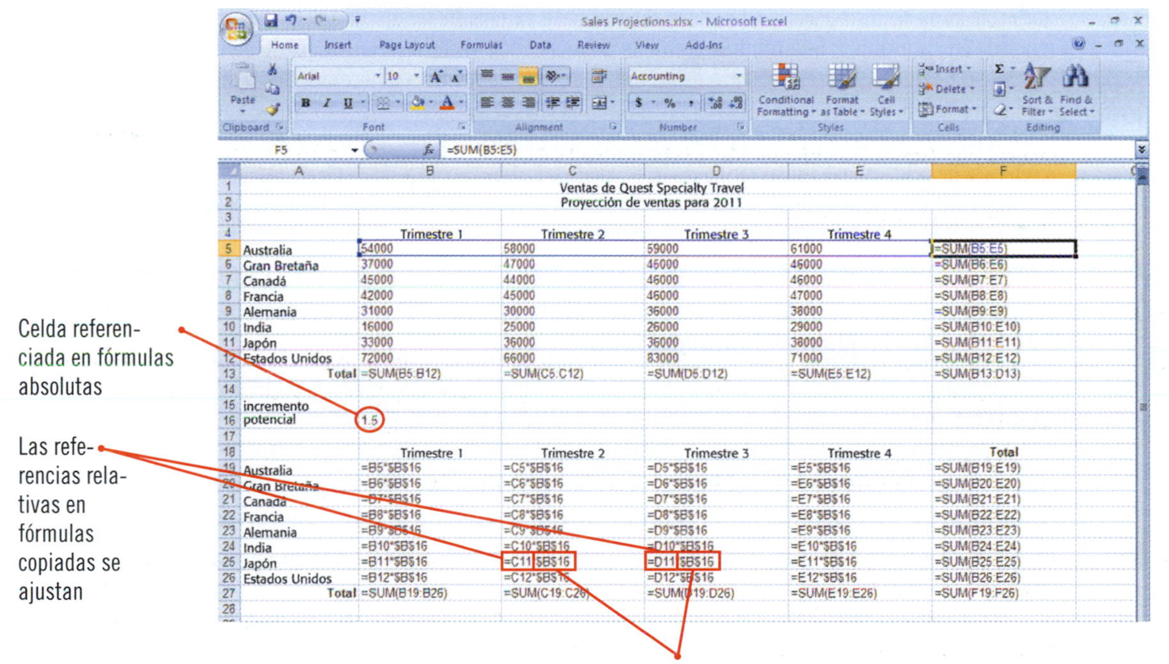

F5 =SUM(B5:E5)

	A	B	C	D	E	F
1			Ventas de Quest Specialty Travel			
2			Proyección de ventas para 2011			
3						
4		Trimestre 1	Trimestre 2	Trimestre 3	Trimestre 4	
5	Australia	54000	58000	59000	61000	=SUM(B5:E5)
6	Gran Bretaña	37000	47000	45000	46000	=SUM(B6:E6)
7	Canadá	45000	44000	46000	46000	=SUM(B7:E7)
8	Francia	42000	45000	46000	47000	=SUM(B8:E8)
9	Alemania	31000	30000	36000	38000	=SUM(B9:E9)
10	India	16000	25000	26000	29000	=SUM(B10:E10)
11	Japón	33000	36000	36000	38000	=SUM(B11:E11)
12	Estados Unidos	72000	66000	83000	71000	=SUM(B12:E12)
13	Total	=SUM(B5:B12)	=SUM(C5:C12)	=SUM(D5:D12)	=SUM(E5:E12)	=SUM(B13:D13)
14						
15	incremento					
16	potencial	1.5				
17						
18		Trimestre 1	Trimestre 2	Trimestre 3	Trimestre 4	Total
19	Australia	=B5*B16	=C5*B16	=D5*B16	=E5*B16	=SUM(B19:E19)
20	Gran Bretaña	=B6*B16	=C6*B16	=D6*B16	=E6*B16	=SUM(B20:E20)
21	Canadá	=B7*B16	=C7*B16	=D7*B16	=E7*B16	=SUM(B21:E21)
22	Francia	=B8*B16	=C8*B16	=D8*B16	=E8*B16	=SUM(B22:E22)
23	Alemania	=B9*B16	=C9*B16	=D9*B16	=E9*B16	=SUM(B23:E23)
24	India	=B10*B16	=C10*B16	=D10*B16	=E10*B16	=SUM(B24:E24)
25	Japón	=B11*B16	=C11*B16	=D11*B16	=E11*B16	=SUM(B25:E25)
26	Estados Unidos	=B12*B16	=C12*B16	=D12*B16	=E12*B16	=SUM(B26:E26)
27	Total	=SUM(B19:B26)	=SUM(C19:C26)	=SUM(D19:D26)	=SUM(E19:E26)	=SUM(F19:F26)
28						

Uso de una referencia mixta

En ocasiones, cuando copie una fórmula, querrá modificar la referencia de la fila, pero mantener idéntica la referencia de la columna. Este tipo de referencia de celda combina los elementos tanto de referencia absoluta como relativa y se conoce como **referencia mixta**. Por ejemplo, cuando se copie, una fórmula que contenga la referencia mixta C$14 cambiaría la letra de la columna relativa a su nuevo sitio, pero no el número de la fila.

En la referencia mixta $C14, la letra de la columna no cambiaría, pero el número de la fila sería actualizado de manera relativa a su ubicación. Como la referencia absoluta, una referencia mixta puede crearse con ayuda de la tecla de función [F4]. Cada vez que presione la tecla [F4], usted pasará a través de todas las combinaciones posibles de referencias relativa, absoluta y mixta (C14, C$14, $C14, C14).

UNIDAD
B
Excel 2007

Copiar fórmulas con referencias de celdas relativas

Copiar y mover una celda le permite volver a utilizar una fórmula que ya haya creado. Por lo regular, copiar celdas es más rápido que volver a escribir las fórmulas en ellas y ayuda a evitar errores de escritura. También, puede usar los comandos Copy (Copiar) y Paste (Pegar) o el controlador de relleno para copiar fórmulas. Asimismo, la flecha de lista del botón Fill (Rellenar) puede emplearse para rellenar celdas que contengan fórmulas hacia la izquierda, derecha, arriba, abajo y en series. Si las celdas que está copiando contienen referencias de celdas relativas y quiere mantener la referencia relativa, no necesita hacer ningún cambio a las celdas antes de copiarlas. Usted desea copiar la fórmula en la celda B21, que calcula el incremento de 30% en las ventas trimestrales para el trimestre 1, a las celdas C21 a E21. También, quiere crear fórmulas para calcular las ventas totales para cada país de viaje.

PASOS

1. **Haga clic en la celda B21, si es necesario; luego, en el botón Copy (Copiar) en el grupo Clipboard (Portapapeles)**

   La fórmula para calcular el incremento de ventas de 30% durante el Trimestre 1 se copia al Portapapeles. Observe que la fórmula =B12*1.3 aparece en la barra de fórmulas y un borde con movimiento rodea la celda activa.

2. **Haga clic en la celda C21 y, a continuación, en el botón Paste (Pegar) en el grupo Clipboard**

   La fórmula de la celda B21 se copia en la celda C21, donde aparece el nuevo resultado de 445217.188. Advierta que en la barra de fórmulas las referencias de celda han cambiado, de modo que la celda C12 se encuentra referenciada en la fórmula. Esta fórmula contiene una referencia de celda relativa que le dice a Excel que sustituya las nuevas referencias de celda dentro de las fórmulas copiadas como sea necesario. Esto mantiene la misma relación entre las nuevas celdas que contienen la fórmula y las celdas dentro de la fórmula. En este caso, Excel ajustó la fórmula para que la celda C12 (la referencia de celda nueve líneas por arriba de C21) reemplace la celda B12, la referencia de celda nueve líneas arriba de B21. Puede arrastrar el controlador de relleno en una celda para copiar celdas o continuar una serie de datos (como Trimestre 1, Trimestre 2, etc.) con base en las celdas anteriores. Esta opción se conoce como **Auto Fill (Autorrelleno)**.

3. **Señale al controlador de relleno en la celda C21 hasta que el puntero cambie a +, mantenga presionado el botón izquierdo del ratón, arrastre + para seleccionar el rango C21:E21 y, luego, libere el botón del ratón**

   Véase la figura B14. Una fórmula semejante a la de la celda C21 aparece ahora en el rango D21:E21. Después de que libera el botón del ratón, aparece el **botón de Auto Fill Options (Opciones de autorrelleno)**, de modo que, si lo desea, puede rellenar las celdas únicamente con elementos específicos de la celda copiada.

4. **Haga clic en la celda F4, en el botón AutoSum (Autosuma) Σ en el grupo Editing (Modificar) y, luego, en el botón Enter (Introducir) ✓ de la barra de fórmulas**

5. **Haga clic en en el grupo Clipboard, seleccione el rango F5:F6 y, después, en Paste (Pegar)**

   Véase la figura B-15. Después de que libera el botón del ratón, aparece el **botón de Paste Options (Opciones de pegado)**, de manera que puede pegar sólo elementos específicos de la selección copiada si así lo desea. La fórmula para calcular el ingreso trimestral para viajes en Gran Bretaña aparece en la barra de fórmulas. A usted le gustaría que los totales aparecieran en las celdas F7:F11. El comando Fill (Rellenar) en el grupo Editing (Modificar) puede utilizarse para copiar la fórmula en las celdas restantes.

6. **Seleccione el rango F6:F11**

7. **Haga clic en la flecha de lista del botón Fill en el grupo Editing y, a continuación, en Down (Hacia abajo)**

   Las fórmulas se copian a cada celda. Compare su hoja de cálculo con la de la figura B-16.

8. **Guarde su trabajo**

CONSEJO

Para especificar componentes de la celda o rango copiados antes de pegarlos, haga clic en la flecha de lista del botón Paste (Pegar) en el grupo Clipboard (Portapapeles); luego, haga clic en Paste Special (Pegado especial). Usted puede copiar de manera selectiva fórmulas, valores u otras selecciones.

CONSEJO

Puede emplear el botón Paste (Pegar) en el grupo Clipboard (Portapapeles) de la pestaña Home (Inicio) para pegar elementos específicos de una selección; haga clic en la flecha del botón Paste (Pegar) y, luego, en una opción de la lista, tal como Transpose (Transponer) (para pegar datos de columna como filas y datos de fila como columnas), No Borders (Sin bordes) (para eliminar cualquier borde alrededor de las celdas pegadas) o Paste Special (Pegado especial) (para abrir el cuadro de diálogo Paste Special, donde se encuentra disponible el conjunto completo de opciones de pegado).

FIGURA B-14: Copia de una fórmula con el controlador de relleno

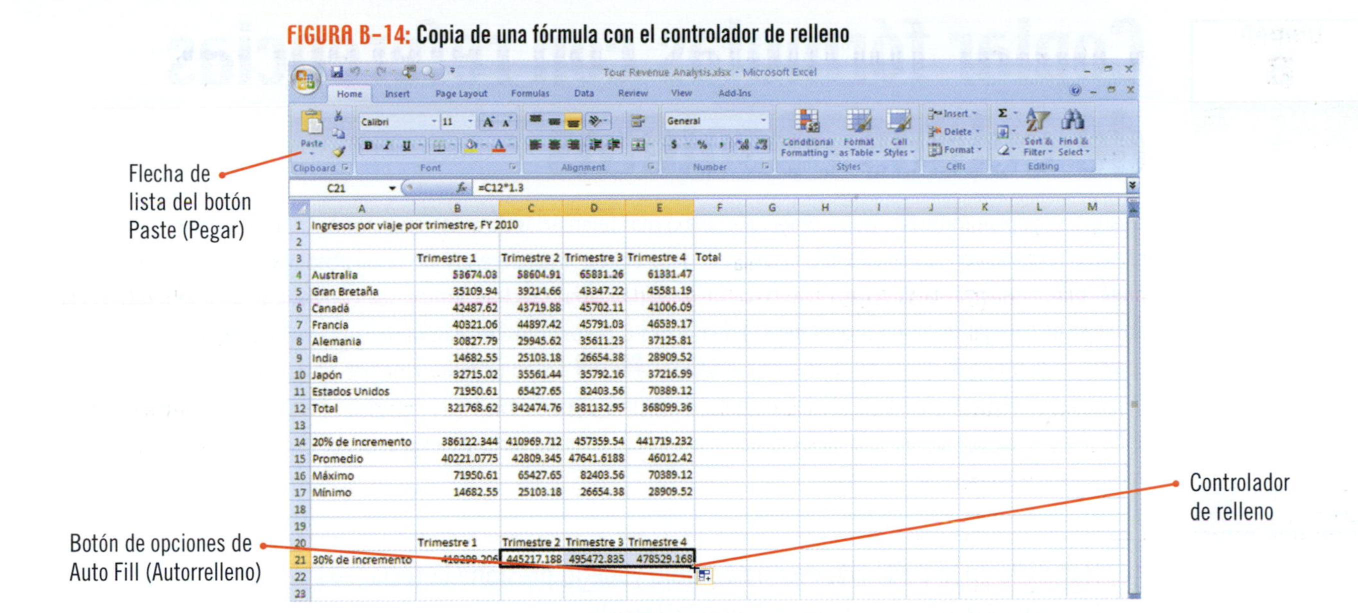

FIGURA B-15: Resultados del uso del botón Paste (Pegar)

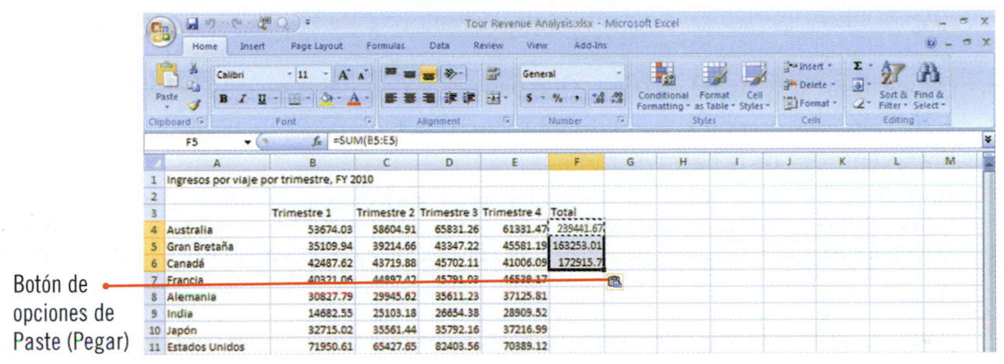

FIGURA B-16: Copia de celdas utilizando Fill Down (Relleno hacia abajo)

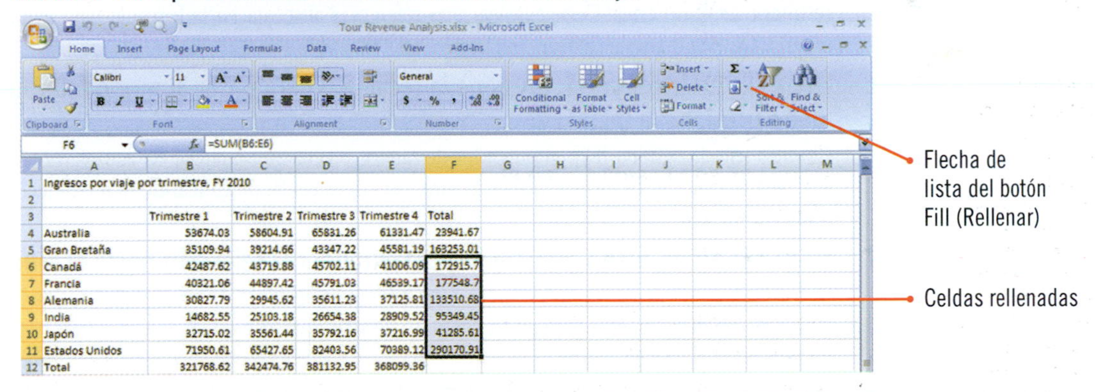

Uso de las opciones de Auto Fill (Autorrelleno)

Cuando usa el controlador de relleno para copiar celdas, aparece el botón de Auto Fill Options (Opciones de autorrelleno). Las opciones de Auto Fill difieren dependiendo de lo que usted esté copiando. Si ha seleccionado celdas que contienen una serie (como "lunes" y "martes") y luego utiliza el controlador de relleno, vería opciones para continuar la serie (como "miércoles" y "jueves") o para simplemente pegar las celdas copiadas. Al hacer clic en el botón Auto Fill Options se abre una lista que le permite elegir de entre las siguientes opciones: Copy Cells (Copiar celdas), Fill Series (Rellenar serie) (si es aplicable), Fill Formatting Only (Rellenar formatos sólo) o Fill Without Formatting (Rellenar sin formato). Seleccionar Copy Cells implica que se copiarán tanto la celda como su formato. La opción Fill Formatting Only sólo copia los atributos del formato, pero no la fórmula ni sus referencias de celdas. La opción Fill Without Formatting copia la fórmula y sus referencias de celdas, pero sin los atributos del formato. Cuando se utiliza el controlador de relleno para copiar una fórmula, la opción predeterminada es Copy Cells, de modo que si quiere copiar la celda, sus referencias y el formato, puede ignorar este botón.

UNIDAD B

Excel 2007

Copiar fórmulas con referencias de celdas absolutas

Cuando se copian fórmulas, quizá desee que una o más referencias de celda en la fórmula permanezcan sin modificarse en relación con la fórmula. En un caso así, debe aplicar una referencia de celda absoluta antes de copiar la fórmula, para conservar la dirección específica de la celda cuando dicha fórmula sea copiada. Se crea una referencia absoluta al agregar un signo monetario ($) de dólares o pesos antes de la letra de la fila y el número de la columna correspondientes a la dirección (por ejemplo A1). Usted necesita efectuar cierto análisis "Y si" para examinar cómo varios porcentajes de incremento de ventas pueden afectar los ingresos totales. Decide agregar una columna que calcule un posible incremento en el ingreso total de viajes y luego cambiar el porcentaje para observar varios resultados posibles.

PASOS

1. **Haga clic en la celda H1, escriba Cambio y luego presione la tecla [→]**
2. **Escriba 1.1 y presione la tecla [Enter] ([Intro])**

   Usted almacena el factor de incremento que utilizará en el análisis "Y si" en esta celda. El valor 1.1 puede usarse para calcular un incremento de 10%; lo que usted multiplique por 1.1 devuelve una cantidad que es el 110% del monto original, o un incremento de 10%.
3. **Haga clic en la celda H3, escriba ¿Qué pasa si? y, después, presione la tecla [Enter]**
4. **En la celda H4, escriba =, haga clic en F4, escriba *, haga clic en la celda I1 y luego clic en el botón Enter ✓ de la barra de fórmulas**

   El resultado, 263385.8, aparece en la celda H4. Este valor representa el ingreso anual total para Australia si hubiera un incremento de 10%. Usted desea efectuar un análisis "Y si" para todos los países de viaje.

> **CONSEJO**
> Antes de que copie o mueva una fórmula, verifique si necesitará emplear una referencia de celda absoluta.

5. **Arrastre el controlador de relleno de la celda H4 para extender la selección hasta la celda H11**

   Los valores resultantes en el rango H5:H11 son ceros en su totalidad, por lo que no es el resultado que usted esperaba. Véase la figura B-17. Debido a que utilizó direccionamiento de celda relativo en la celda H4, la fórmula copiada se ajustó de tal manera que la fórmula en la celda H5 es =F5*I2. Como no hay un valor en la celda I2, el resultado es 0, un error. Debe emplear una referencia absoluta en la fórmula para evitar que ésta se ajuste a sí misma. De esta manera, siempre hará referencia a la celda I1.
6. **Haga clic en la celda H4, presione la tecla [F2] para pasar al modo Editing (Modificar) y luego presione la tecla [F4]**

   Cuando usted presiona [F2], el buscador de rangos o ecuación aparece en azul y verde. Cuando usted presiona [F4], se insertan signos monetarios en la dirección de la celda, modificando la referencia de la celda I1 a una referencia absoluta.
7. **Haga clic en ✓, luego arrastre + para extender la selección hasta el rango H4:H11**

   La fórmula contiene de manera correcta una referencia absoluta de celda y el valor de H4 permanece sin alteración. Los valores correctos para un incremento de 10% aparecen en las celdas H4:H11. Ahora, usted desea ver un incremento de 20% en ventas.
8. **Haga clic en la celda I1, escriba 1.2 y, después, en ✓**

   Los valores en el rango H4:H11 cambian para reflejar el incremento de 20%. Compare su hoja de cálculo con la de la figura B-18.
9. **Guarde su trabajo**

FIGURA B-17: Creación de una referencia absoluta en la fórmula

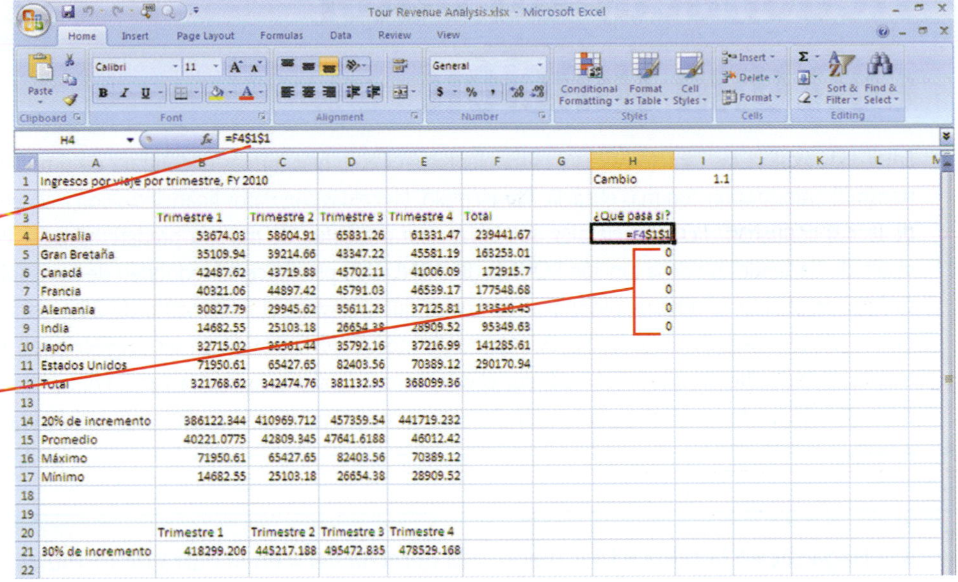

Referencia de celda absoluta en la fórmula

Valores incorrectos provenientes de referenciar de manera relativa en las fórmulas copiadas

FIGURA B-18: Análisis "Y si" con factor de cambio modificado

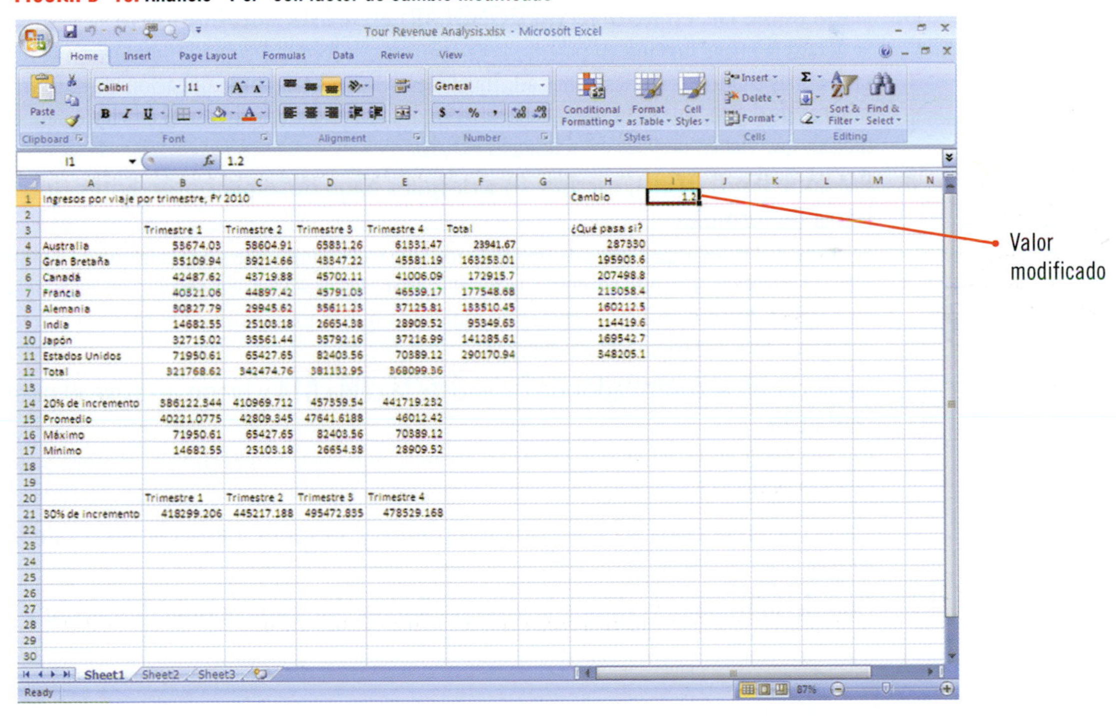

Valor modificado

Uso del relleno de celdas con textos o valores secuenciales

Con frecuencia, necesitará rellenar celdas con texto secuencial: meses del año, días de la semana, años, o bien, texto más un número (Trimestre 1, Trimestre 2,...). Por ejemplo, puede que quiera crear una hoja de cálculo que compute los datos para cada mes del año. Haciendo uso del controlador de relleno, puede crear de manera fácil y rápida etiquetas para los meses del año únicamente escribiendo enero en una celda. Arrastre el controlador de relleno desde la celda que contiene el nombre de enero hasta que tenga todas las etiquetas mensuales que requiera. Puede rellenar fácilmente celdas utilizando secuencias mediante el arrastre del controlador de relleno. A medida que lo arrastra, Excel extiende de manera automática la secuencia existente (el contenido de la última celda rellena aparece en la ScreenTip (Ventana de información en pantalla)). Use la flecha de lista del botón Fill (Rellenar) en el grupo Editing (Modificar), luego haga clic en Series para examinar todas las opciones de series de relleno para la selección actual.

UNIDAD
B
Excel 2007

Redondear un valor con una función

Entre más explore las características y herramientas en Excel, más formas encontrará de simplificar su trabajo y de transmitir información con más eficacia. Por ejemplo, las celdas con datos financieros con frecuencia son más fáciles de leer si contienen menos decimales que los que se presentan de manera predeterminada. Puede obtener este resultado haciendo uso de la función ROUND (REDONDEAR) para hacer el redondeo de sus resultados. En su hoja de cálculo, le gustaría redondear las celdas que muestran el incremento de 20% en ventas para mostrar menos dígitos; después de todo, no es importante mostrar los centavos en las proyecciones, sólo las cantidades enteras. Usted pretende que Excel redondee el valor calculado al entero más cercano. Por tanto, decide modificar la celda B14 de modo que incluya la función ROUND y, luego, copie la fórmula modificada en las otras fórmulas en esta fila.

PASOS

1. **Haga clic en la celda B14 y, luego, a la derecha del = en la barra de fórmulas**
   Usted quiere colocar la función al principio de la fórmula, antes de cualquier valor o argumento.
2. **Escriba RO (RE)**
   AutoComplete (Autocompletar) exhibe una lista de funciones que comienzan con RO (RE).
3. **Haga doble clic en ROUND (REDONDEAR) en la lista AutoComplete**
   Se agrega la nueva función en paréntesis de apertura a la fórmula, como se muestra en la figura B-19. Son necesarias unas cuantas modificaciones adicionales para completar su modificación de la fórmula. Debe indicar el número de dígitos que la función debería redondear y agregar un paréntesis de cierre para el conjunto de argumentos que vienen después de la función ROUND.
4. **Presione [End] ([Fin]), escriba ,0) y después haga clic en el botón Enter (Introducir) de la barra de fórmulas**
   La coma separa los argumentos dentro de la fórmula y el 0 indica que no quiere que aparezca ningún decimal en el valor calculado. Cuando completa la modificación, los paréntesis en ambos extremos de la fórmula aparecen en negritas durante un breve momento, indicando que la fórmula tiene el número correcto de paréntesis de apertura y de cierre y que está equilibrada.
5. **Haga clic en el controlador de relleno de la celda B14 y luego arrastre el puntero + hacia la celda E14**
   Cuando usted libera el botón del ratón, la fórmula en la celda B14 es copiada al rango seleccionado. Todos los valores son redondeados para no mostrar decimales. Compare su hoja de cálculo con la de la figura B-20.
6. **Haga clic en la celda A25, escriba su nombre y, después, haga clic en de la barra de fórmulas**
7. **Guarde su trabajo, verifique la vista preliminar, imprima la hoja de cálculo y salga de Excel**

CONSEJO
En el cuadro de diálogo de Insert Function (Insertar función) la función ROUND se encuentra en la categoría Matemáticas y trigonométricas.

¿PROBLEMAS?
Si tiene un número mayor o menor de paréntesis, los paréntesis ajenos se muestran en verde o se abre un cuadro de diálogo de advertencia con una sugerencia de solución para el error.

FIGURA B-19: Agregar una función a una fórmula existente

Función ROUND (REDONDEAR) y paréntesis de apertura insertados en la fórmula

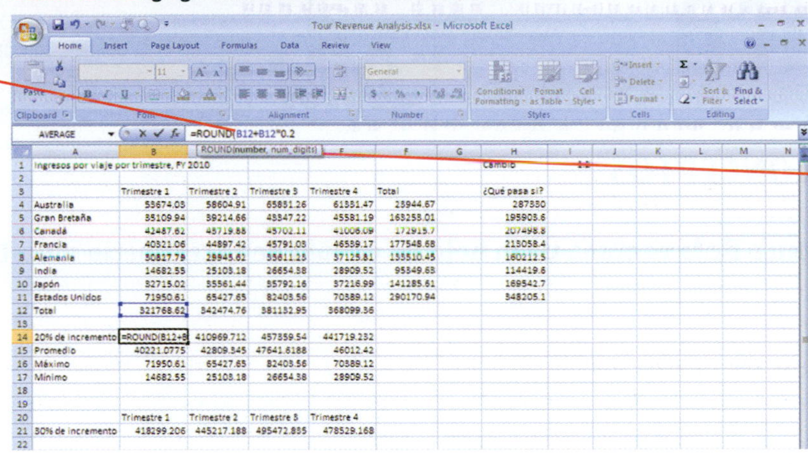

La ScreenTip (Ventana de información en pantalla) indica qué información es necesaria

FIGURA B-20: Función agregada a la fórmula

La función abarca la fórmula existente

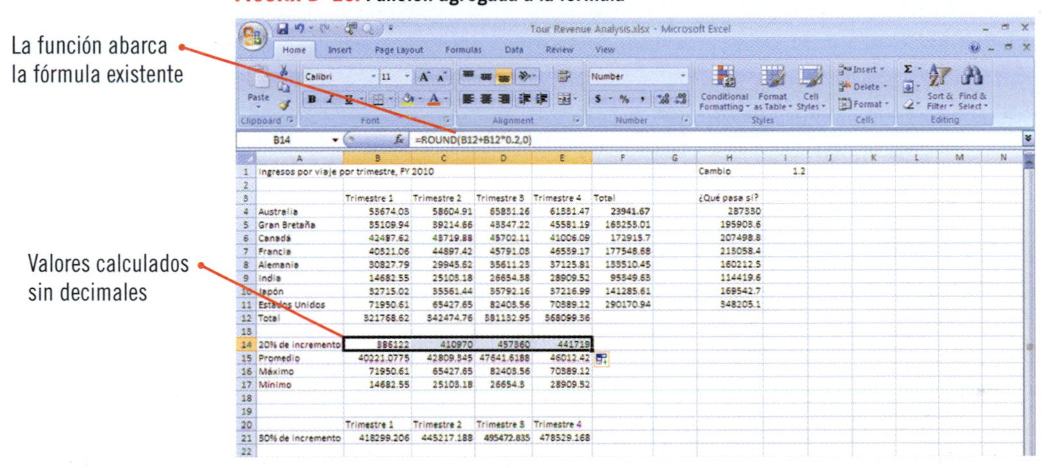

Valores calculados sin decimales

Creación de un libro nuevo usando una plantilla

Las **plantillas** de Excel son archivos de libros de trabajo prediseñados con el fin de ahorrar tiempo cuando usted crea documentos comunes como hojas de balance, declaraciones de gastos, amortizaciones de préstamos, facturas de ventas o tarjetas. Contienen etiquetas, valores, fórmulas y formato, de manera que cuando utiliza una plantilla todo lo que tiene que hacer es personalizarla con su propia información. Aunque Excel posee muchas plantillas, usted puede crear la suya propia o hallar plantillas adicionales en la Web. A diferencia de un libro común, que tiene la extensión de archivo .xlsx, una plantilla tiene la extensión .xltx. Para crear un libro con una plantilla, haga clic en el botón de Office, en New (Nuevo). Se abrirá el cuadro de diálogo New Workbook (Nuevo libro). La plantilla Blank Workbook (Libro en blanco) está seleccionada de manera predeterminada porque ésta es la plantilla empleada para crear un libro en blanco sin contenido o formato especiales. El panel izquierdo exhibe las plantillas instaladas en su computadora, además de muchas categorías de plantillas disponibles a través de Microsoft Office Online. Haga clic en una categoría, encuentre la plantilla que desee, como se muestra en la figura B-21, haga clic en Download (Descargar) y, luego, en Continue (Continuar). Se crea un nuevo libro basado en la plantilla, de modo que cuando guarda el nuevo archivo en el formato predeterminado tendrá la extensión .xlsx regular. Para guardar un libro propio como una plantilla, abra el cuadro de diálogo Save As (Guardar como) y, después, haga clic en la flecha de lista Save as type (Tipo) y cambie el tipo de archivo a Excel Template (Plantilla de Excel).

FIGURA B-21: Cuadro de diálogo Nuevo Libro

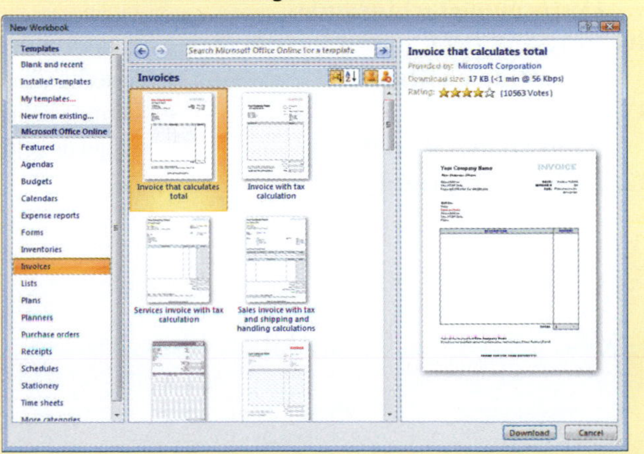

Práctica

Si cuenta con un perfil de usuario SAM, usted puede tener acceso a instructivos, prácticas y evaluación de las habilidades cubiertas en la unidad. Conéctese a su cuenta SAM (http://sam2007.course.com/) para iniciar actividades de capacitación o exámenes programados que se relacionan con las habilidades abordadas en esta unidad.

▼ REPASO DE CONCEPTOS

Etiquete cada elemento de la ventana de la hoja de cálculo de Excel que se muestra en la figura B-22.

FIGURA B-22

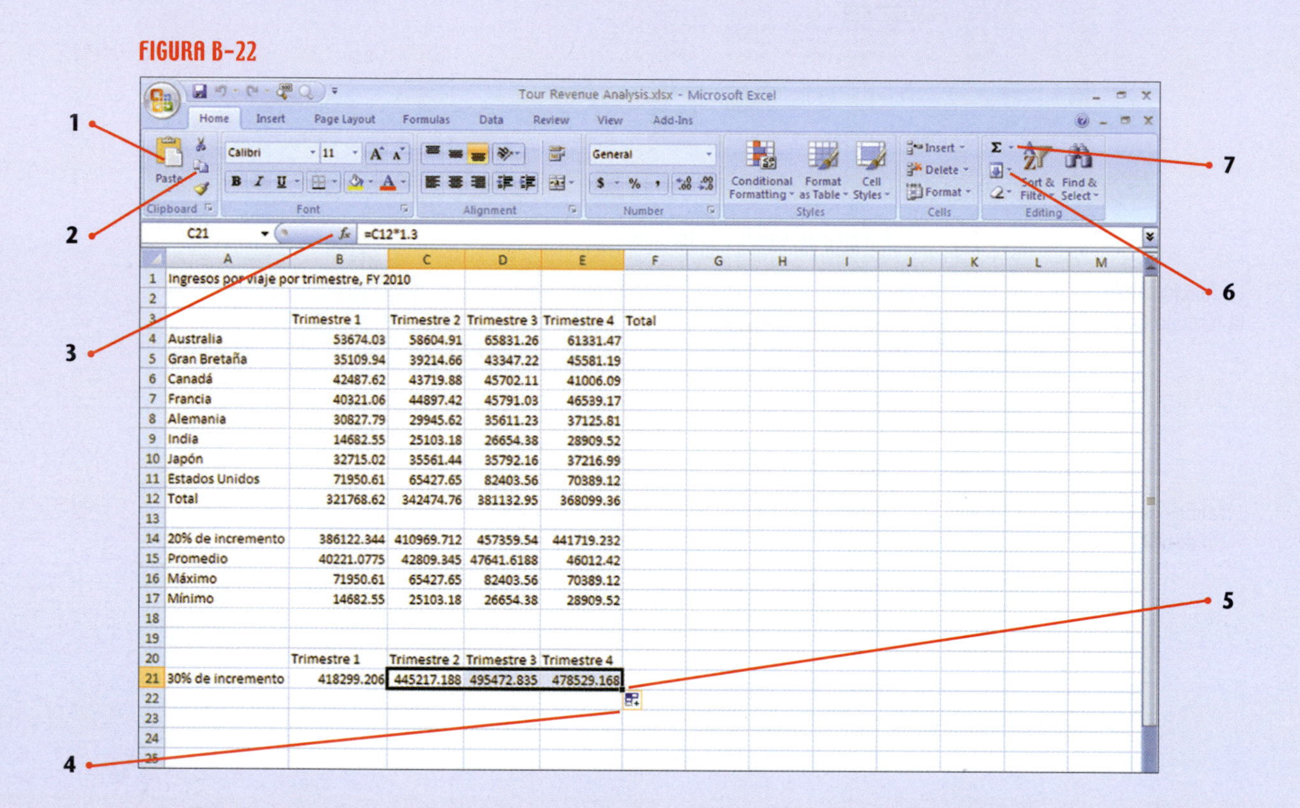

Relacione cada término o botón con la afirmación que mejor lo describa.

8. **Launcher (Lanzador)**
9. **AutoComplete (Autocompletar) fórmulas**
10. **Drag-and-Drop (Arrastrar y soltar)**
11. **Fill handle (Controlador de relleno)**
12. **[Delete] ([Suprimir])**

- **a.** Borra el contenido de celdas seleccionadas
- **b.** Elemento de la Cinta de opciones que abre un cuadro de diálogo o panel de tareas
- **c.** Permite mover datos de una celda a otra sin utilizar el Portapapeles
- **d.** Muestra una lista alfabética de funciones de las cuales se puede elegir
- **e.** Permite copiar el contenido de la celda o continuar una serie de datos en un rango de celdas seleccionadas

Seleccione la respuesta más adecuada de la lista de opciones.

13. ¿Qué tipo de referencia de celda cambia cuando se copia?
  a. Circular
  b. Absoluta
  c. Relativa
  d. Especificada

14. ¿Qué tipo de referencia de celda es C$19?
  a. Relativa
  b. Absoluta
  c. Mixta
  d. Segura

15. ¿Qué tecla debe presionar para convertir una referencia de celda relativa en una referencia de celda absoluta?
  a. [F2]
  b. [F4]
  c. [F5]
  d. [F6]

16. Usted puede utilizar cualquiera de las siguientes características para incluir una función *excepto*:
  a. Botón Insert Function (Insertar función).
  b. AutoComplete (Autocompletar) fórmula.
  c. Flecha de lista del botón AutoSum (Autosuma).
  d. Clipboard (Portapapeles).

17. ¿Qué tecla debe presionar para copiar mientras arrastra y suelta celdas seleccionadas?
  a. [Alt]
  b. [Ctrl]
  c. [F2]
  d. [Tab]

▼ REPASO DE HABILIDADES

1. **Crear una fórmula compleja.**
   - **a.** Abra el archivo EX B-2.xlsx desde la unidad y la carpeta donde almacene sus Archivos; luego, guárdelo como **Candy Supply Company Inventory (Compañía de suministros de dulces)**.
   - **b.** En la celda B11, cree una fórmula compleja que calcule un decremento de 30% en el número total de cajas de las barras "Snickers".
   - **c.** Utilice el botón Fill (Rellenar) para copiar esta fórmula de la celda C11 hasta la celda E11, como se muestra en la figura B-23.
   - **d.** Guarde su trabajo.

FIGURA B-23

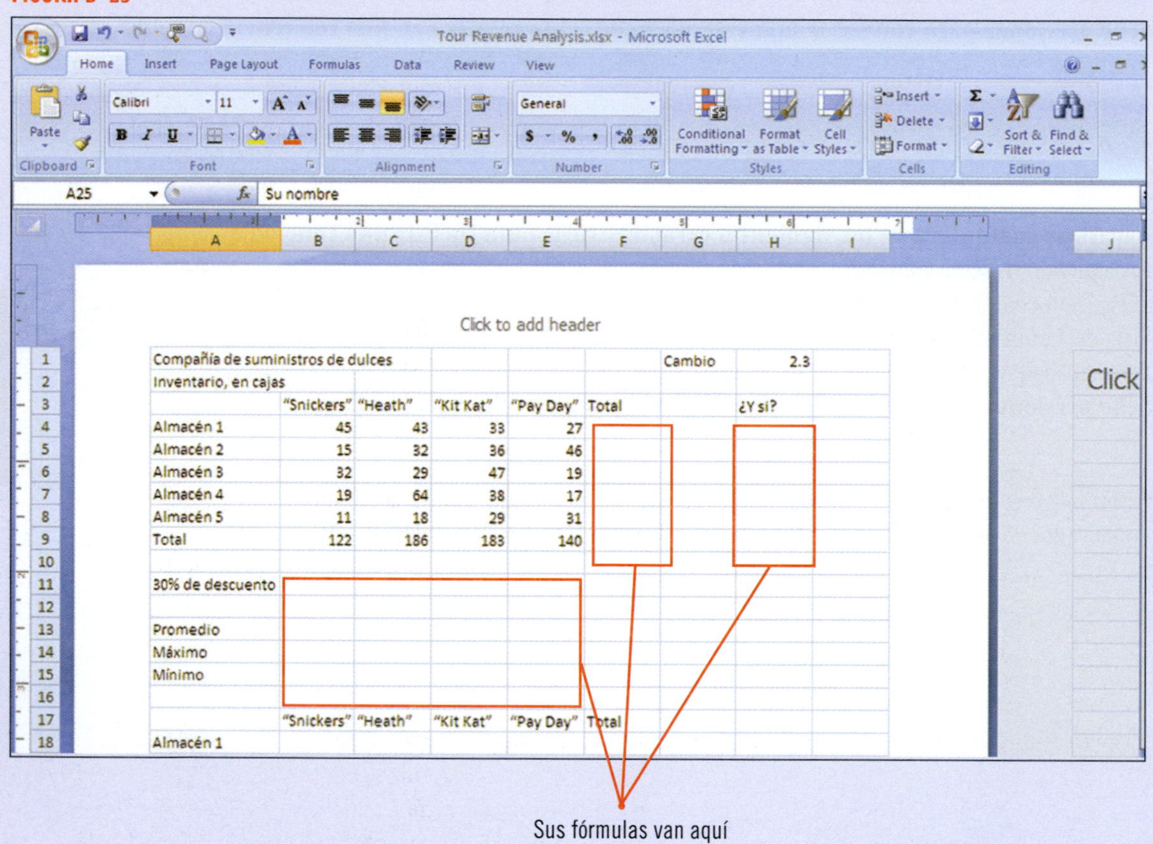

2. **Incluir una función.**
   - **a.** Utilice el botón AutoSum (Autosuma) para crear una fórmula en la celda B13 que promedie el número de cajas de barras de "Snickers" en cada área de almacenamiento. (*Sugerencia*: haga clic en la flecha de lista del botón AutoSum para abrir una lista de funciones disponibles.)
   - **b.** Utilice el botón Insert Function (Insertar función) para crear una fórmula en la celda B14 que calcule la mayor parte de cajas de barras de "Snickers" en un área de almacenamiento.
   - **c.** Haga uso del botón AutoSum (Autosuma) para crear una fórmula en la celda B15 que calcule el número mínimo de cajas de barras de "Snickers" en un área de almacenamiento.
   - **d.** Guarde su trabajo.
3. **Escribir una función.**
   - **a.** En la celda C13, escriba una fórmula que incluya una función para promediar el número de cajas de barras de "Heath". (*Sugerencia*: haga uso de AutoComplete (Autocompletar) para incluir la función.)
   - **b.** En la celda C14, escriba una fórmula que incluya una función para calcular el número máximo de cajas de barras de "Heath" en un área de almacenamiento.
   - **c.** En la celda C15, escriba una fórmula que incluya una función para calcular el número mínimo de cajas de barras de "Heath" en un área de almacenamiento.
   - **d.** Guarde su trabajo.

▼ REPASO DE HABILIDADES (CONTINUACIÓN)

4. Copiar y mover entradas de celdas.

- **a.** Seleccione el rango B3:F3.
- **b.** Copie la selección en el Clipboard (Portapapeles).
- **c.** Abra el panel de tareas del Portapapeles y luego pegue la selección en la celda B17.
- **d.** Seleccione el rango A4:A9.
- **e.** Haga uso del método de arrastrar y soltar para copiar la selección a la celda A18. (*Sugerencia*: los resultados deberían llenar el rango A18:A23.)
- **f.** Seleccione el rango H1:I1.
- **g.** Mueva la selección usando el método de arrastrar y soltar hasta la celda G1.
- **h.** Guarde su trabajo.

5. Entender las referencias de celdas relativas y absolutas.

- **a.** Escriba una breve descripción de la diferencia entre referencias relativas y absolutas.
- **b.** Enumere al menos tres situaciones en las cuales usted considere que deba utilizar una referencia absoluta en sus cálculos. Algunos ejemplos son cálculos para diferentes tipos de hojas de trabajo, registro de horas trabajadas, facturas y presupuestos.

6. Copiar fórmulas con referencias de celdas relativas.

- **a.** Seleccione el rango C13:C15.
- **b.** Emplee el controlador de relleno para copiar estas celdas hacia el rango D13:E15.
- **c.** Calcule el total en la celda F4.
- **d.** Use el botón Fill (Rellenar) para copiar la fórmula de la celda F4 hacia las celdas inferiores F5:F9.
- **e.** Haga uso del controlador de relleno para copiar la fórmula en la celda E11 hasta la celda F11.
- **f.** Guarde su trabajo.

7. Copiar fórmulas con referencias de celdas absolutas.

- **a.** En la celda H1, introduzca el valor **1.575**.
- **b.** En la celda H4, cree una fórmula que multiplique F4 y una referencia absoluta hacia la celda H1.
- **c.** Utilice el controlador de relleno para copiar la fórmula en la celda H4 hacia las celdas H5 y H6.
- **d.** Haga uso de los botones Copy (Copiar) y Paste (Pegar) para copiar la fórmula en la celda H4 hacia las celdas H7 y H8.
- **e.** Cambie la cantidad en la celda H1 a **2.3**.
- **f.** Guarde su trabajo.

8. Redondear un valor con una función.

- **a.** Haga clic en la celda H4.
- **b.** Modifique esta fórmula para incluir la función ROUND (REDONDEAR) mostrando un dígito.
- **c.** Use el controlador de relleno para copiar la fórmula en la celda H4 hasta el rango H5:H8.
- **d.** Introduzca su nombre en la celda A25 y luego compare su trabajo con el de la figura B-23.
- **e.** Guarde, observe la vista preliminar, imprima y cierre el libro de trabajo; luego, salga de Excel.

▼ RETO INDEPENDIENTE 1

Piensa iniciar un pequeño restaurante de desayunos y comidas. Antes de comenzar, necesita evaluar lo que considera serán sus gastos mensuales. Inicia un libro de trabajo, pero debe completar las entradas y agregar fórmulas.

a. Abra el archivo EX B-3.xlsx desde la unidad y la carpeta donde usted almacena sus Archivos; luego, guárdelo como **Estimated Diner Expenses (Gastos estimados de restaurante)**.
b. Prepare sus datos de gastos e introdúzcalos en las celdas B4:B10. (Las ventas mensuales están incluidas en la hoja de cálculo.)
c. Cree una fórmula en la celda C4 que calcule la renta anual.
d. Copie la fórmula en la celda C4 hasta el rango C5:C10.
e. Mueva la etiqueta en la celda A15 hasta la celda A14.
f. Cree una fórmula en las celdas B11 y C11 para el total de los gastos.
g. Cree una fórmula en la celda C13 que calcule las ventas anuales.
h. Cree una fórmula en la celda B14 que determine si se tendrá una ganancia o una pérdida; después, copie la fórmula en la celda C14.
i. Copie las etiquetas en las celdas B3:C3 a las celdas E3:F3.
j. Escriba **incremento de la proyección** en la celda G1; a continuación, escriba **.2** en la celda I1.
k. Cree una fórmula en la celda E4 que calcule un incremento en la renta mensual mediante la cantidad en la celda I1. Usted copiará esta fórmula a otras celdas, de manera que deberá hacer uso de una referencia absoluta.
l. Cree una fórmula en la celda F4 que calcule un incremento anual basado en el cálculo en la celda E4.
m. Cree fórmulas en las celdas E13 y E14 así como las celdas F13 y F14 que calcule en ventas mensuales y anuales y ganancias/pérdidas con base en el incremento en la celda E4.
n. Copie las fórmulas en las celdas E4:F4 en los gastos restantes mensuales y anuales.
o. Cambie el incremento de la proyección a **.15** y luego compare su trabajo con el ejemplo en la figura B-24.
p. Introduzca su nombre en una celda de la hoja de cálculo.
q. Guarde su trabajo, observe la vista preliminar e imprima las hojas; luego, cierre el libro y salga de Excel.

FIGURA B-24

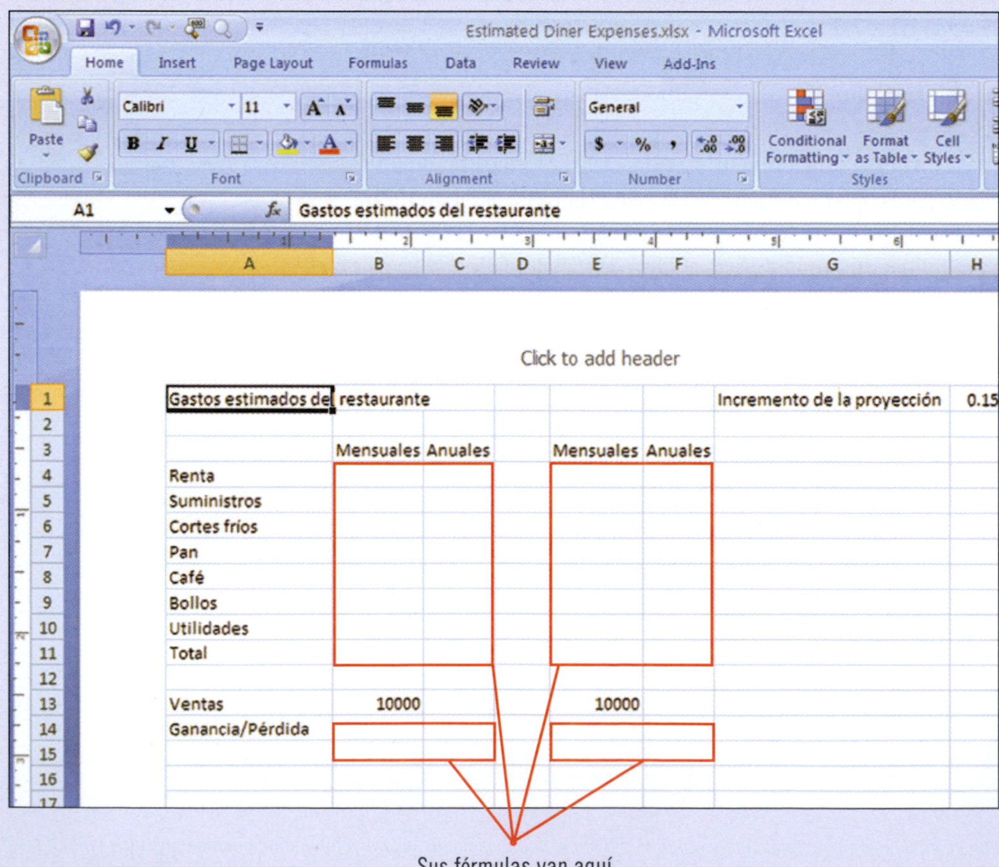

▼ RETO INDEPENDIENTE 2

El Salón Mímese a Sí Mismo & Spa matutino es un pequeño, aunque prometedor, spa que lo ha contratado para organizar sus registros de contabilidad haciendo uso de Excel. Los propietarios quieren que usted haga un seguimiento de los gastos de la compañía. Antes de que fuera contratado, uno de los contadores comenzó a introducir los gastos del año pasado en un libro de trabajo, pero el análisis nunca fue completado.

a. Inicie Excel, abra el archivo EX B-4.xlsx desde la unidad y la carpeta donde almacene sus Archivos; luego, guárdelo como **Finanzas de Mímese a Sí Mismo**. La hoja de cálculo incluye etiquetas para funciones como las cantidades Average (Promedio), Maximum (Máximo) y Minimum (Mínimo) de cada uno de los gastos en la hoja.

b. Piense acerca de cuál información sería importante hacer saber al equipo de contabilidad.

c. Cree fórmulas en la columna y fila de total haciendo uso de la función Sum (Suma).

d. Cree fórmulas en las columnas y filas de Promedio, Máximo y Mínimo utilizando el método de su elección.

e. Guarde su trabajo y compare su hoja de cálculo con la del ejemplo mostrado la figura B-25.

Ejercicio de reto avanzado

- Cree la etiqueta **Categorías de gastos** en la celda B19.
- En la celda A19, cree una fórmula usando la función COUNT (CONTAR) y determine el número total de categorías de gastos enumeradas por trimestre.
- Guarde el libro.

f. Introduzca su nombre en la celda A25.

g. Abra la vista preliminar de la hoja de cálculo e imprímala.

h. Guarde su trabajo, cierre el libro y salga de Excel.

FIGURA B-25

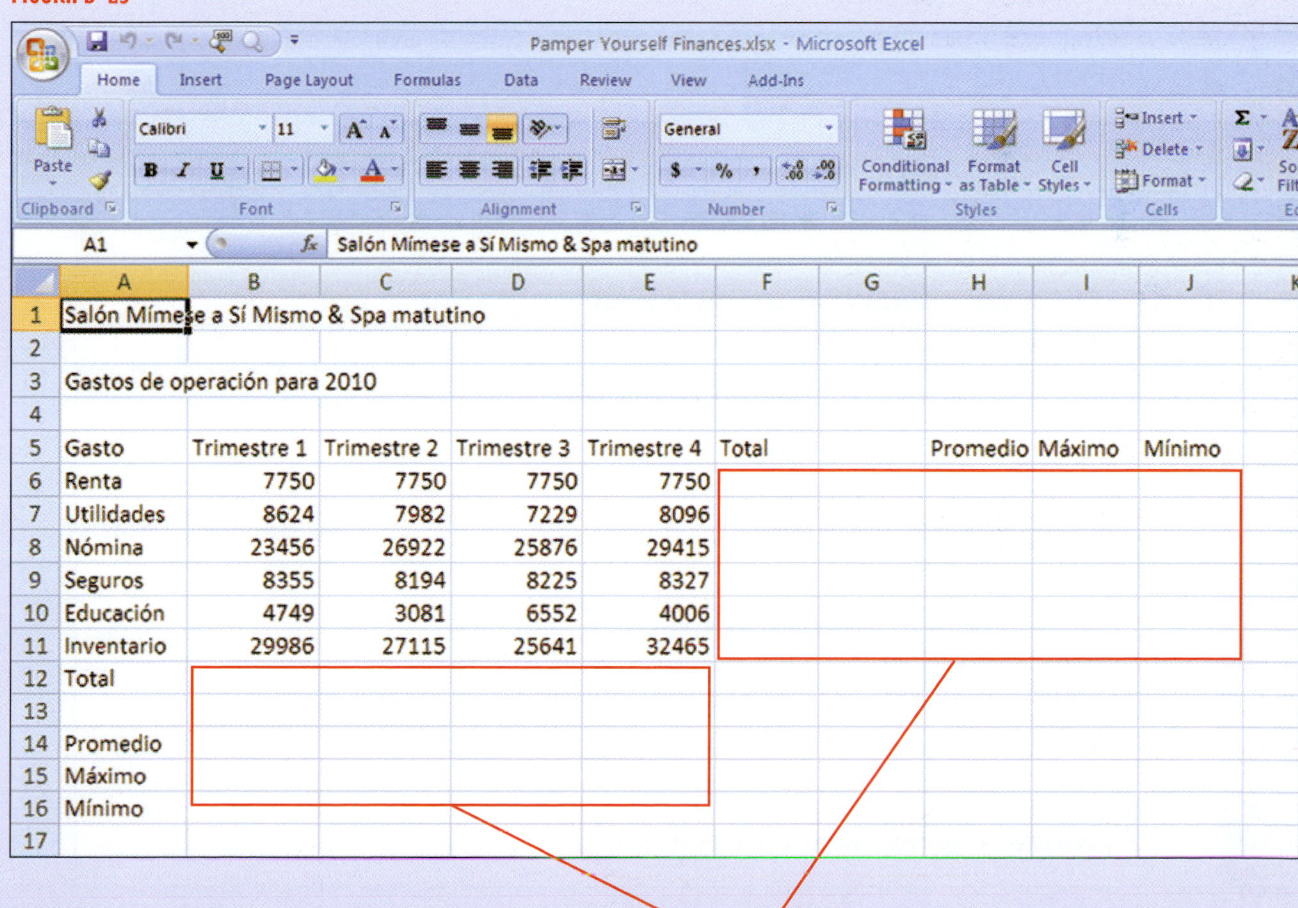

	A	B	C	D	E	F	G	H	I	J
1	Salón Mímese a Sí Mismo & Spa matutino									
2										
3	Gastos de operación para 2010									
4										
5	Gasto	Trimestre 1	Trimestre 2	Trimestre 3	Trimestre 4	Total		Promedio	Máximo	Mínimo
6	Renta	7750	7750	7750	7750					
7	Utilidades	8624	7982	7229	8096					
8	Nómina	23456	26922	25876	29415					
9	Seguros	8355	8194	8225	8327					
10	Educación	4749	3081	6552	4006					
11	Inventario	29986	27115	25641	32465					
12	Total									
13										
14	Promedio									
15	Máximo									
16	Mínimo									
17										

Sus fórmulas van aquí

Excel 2007

▼ RETO INDEPENDIENTE 3

Como el administrador contable de una tienda de ropa local, es su responsabilidad calcular y enviar los pagos de impuestos de ventas acumulados de forma mensual al gobierno estatal. Usted ha decidido emplear un libro de Excel para realizar estos cálculos.

- **a.** Inicie Excel; luego, guarde un nuevo libro de trabajo en blanco en la unidad y carpeta donde almacene sus Archivos con el nombre de **Cálculos del impuesto de ventas.**
- **b.** Decida el diseño para todas las columnas y filas. La hoja de cálculo contendrá datos de cuatro tiendas, que se pueden nombrar por el número de la tienda, vecindario u otro método de su elección. Para cada tienda, se calculará el impuesto de ventas total con base en la tasa local impositiva sobre las ventas. Además, calculará el impuesto total debido para las cuatro tiendas.
- **c.** Integre los gastos de ventas para, por lo menos, cuatro tiendas.
- **d.** Introduzca la tasa que se empleará para calcular el impuesto sobre las ventas utilizando su propia tasa local.
- **e.** Cree fórmulas para calcular el impuesto sobre las ventas debido para cada tienda. Si no sabe cuál es la tasa de impuestos local, use **6.5%**.
- **f.** Cree una fórmula para el total de todos los impuestos debidos de las ventas; después, compare su trabajo con el del ejemplo mostrado en la figura B-26.

Ejercicio de reto avanzado

- Utilice la función ROUND (REDONDEAR) para eliminar cualquier decimal en las figuras del impuesto de ventas para cada almacén y la cuota total.
- Guarde el libro.

- **g.** Agregue su nombre al encabezado.
- **h.** Guarde su trabajo, abra la vista preliminar e imprima cada hoja, cierre el libro y salga de Excel.

FIGURA B-26

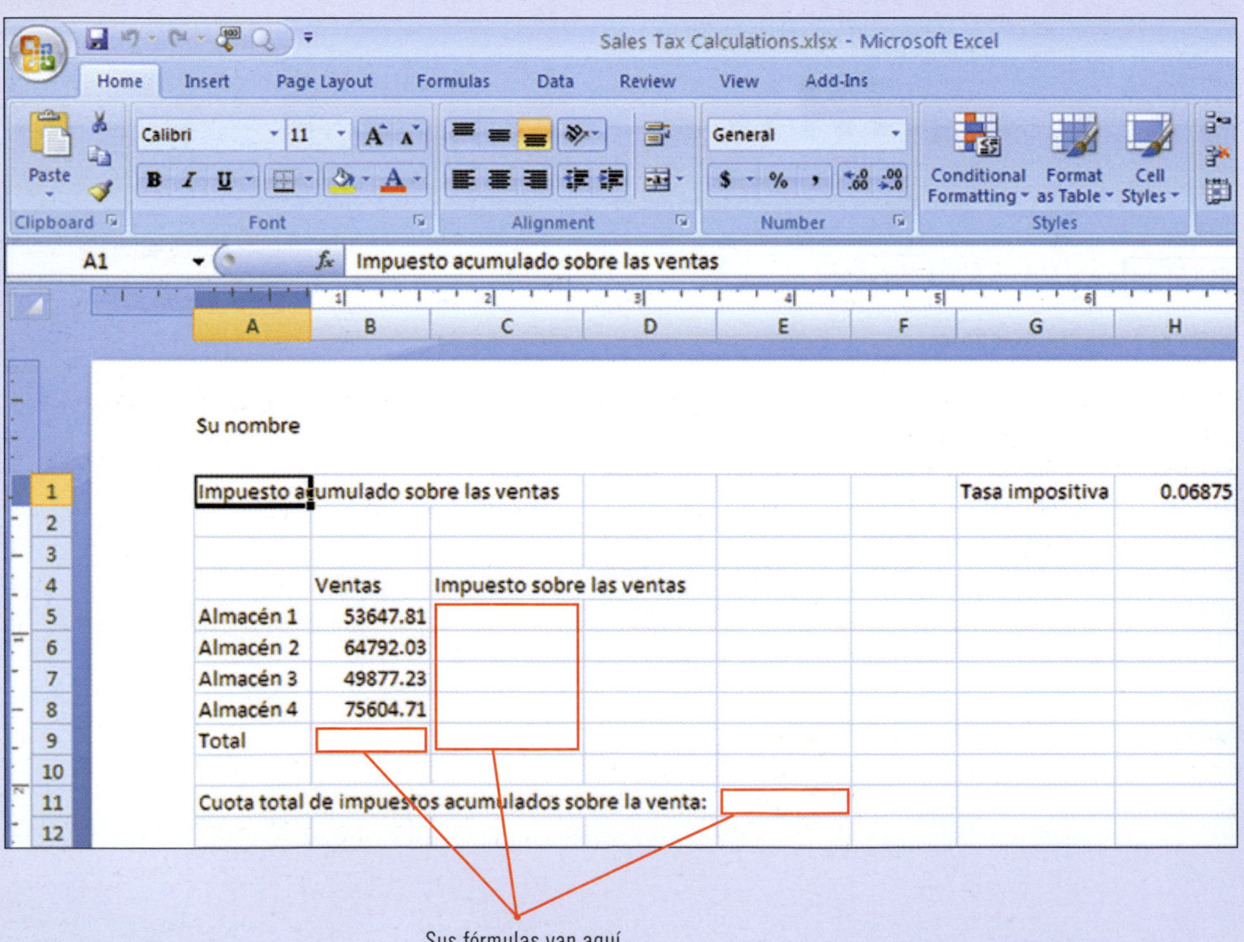

▼ RETO INDEPENDIENTE DE LA VIDA REAL

Muchos de sus amigos están adquiriendo casas y usted está pensando en hacer lo mismo. A medida que comienza a recorrer casas abiertas y listas de agentes inmobiliarios, advierte que hay muchos gastos asociados con la compra de una casa. Algunos de ellos se basan en un porcentaje del precio de compra mientras que otros son gastos básicos; en total parecen representar una cantidad sustancial sobre los precios de compra que usted ve en las listas. Hasta ahora, ha visitado tres casas que le interesan: una tiene un precio medio, otra es más costosa y la tercera es todavía más cara. Decide crear un libro de Excel para averiguar el costo real de cada una de ellas.

FIGURA B-27

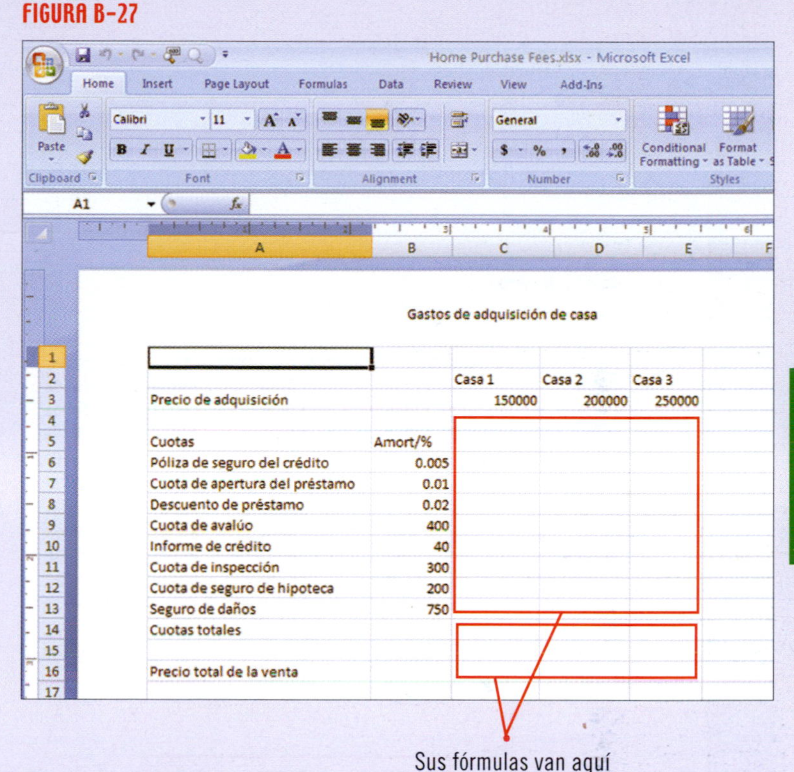

- **a.** Averigüe el costo característico o tasa de porcentaje de por lo menos tres gastos que son por lo regular cargados cuando se compra una casa y se contrata una hipoteca. (*Sugerencia*: si tiene acceso a Internet, puede investigar el tema de la compra de casas en la Web o puede preguntar a sus amigos acerca de las tasas estándar o porcentajes para elementos como seguros de propiedad, informes de crédito y cuotas de avalúo.)
- **b.** Inicie Excel, guarde un libro nuevo en blanco en la unidad y carpeta donde usted almacene sus Archivos de datos como **Gastos de adquisición de casa**.
- **c.** Cree datos e introduzca los datos de tres casas. Si introduce esta información a través de las columnas en su hoja de cálculo, deberá tener una columna para cada casa, con el precio de compra en la celda debajo de cada etiqueta. Asegúrese de introducir un precio de compra diferente para cada casa.
- **d.** Cree etiquetas para la columna de Gastos y para una columna de Monto o Tasa. Introduzca la información acerca de los tres gastos que haya investigado.
- **e.** En la columna de casa, introduzca las fórmulas que calculen el gasto para cada una. Las fórmulas (y el uso de referencias absolutas y relativas) variarán dependiendo de si los cargos son un gasto fijo o con base en un porcentaje del precio de compra.
- **f.** Obtenga el total de los gastos para cada casa, cree fórmulas que sumen los gastos totales para el precio de compra y compare su trabajo con el del ejemplo en la figura B-27.
- **g.** Introduzca un título para la hoja de cálculo en el encabezado.
- **h.** Introduzca su nombre en el encabezado, abra la vista preliminar de la hoja e imprímala.
- **i.** Guarde su trabajo, cierre el archivo y salga de Excel.

▼ TALLER VISUAL

Cree la hoja de cálculo ilustrada en la figura B-28 haciendo uso de las habilidades que aprendió en esta unidad. Guarde el libro de trabajo como **Análisis de ventas** en la unidad y la carpeta donde almacene sus Archivos. Introduzca su nombre en el encabezado como se muestra; luego, abra la vista preliminar e imprima una copia de la hoja. Imprima una segunda copia de la hoja de cálculo donde se muestren las fórmulas.

FIGURA B-28

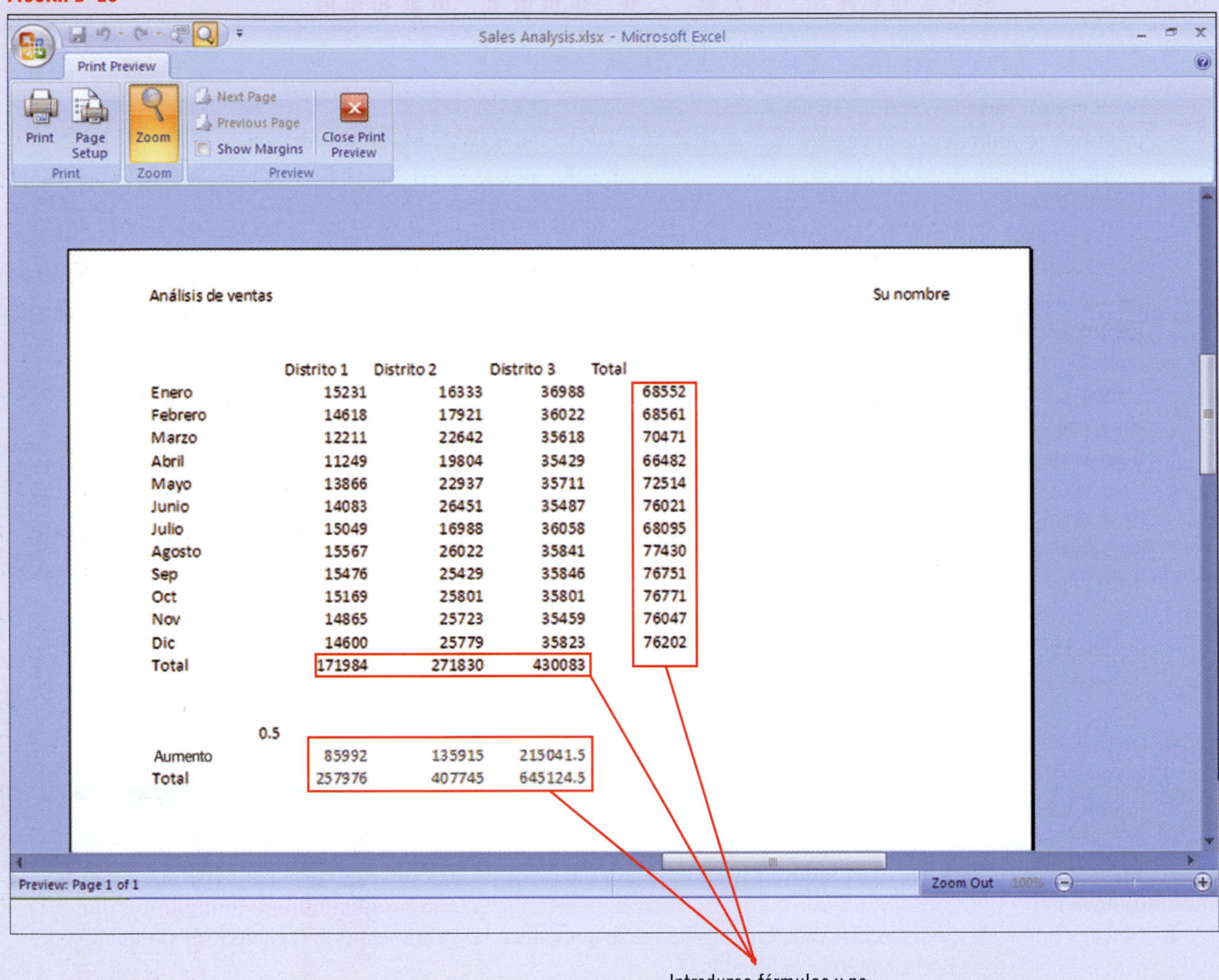

Análisis de ventas | Su nombre

	Distrito 1	Distrito 2	Distrito 3	Total
Enero	15231	16333	36988	68552
Febrero	14618	17921	36022	68561
Marzo	12211	22642	35618	70471
Abril	11249	19804	35429	66482
Mayo	13866	22937	35711	72514
Junio	14083	26451	35487	76021
Julio	15049	16988	36058	68095
Agosto	15567	26022	35841	77430
Sep	15476	25429	35846	76751
Oct	15169	25801	35801	76771
Nov	14865	25723	35459	76047
Dic	14600	25779	35823	76202
Total	171984	271830	430083	
	0.5			
Aumento	85992	135915	215041.5	
Total	257976	407745	645124.5	

Introduzca fórmulas y no valores en estas celdas

Dar formato a una hoja de cálculo

Archivos que necesita:

EX C-1.xlsx
EX C-2.xlsx
EX C-3.xlsx
EX C-4.xlsx
EX C-5.xlsx

Puede utilizar características de formato para hacer que una hoja de cálculo sea más atractiva o fácil de leer y para destacar los datos clave. Puede aplicar diferentes atributos de formato como colores, estilos y tamaños de fuente al contenido de las celdas, puede ajustar el ancho de la columna y la altura de las filas y puede insertar o eliminar columnas y filas. Asimismo, puede aplicar formato condicional de manera que las celdas que satisfagan ciertos criterios tengan un formato distinto. Con ello, resulta más sencillo resaltar determinada información seleccionada, tal como las ventas que superen o caigan debajo de cierto umbral. Los gerentes de mercadotecnia en QST han solicitado información acerca de gastos de publicidad a todas las ubicaciones de QST durante los cuatro trimestres anteriores. Grace Wong ha creado una hoja de cálculo enumerando esta información. Ella le solicita que le dé formato a la hoja de cálculo para hacerla más fácil de leer y para resaltar los datos importantes.

OBJETIVOS

- Aplicar un formato a los valores
- Modificar las fuentes y sus tamaños
- Modificar los atributos y la alineación
- Ajustar el ancho de las columnas
- Insertar y eliminar filas y columnas
- Aplicar colores, patrones y bordes
- Aplicar formato condicional
- Nombrar y desplazar una hoja de cálculo
- Revisar la ortografía

UNIDAD
C
Excel 2007

Aplicar un formato a los valores

El **formato** de una celda determina cómo se verán los rótulos y valores; por ejemplo, si el contenido aparece en negritas, cursivas o con comas y signos monetarios. El formato cambia sólo el aspecto de un valor o rótulo, no altera los datos reales. Para dar formato a una celda o rango, primero se selecciona, luego se aplica el formato haciendo uso de la cinta de opciones o de un acceso directo desde el teclado. Puede aplicar el formato antes o después de introducir los datos en una celda o rango. Grace le proporciona una hoja de cálculo que enumera gastos de publicidad individuales y usted está listo para mejorar el aspecto y legibilidad de dicha hoja. Decide comenzar dando formato a algunos de los valores de modo que se exhiban como cifras monetarias, porcentajes y fechas.

PASOS

1. **Inicie Excel, abra el archivo EX C-1.xlsx desde la unidad y carpeta donde usted almacene sus archivos de datos y, luego, guárdelo como Gastos de publicidad de QST, haga clic en la pestaña View (Vista) de la cinta de opciones y, después, en el botón Page Layout (Diseño de página)**

   Es difícil de interpretar esta hoja de cálculo porque toda la información parece igual. En algunas columnas, luce cortado el contenido, pues son demasiados los datos que se tienen para dar el ancho de columna. Decide no ensanchar aun las columnas, debido a que los otros cambios que planea hacer podrían afectar el ancho de la columna y la altura del renglón. Lo primero que querrá hacer es dar formato a los datos que muestran los costos de cada anuncio.

2. **Seleccione el rango E4:E32; a continuación, haga clic en el botón Accounting Number Format (Formato de número de contabilidad) en el grupo Number (Número) en la pestaña Home (Inicio)**

   El formato predeterminado Accounting Number agrega signos monetarios y dos lugares decimales a los datos, como se ilustra en la figura C-1. Dar formato a estos datos en formato de contabilidad los hace más fáciles de reconocer. Excel automáticamente configura la columna para mostrar el nuevo formato. Los formatos de contabilidad y monetario se utilizan para valores monetarios, pero el formato de contabilidad alinea los símbolos monetarios y los puntos decimales de los números en una columna.

3. **Seleccione el rango G4:I32; luego, haga clic en el botón Comma Style (Estilo millares) en el grupo Number (Número)**

   Los valores en las columnas G, H e I muestran el formato Comma Style, el cual no incluye un signo monetario, pero puede ser útil para algunos tipos de datos de contabilidad.

4. **Seleccione el rango J4:J32, haga clic en la flecha de lista Number Format (Formato de número), en Percentage (Porcentaje), en el botón Increase Decimal (Aumentar decimales) en el grupo Number (Número)**

   Los datos en el % de la columna Total ahora tienen un formato con un signo de porcentaje (%) y tres cifras decimales. La flecha de lista Format (Formato) le permite elegir formatos numéricos comunes y muestra un ejemplo de cómo se vería la celda o celdas seleccionadas con cada formato (cuando se seleccionan múltiples celdas, el ejemplo está basado en la primera celda del rango). Cada vez que usted hace clic en el botón Increase Decimal (Aumentar decimales), agrega una cifra decimal; al hacer clic en el botón dos veces, añadiría dos cifras decimales.

5. **Haga clic en el botón Decrease Decimal (Disminuir decimales) en el grupo Number dos veces**

   Se eliminan dos lugares decimales.

6. **Seleccione el rango B4:B32, haga clic en el lanzador en el grupo Number**

   Se abre el cuadro de diálogo Format Cells (Formato de celdas) con la categoría Date (Fecha) ya seleccionada en la pestaña Number (Número).

7. **Seleccione el primer formato 14-Mar-01 en el cuadro de lista Type (Tipo), como se muestra en la figura C-2 y, después, haga clic en OK (Aceptar)**

   Las fechas en la columna B aparecen en el formato 14-Mar-01. El segundo formato 14-Mar-01 en la lista muestra todos los días con dos dígitos (agrega un cero inicial si el día tiene sólo un número de un solo dígito), mientras que el que usted elige exhibe los días con un solo dígito sin un cero inicial. Además, puede abrir el cuadro de diálogo Format Cells haciendo clic con el botón derecho en un rango seleccionado.

8. **Seleccione el rango C4:C31, haga clic derecho en el rango, en Format Cells (Formato de celdas) en el menú de acceso directo, haga clic en 14-Mar en el cuadro de lista Type (Tipo) en el cuadro de diálogo Format Cells y, a continuación, en OK (Aceptar)**

   Compare su hoja con la de la figura C-3.

9. **Presione la combinación de teclas [Ctrl][Home] ([Ctrl][Inicio]) y guarde su trabajo**

CONSEJO
Puede aplicar un formato monetario diferente, tal como Euros o Libras esterlinas, haciendo clic en la flecha del botón Accounting Number Format (Formato de número de contabilidad) y luego en un tipo diferente de moneda.

CONSEJO
Seleccione cualquier rango de celdas continuas haciendo clic en la celda superior izquierda, manteniendo presionada la tecla [Shift] ([Mayúsculas]) y luego haciendo clic en la celda del extremo inferior derecho. Agregue una fila al rango seleccionado manteniendo presionada la tecla [Shift] y presionando la tecla [↓]; añada una columna presionando la tecla [→].

CONSEJO
Asegúrese de examinar los datos con formato para confirmar que ha aplicado el formato apropiado; por ejemplo, los datos no deberían tener un formato monetario y los valores monetarios no deberían tener un formato de fecha.

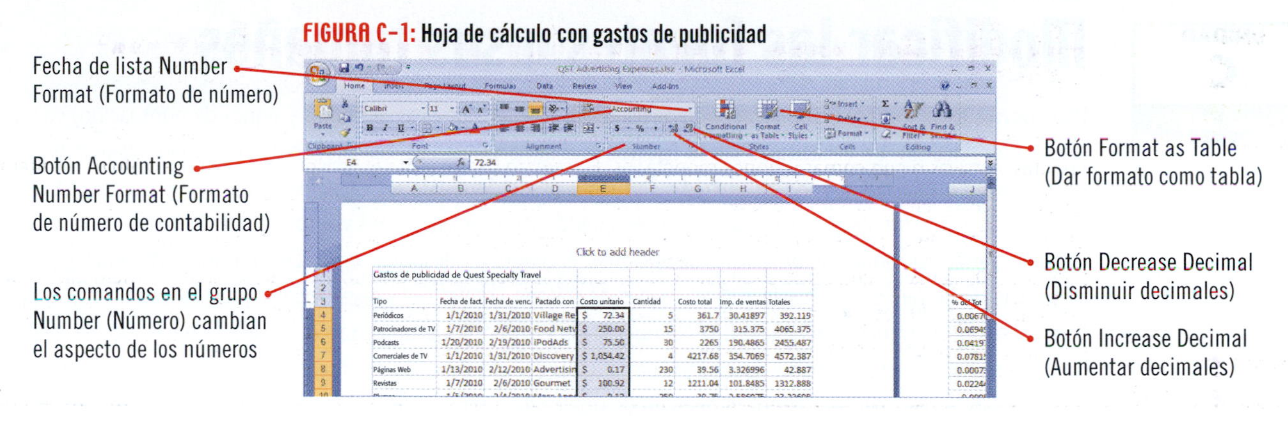

FIGURA C-1: Hoja de cálculo con gastos de publicidad

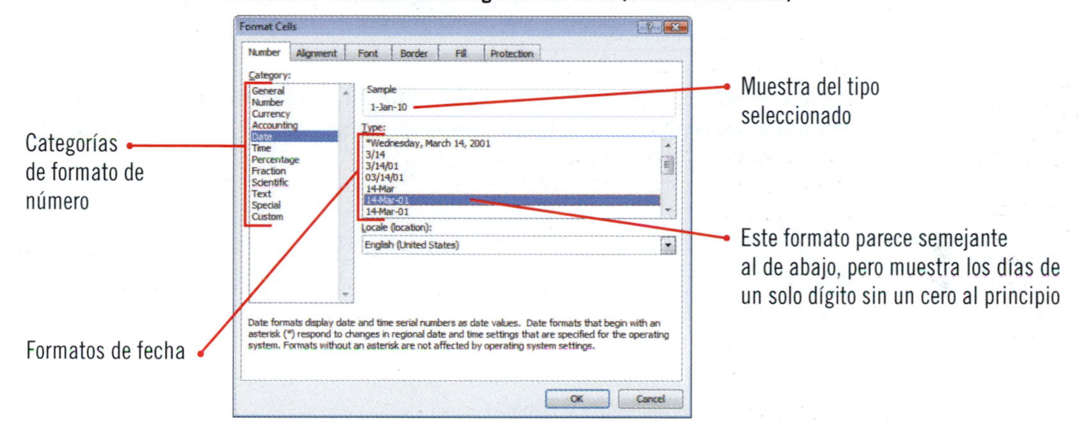

FIGURA C-2: Cuadro de diálogo Format Cells (Formato de celdas)

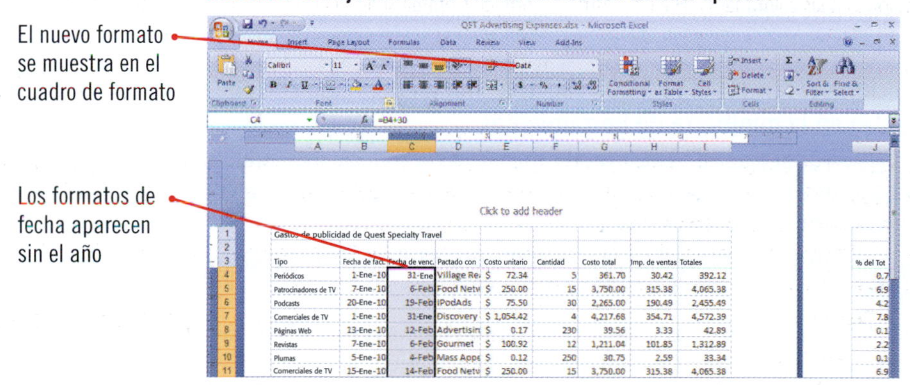

FIGURA C-3: Hoja de cálculo con los valores con formato aplicado

Formato como una tabla

Excel incluye 60 estilos de tabla predefinidos para facilitar el formato de las celdas seleccionadas de una hoja de cálculo en forma de tabla. Puede aplicar estilos de tablas a cualquier rango de celdas que quiera formatear rápidamente, o incluso, a toda la hoja, pero son especialmente útiles para aquellos rangos con rótulos en la columna izquierda y en las filas superiores y con totales en la fila inferior o en la columna derecha. Para aplicar un estilo de tabla, seleccione los datos que serán formateados o haga clic en cualquier sitio dentro del rango de interés (Excel puede detectar de modo automático un rango de celdas), haga clic en el botón Format as Table (Dar formato como tabla) en el grupo Styles (Estilos) en la pestaña Home (Inicio), luego haga clic en un estilo de la galería, como se ilustra en la figura C-4. Los estilos de tabla están organizados en tres categorías (Light (Claro), Medium (Medio) y Dark (Oscuro)). Una vez que hace clic en un estilo, Excel confirma la selección del rango y aplica el estilo. Ya que se ha formateado un rango como una tabla, puede utilizar la vista Preliminar para examinar distintas opciones señalando cualquier estilo en la galería de Table Styles (Estilos de tabla).

FIGURA C-4: Galería de estilos de tabla

Excel 2007

Modificar las fuentes y sus tamaños

Una **fuente** es el nombre de una colección de caracteres (letras, números, símbolos y signos de puntuación) con un diseño específico similar. El **tamaño de la fuente** es el tamaño físico del texto, medido en unidades llamadas puntos. Un **punto** equivale a 1/72 de pulgada. La fuente predeterminada en Excel es Calibri de 11 puntos. La tabla C-1 muestra varias fuentes en tamaños diferentes. Puede modificar las fuentes y el tamaño de la fuente de cualquier celda por rango haciendo uso de la cinta de opciones, el cuadro de diálogo Format Cells (Formato de celdas) o de la minibarra de herramientas. Puede abrir el cuadro de diálogo Format Cells haciendo clic en el lanzador en el grupo Font (Fuente), Alignment (Alineación) o Number (Número) en la pestaña Home (Inicio), o haciendo clic con el botón derecho en una selección y, luego, en Format Cells del menú de acceso directo. La minibarra de herramientas se abre cuando hace clic con el botón derecho en una celda o rango. Usted desea cambiar la fuente y el tamaño de los rótulos y el título de la hoja de cálculo de modo que se destaquen más de los datos.

PASOS

CONSEJO

Para visualizar anticipadamente los campos en la fuente y el tamaño de fuente directamente en las celdas seleccionadas, haga uso del grupo Font (Fuente) en la pestaña Home (Inicio); Live Preview (Vista previa) muestra la fuente, el tamaño y color de la misma, así como el color de relleno cuando usted pasa el puntero del ratón sobre las elecciones en estas listas y paletas.

CONSEJO

También puede dar formato a toda una fila haciendo clic en el botón indicador de la fila (o a una columna completa haciendo clic en el botón indicador de la columna).

CONSEJO

Una vez que haga clic en la flecha de lista Font, puede moverse rápidamente hacia una fuente en la lista escribiendo los primeros caracteres que su nombre.

1. **Haga clic con el botón derecho en la celda A1, en Format Cells (Formato de celdas) en el menú de acceso directo y, luego, en la pestaña Font (Fuente) del cuadro de diálogo Format Cells (Formato de celdas), si es necesario**

   Véase la figura C-5.

2. **Desplácese hacia abajo en la lista Font (Fuente) para ver una lista alfabética de las fuentes disponibles en su computadora, haga clic en Times New Roman en el cuadro de lista Font; después, en 20 en el cuadro de lista Size (Tamaño). Observe los resultados en el área Preview (Vista previa) y, a continuación, haga clic en OK (Aceptar)**

   El título aparece en Times New Roman de 20 puntos y el grupo Font de la pestaña Home (Inicio) muestra la nueva información de fuente y tamaño.

3. **Haga clic en el botón Increase Font Size (Aumentar tamaño de fuente) del grupo Font (Fuente) dos veces**

   El tamaño del título aumenta a 24 puntos.

4. **Seleccione el rango A3:J3, haga clic derecho; luego, haga clic en la flecha de lista de Font (Fuente) en la minibarra de herramientas**

   La minibarra de herramientas incluye las herramientas de formato más utilizadas comúnmente, de modo que es muy eficaz para hacer cambios rápidos de formato. Observe que los nombres de fuente en esta lista se muestran en la misma fuente que representan.

5. **Haga clic en Times New Roman, en la flecha de lista de Font Size (Tamaño de fuente) y en 14**

   La minibarra de herramientas se cierra cuando usted mueve el cursor fuera de la selección. Compare su hoja de cálculo con la de la figura C-6. Advierta que algunos de los encabezados de columna son ahora demasiado anchos para mostrarse completamente en la columna. Excel no ajusta de manera automática el ancho de columna para acomodar el formato de la celda; usted debe ajustar los anchos de columna de forma manual. Aprenderá a hacer esto en una lección posterior.

6. **Guarde su trabajo**

TABLA C-1: Ejemplos de fuentes y tamaños de fuente

fuente	12 puntos	24 puntos
Calibri	Excel	Excel
Playbill	Excel	Excel
Comic Sans MS	Excel	Excel
Times New Roman	Excel	Excel

FIGURA C-5: Pestaña Font (Fuente) en el cuadro de diálogo Format Cells

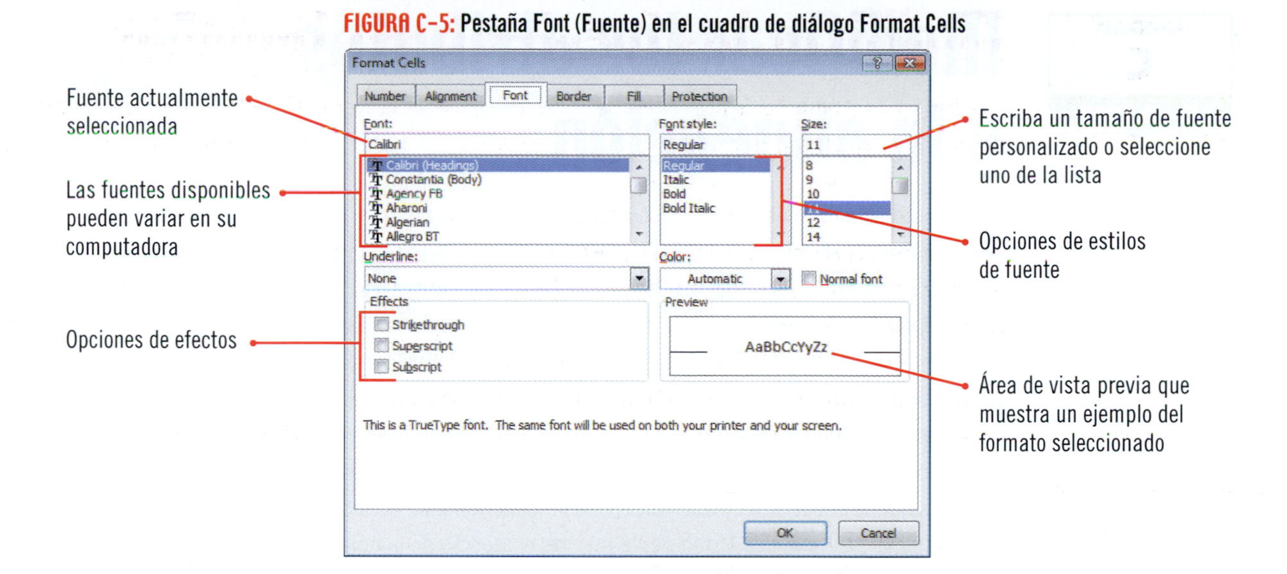

FIGURA C-6: Hoja de cálculo con títulos y rótulos formateados

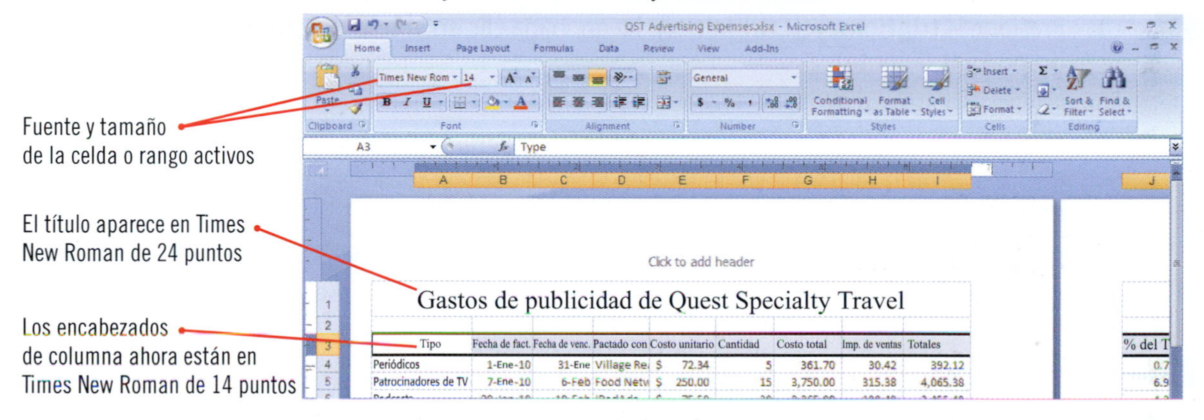

Inserción y ajuste de imágenes prediseñadas y de otro tipo

Puede ilustrar sus hojas de cálculo haciendo uso de imágenes prediseñadas ("clip art") y de otra naturaleza. Un "**clip**" es un archivo individual de medio audiovisual, tal como una ilustración, sonido, animación o película. **Clip art** hace referencia a imágenes como un logotipo corporativo, una imagen o una fotografía. Microsoft Office viene con muchos clips disponibles para su uso. Para agregar un clip a una hoja de cálculo, haga clic en Clip Art (Imágenes prediseñadas) en el grupo Illustrations (Ilustraciones) de la pestaña Insert (Insertar). Se abre el panel de tareas Clip Art. Aquí, usted puede buscar clips escribiendo una o más palabras clave (palabras relacionadas con su tema) en el cuadro de texto Search for (Buscar) y, luego, haciendo clic en el botón Go (Buscar). Los clips relacionados con sus palabras clave aparecen en el panel de tareas Clip Art, como se ilustra en la figura C-7. (Si tiene una instalación estándar de Office y una conexión activa a Internet, hallará muchos clips disponibles a través de Microsoft Office Online, además de los existentes en su computadora.) Haga clic en la imagen que desee y se insertará en la ubicación de la celda activa. Asimismo, puede incorporar sus propias imágenes a una hoja de cálculo haciendo clic en la pestaña Insert (Insertar) de la cinta de opciones y luego en el botón Picture (Imagen). Navegue hasta el archivo que usted quiere; después, haga clic en Insert Picture from File (Insertar imagen desde archivo). Para reajustar el tamaño de una imagen, arrastre cualquier controlador de tamaño de esquina. Para mover una imagen, señale dentro del clip hasta que el cursor cambie a ✥, a continuación, arrástrelo a un nuevo sitio.

FIGURA C-7: Resultados de la búsqueda de Clip Art (Imágenes prediseñadas)

Modificar los atributos y la alineación

Los atributos son formatos de diseño como las negritas, las cursivas y caracteres subrayados que puede aplicar para alterar la manera en que se ven tanto el texto como los números en una hoja de cálculo. Usted puede copiar un formato de celda en otras celdas haciendo uso del botón Format Painter (Copiar formato) en el grupo Clipboard (Portapapeles) en la pestaña Home (Inicio) de la cinta de opciones. Esto es semejante a utilizar copiar y pegar, pero en lugar de copiar el contenido de la celda, copia únicamente el formato de la misma. Asimismo, puede cambiar la **alineación** de los rótulos y valores en las celdas para que se ubiquen a la izquierda, a la derecha o en el centro. Puede aplicar opciones de alineación y atributos empleando la pestaña Home, el cuadro de diálogo Format Cells (Formato de celdas) o la minibarra de herramientas. Para una descripción de los botones y atributos y alineación comunes que se encuentran disponibles en la pestaña Home de la cinta de opciones y la minibarra de herramientas, véase la tabla C-2. Usted desea mejorar el aspecto de la hoja de cálculo agregando formato de negritas y subrayado, así como centrando algunos de los rótulos.

PASOS

1. **Presione [Ctrl][Home] ([Ctrl][Inicio]); luego, haga clic en el botón Bold (Negrita) B en el grupo Font (Fuente)**
   El título en la celda A1 aparece en negritas.

2. **Haga clic en la celda A3; después, en el botón Underline (Subrayado) U en el grupo Font**
   El encabezado de la columna se encuentra ahora subrayado, aunque puede ser difícil verlo con la celda seleccionada.

3. **Haga clic en el botón Italic (Cursiva) I en el grupo Font y en B**
   El encabezado aparece ahora en negritas, subrayado y en tipo cursivas. Advierta que los botones Bold (Negrita), Italic (Cursiva) y Underline (Subrayado) están seleccionados.

4. **Haga clic en I**
   El atributo de cursiva se elimina de la celda A3, pero se mantienen los atributos de negrita y subrayado.

5. **Haga clic en el botón Format Painter (Copiar formato) en el grupo Clipboard (Portapapeles); a continuación, seleccione el rango B3:J3**
   El formato en la celda A3 se copia al resto de los rótulos en los encabezados de columna. Puede desactivar el Format Painter presionando la tecla [Esc], o bien, haciendo clic en . Usted decide que el título se vería mejor si estuviera centrado en las columnas de datos.

6. **Seleccione el rango A1:J1 y luego haga clic en el botón Merge & Center (Combinar y centrar) en el grupo Alignment (Alineación)**
   El botón Merge & Center crea una celda aparte de las 10 celdas en la fila; luego, centra el texto en la recién creada celda grande. El título "Gastos de Publicidad de Quest Specialty Travel" está centrado a lo largo de las 10 columnas que usted seleccionó. Puede cambiar la alineación dentro de las celdas individuales utilizando los botones de la pestaña Home (Inicio); puede dividir las celdas mezcladas en sus componentes originales seleccionando dichas celdas y haciendo clic en el botón Merge & Center.

7. **Seleccione el rango A3:J3, haga clic con el botón derecho y luego en el botón Center (Centrar) en la minibarra de herramientas**
   Compare su pantalla con la de la figura C-8. Aunque puede ser difícil de leer, observe que todos los encabezados están centrados dentro de sus celdas.

8. **Guarde su trabajo**

CONSEJO
Puede emplear los siguientes accesos directos desde el teclado para dar formato a un rango seleccionado: [Ctrl][B] ([Ctrl][N]) para negritas, [Ctrl][I] ([Ctrl][K]) para cursivas y [Ctrl][U] ([Ctrl][S]) para subrayado.

CONSEJO
El uso indiscriminado de cualquier atributo o formato aleatorio puede hacer que un libro sea difícil de leer. Sea consistente, agregue el mismo formato a elementos semejantes a través de toda la hoja de cálculo u hojas relacionadas.

CONSEJO
Para borrar todo el formato para un rango seleccionado, haga clic en la pestaña de lista del botón Clear (Borrar) en el grupo Editing (Modificar) en la pestaña Home (Inicio) y luego clic en Clear Formats (Borrar formatos).

FIGURA C-8: Hoja de cálculo con atributos de formato aplicados

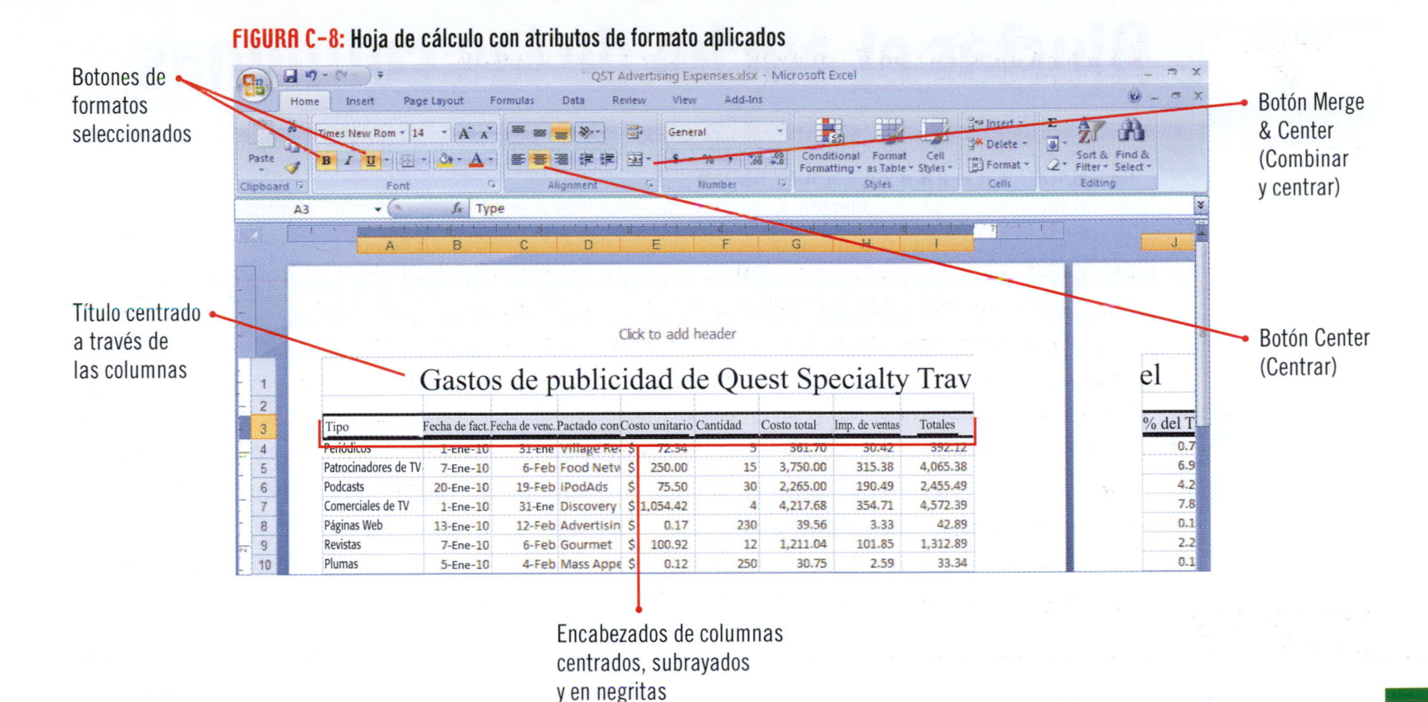

Rotación de sangrías en las entradas de las celdas

Además de aplicar fuentes y atributos de formato, puede girar o sangrar los datos dentro de una celda para un cambio adicional en su aspecto. Puede girar el texto dentro de una celda al alterar su alineación. Para modificar la alineación, seleccione las celdas que quiere modificar y haga clic en el lanzador en el grupo Alignment (Alineación) para abrir la pestaña Alignment (Alineación) del cuadro de diálogo Format Cells (Formato de celdas). Haga clic en una posición en el cuadro de Orientation (Orientación) o escriba un número del cuadro de texto Degrees (Grados) para modificar la alineación horizontal predeterminada y después haga clic en OK (Aceptar). Puede sangrar el contenido de la celda haciendo uso del botón Increase Indent (Aumentar sangría) en el grupo Alignment de la pestaña Home en la cinta de opciones, lo que traslada el contenido de la celda un espacio a la derecha, o bien, el botón Decrease Indent (Disminuir sangría), lo que desplaza el contenido de la celda un espacio hacia la izquierda.

TABLA C-2: Botones de atributos y alineación comunes

botón	descripción	botón	descripción
B	Texto en negritas		Alinear el texto hacia el borde izquierdo de la celda
I	Texto en cursivas		Centrar el texto horizontalmente dentro de la celda
U	Texto subrayado		Alinear el texto hacia el borde derecho de la celda
	Agregar líneas o bordes		Centrar el texto a través de columnas y combinar dos o más celdas adyacentes seleccionadas en una sola celda

UNIDAD
C
Excel 2007

Ajustar el ancho de las columnas

A medida que da formato a una hoja de cálculo, puede necesitar ajustar el ancho de una o más columnas para acomodar texto o un estilo o tamaño de fuente más grande. El ancho predeterminado de la columna es de 8.43 caracteres, un poco menor de una pulgada. Con Excel, puede ajustar el ancho de una o más columnas haciendo uso del ratón, la cinta de opciones o el menú de acceso directo. Al usar el ratón, puede arrastrar o hacer doble clic en el borde derecho del encabezado de una columna. La cinta de opciones y el menú de acceso directo incluyen comandos para hacer ajustes de ancho más detallados. La tabla C-3 describe los comandos más comunes para el ajuste de la columna. Usted advierte que algunos de los rótulos en la columna A no caben en las celdas. Desea ajustar el ancho de las columnas de modo que los rótulos aparezcan por completo.

PASOS

CONSEJO
Para restablecer columnas al ancho predeterminado, haga clic en los encabezados de columna para seleccionarlas, clic en el botón Format (Formato) en el grupo Cells (Celdas), clic en Default Width (Ancho predeterminado) y, por último, en OK (Aceptar) en el cuadro de diálogo Standard Width (Ancho estándar).

CONSEJO
Si se selecciona un encabezado de columna, usted puede cambiar el ancho de ésta haciendo clic en el botón derecho y, luego, en Ancho de columna en el menú de acceso directo.

CONSEJO
Si aparece "#######" después de que usted ajuste una columna de valores, la columna es demasiado estrecha para mostrar el contenido; aumente el ancho de columna hasta que aparezcan los valores.

1. **Posicione el puntero del ratón en la línea entre los encabezados de la columna A y la columna B hasta que cambie a ✛**
   Véase la figura C-9. El **encabezado de columna** es el cuadro de la parte superior de cada columna que contiene una letra. Antes de que pueda ajustar el ancho de la columna utilizando el ratón, debe colocar el cursor o puntero en el borde derecho de la columna que quiere ajustar. Las entradas para los comerciales de TV son las más anchas en la columna.
2. **Haga clic y arrastre el ✛ hacia la derecha hasta que la columna muestre por completo las entradas de los comerciales de TV**
3. **Posicione el cursor en la línea de la columna entre las columnas B y C hasta que cambie a ✛ y luego haga doble clic**
   La columna B automáticamente se ampliará para ajustarse a la entrada más ancha, en este caso, el rótulo de la columna. El doble clic activa la característica de **AutoFit (Autoajustar)**, que ajusta en forma automática una columna de manera que se acomode a la entrada más ancha en una celda.
4. **Utilice AutoFit (Autoajustar) para reconfigurar las columnas C, D y J**
5. **Seleccione el rango F5:I5**
   Puede cambiar el ancho de múltiples columnas a la vez, seleccionando primero ya sea los encabezados de columna o, por lo menos, una celda en cada columna.
6. **Haga clic en el botón Format (Formato) en el grupo Cells (Celdas) y, después, en Column Width (Ancho de columna)**
   El cuadro de diálogo Column Width se abre. La medida del ancho de la columna se basa en la cantidad de caracteres que cabrán en la columna cuando se les asigne la fuente y tamaño de letra Normal (en este caso, Calibri de 11 puntos).
7. **Arrastre el cuadro de diálogo mediante su barra de título si su ubicación interfiere con la vista de la hoja de cálculo, escriba 11 en el cuadro de texto del ancho de columna y, a continuación, haga clic en OK (Aceptar)**
   Los anchos de las columnas F, G, H e I cambian para reflejar la nueva configuración. Véase la figura C-10.
8. **Guarde su trabajo**

Modificación de la altura de las filas

Modificar la altura de la fila es tan sencillo como cambiar el ancho de columna. La altura de fila se calcula en puntos, las mismas unidades de medida usadas para las fuentes. La altura de la fila debe exceder el tamaño de la fuente que usted está utilizando. Por lo regular, no necesita ajustar manualmente las alturas de la fila porque esas alturas se ajustan de manera automática para acomodar otros cambios de formato. Si da un formato con mayor tamaño en puntos a algo en la fila, Excel ajusta la fila para adaptarse al mayor tamaño en puntos en la fila. Sin embargo, se tienen tantas opciones para cambiar la altura de la fila como las hay para el ancho de columna. Empleando el ratón, se puede colocar el cursor ✛ en la línea que divide el encabezado de la fila del encabezado inferior y arrastrarlo hasta la altura deseada; al hacer doble clic en la línea, se ajusta automáticamente la altura de fila donde sea necesario. Además, se puede seleccionar una o más filas y usar el comando Row Height (Alto de fila) del menú de acceso directo, o el comando Row Height o AutoFit Row Height (Autoajustar alto de fila) en el botón Format del grupo Cells en la pestaña Home.

FIGURA C-9: Preparación para cambiar el ancho de columna

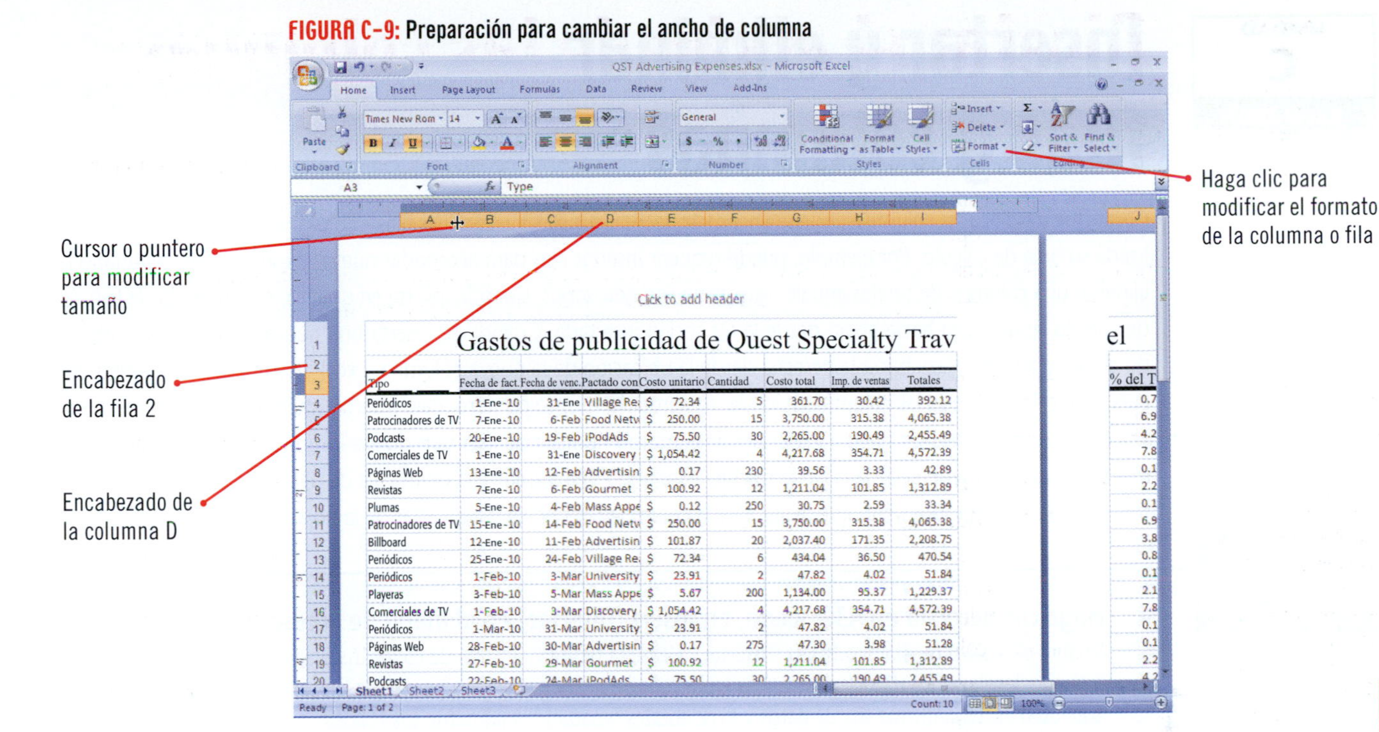

FIGURA C-10: Hoja de cálculo con anchos de columna ajustados

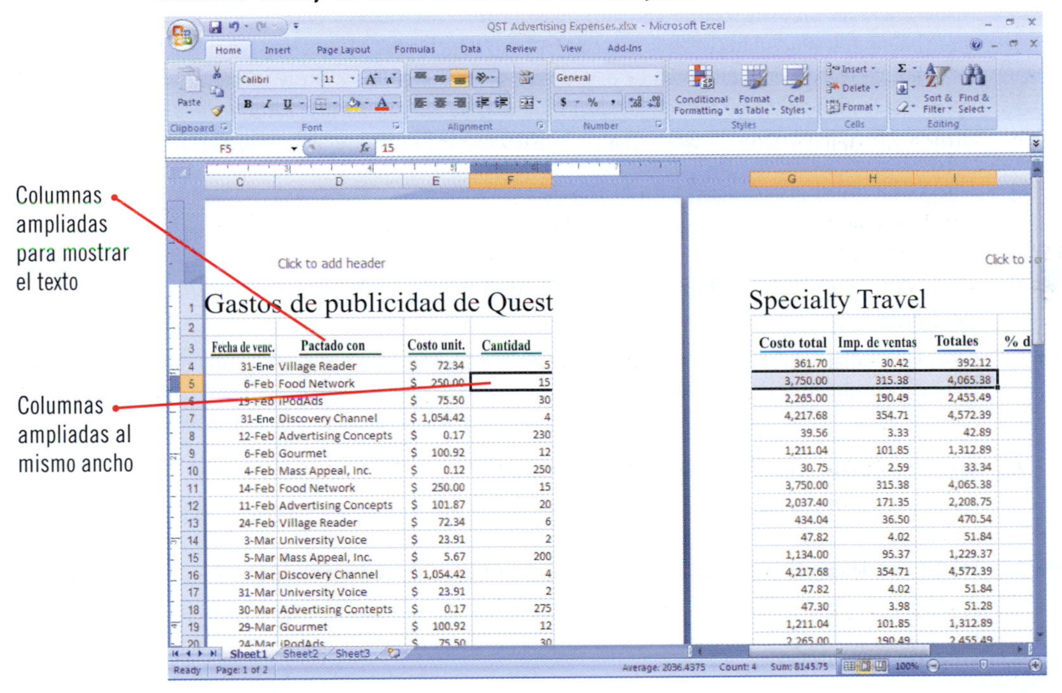

TABLA C-3: Comandos comunes para formato de columnas

comando	descripción	disponible al usar
Ancho de columna	Establecer el ancho a un número específico de caracteres	Botón Format, menú de acceso directo
Ancho de columna con AutoFit (Autoajustar)	Ajustarse a la entrada más amplia en una columna	Botón Format, ratón
Hide & Unhide (Ocultar y mostrar)	Ocultar o mostrar la(s) columna(s) oculta(s)	Botón Format, menú de acceso directo
Ancho predeterminado	Cambiar el ancho de columna predeterminado para la hoja de cálculo actual	Botón Format

UNIDAD
C
Excel 2007

Insertar y eliminar filas y columnas

Conforme modifica las columnas, puede encontrar necesario insertar o eliminar filas y columnas para mantener actualizada su hoja de cálculo. Por ejemplo, puede requerir insertar filas para acomodar nuevos productos de inventario o eliminar una columna de totales anuales que ya no son necesarios. Cuando inserta en una fila, el contenido de la hoja de cálculo se desplaza hacia abajo desde la fila recién insertada. Cuando se inserta una nueva columna, el contenido de la hoja se desplaza hacia la derecha desde la ubicación de la nueva columna. Excel inserta filas hacia arriba del cursor de celda e inserta las columnas hacia la izquierda del mismo puntero. Para insertar múltiples filas, arrastre a través de los encabezados de fila para seleccionar el mismo número de filas que quiere insertar. Usted desea mejorar el aspecto general de la hoja de cálculo insertando una fila entre la última fila de datos y la de los totales. Del mismo modo, ha comprendido que la fila 27 y la columna J deben ser eliminadas de la hoja de cálculo.

PASOS

CONSEJO
Para insertar una sola fila o columna, también puede hacer clic con el botón derecho en el encabezado de fila inmediatamente por debajo de donde quiere la nueva fila o el encabezado de columna a la derecha de donde usted desea colocar la nueva columna; luego, haga clic en Insert en el menú de acceso directo.

1. **Haga clic derecho en A32; luego, en Insert (Insertar) en el menú de acceso directo**
   Se abre el cuadro de diálogo Insert (Insertar). Véase la figura C-11. Puede elegir insertar una columna o una fila, o puede desplazar los datos en las celdas en la columna activa a la derecha o en la fila activa hacia abajo. Una fila adicional entre la última fila de datos y la de totales separará visualmente los totales.

2. **Haga clic en el botón de la opción Entire row (Insertar toda una fila) y en OK (Aceptar)**
   Aparece una fila en blanco entre los datos de Billboard y los totales y el resultado de la fórmula en la celda E33 no se ha modificado. Aparece el botón Insert Options (Opciones de inserción) al lado de la celda A33. Al señalar el botón, se muestra una flecha de lista donde puede hacer clic y, posteriormente, elegir entre las siguientes opciones: Format Same As Above (El mismo formato de arriba), Format Same As Below (El mismo formato de abajo) o Clear Formatting (Borrar formato). Usted desea el formato predeterminado, Same as Above.

3. **Haga clic en el encabezado de la fila 27**
   Toda la fila 27 es seleccionada, como se puede apreciar en la figura C-12.

CONSEJO
Si hace clic de manera inadvertida en la flecha de lista Delete (Eliminar) en vez de hacerlo sobre el botón mismo, haga clic en Delete Sheet Rows (Eliminar filas de la hoja) en el menú que se abre.

4. **Haga clic en el botón Delete (Eliminar) en el grupo Cells (Celdas);** ***no haga clic en la flecha del botón***
   Excel elimina la fila 27 y todas las filas debajo de ésta se desplazan hacia arriba una fila. Debe emplear el botón Delete o el comando Delete en el menú de acceso directo para eliminar una fila o columna; presionar la tecla [Delete] ([Supr]) en el teclado elimina solamente el *contenido* de una fila o columna seleccionadas.

5. **Haga clic en el encabezado de la columna J**
   La información del porcentaje se calcula en otro sitio y ya no es necesaria en esta hoja de cálculo.

CONSEJO
Después de insertar o eliminar filas o columnas en una hoja de cálculo, asegúrese de probar las fórmulas que contienen referencias relativas de celdas.

6. **Haga clic en el botón Delete (Eliminar) en el grupo Cells (Celdas)**
   Excel elimina la columna J. Las columnas restantes a la derecha se desplazan una columna a la izquierda.

7. **Guarde su trabajo**

Ocultar y volver a mostrar columnas y filas

Cuando no quiere que sean visibles los datos en una columna o fila, pero no desea eliminarlos, puede ocultar la columna o fila. Para ocultar una columna seleccionada, haga clic en el botón Format en el grupo Cells, señale la opción Hide & Unhide (Ocultar y mostrar) y haga clic en Hide Columns (Ocultar columnas). Una columna oculta se indica mediante una línea vertical negra más oscura en su posición original. Esta línea negra desaparece cuando usted hace clic en otra parte de la hoja de cálculo.

Puede exhibir una columna oculta al seleccionar cualquier columna a ambos lados de la columna oculta, al hacer clic en el botón Format del grupo Cells, al señalar Hide & Unhide y, finalmente, hacer clic en Unhide Columns (Mostrar columnas). (Para ocultar o mostrar una o más filas, sustituya los comandos Hide Rows (Ocultar filas) y Unhide Rows (Mostrar filas) por Hide Columns (Ocultar columnas) y Unhide Columns (Mostrar columnas)).

FIGURA C-11: Cuadro de diálogo Insert (Insertar)

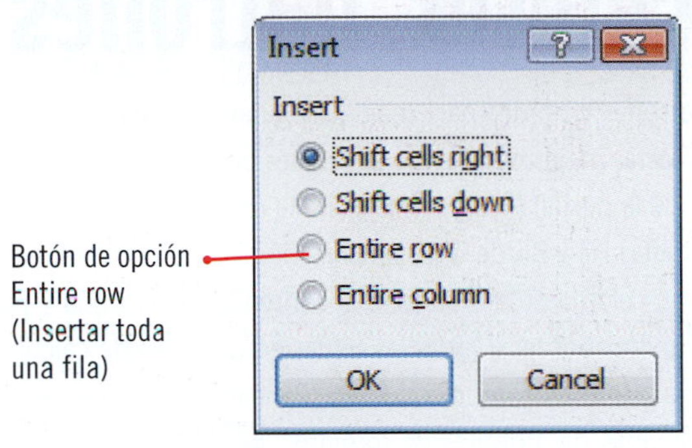

FIGURA C-12: Hoja de cálculo con la fila 27 seleccionada

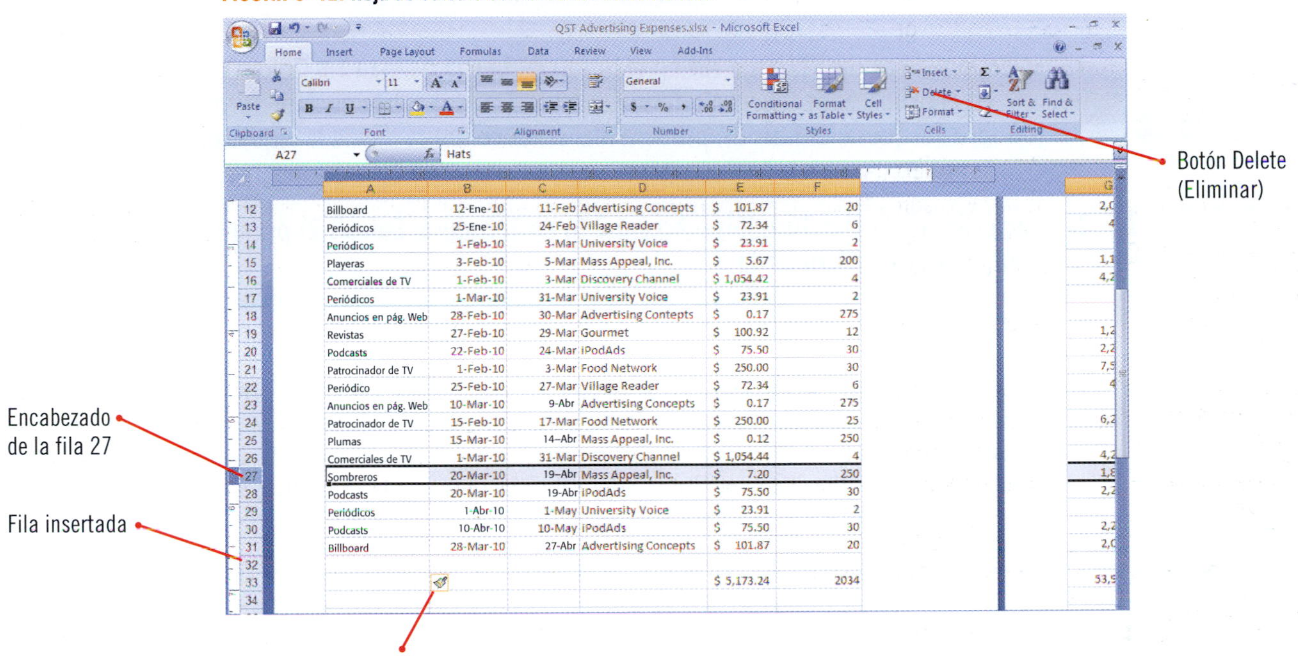

Agregar y editar comentarios

Gran parte de su trabajo en Excel puede efectuarse en colaboración con compañeros de equipo con los cuales comparte hojas de cálculo. Puede compartir ideas con otros usuarios de hojas de cálculo agregando comentarios dentro de celdas seleccionadas. Para incluir un comentario en una hoja de cálculo, haga clic en la celda donde quiere situar el comentario, clic en la pestaña Review (Revisar) en la cinta de opciones y en el botón New Comment (Nuevo comentario) en el grupo Comments (Comentarios). Se abre un cuadro de texto modificable que contiene el nombre del usuario de la computadora en el cual usted puede escribir sus comentarios. Aparece un pequeño triángulo rojo en la esquina superior derecha de una celda que contiene un comentario. Si los comentarios ya no se muestran en el libro, otros usuarios pueden señalar el triángulo para exhibir el comentario. Para ver todos los comentarios de la hoja de cálculo, como se muestra en la figura C-13, haga clic en el botón Show All Comments (Mostrar todos los comentarios) en el grupo Comments. Para modificar un comentario, haga clic en la celda que lo contiene y, después, en el botón Edit Comment (Modificar comentario) en el grupo Comments. Para eliminar un comentario, haga clic en la celda que lo contiene y, a continuación, en el botón Delete (Eliminar) en el grupo Comments.

FIGURA C-13: Comentarios en la hoja de cálculo

18	Anuncios en pág. Web	28-Feb-10	30-Mar	Advertising Contepts	$ 0.17
19	Revistas	27-Feb-10	29-Mar	Gourmet	$ 100.92
20	Podcasts	22-Feb-10	24-Mar	iPodAds	$ 75.50
21	Patrocinador de TV	1-Feb-10	3-Mar	Food Networ	
22	Periódico	25-Feb-10	27-Mar	Village Reade	
23	Anuncios en pág. Web	10-Mar-10	9-Abr	Advertising C	
24	Patrocinador de TV	15-Feb-10	17-Mar	Food Networ	
25	Plumas	15-Mar-10	14-Abr	Mass Appeal, Inc.	$ 0.12
26	Comerciales de TV	1-Mar-10	31-Mar	Discovery Ch	
27	Podcasts	20-Mar-10	19-Abr	iPodAds	
28	Periódicos	1-Abr-10	1-May	University Vo	
29	Podcasts	10-Abr-10	10-May	iPodAds	
30	Billboard	28-Mar-10	27-Abr	Advertising Concepts	$ 101.87
31					
32					$5,166.04
33					
34					
35					
36					
37					
38					
39					

Grace Wong: ¿deberíamos continuar con este mercado o abarcar otras publicaciones?

Grace Wong: pienso que esto resultará ser una muy buena decisión.

Sheet1 Sheet2 Sheet3

Ready

UNIDAD C

Excel 2007

Aplicar colores, patrones y bordes

Puede emplear colores, patrones y bordes para mejorar la apariencia global de una hoja de cálculo y hacerla más fácil de leer. Puede agregar estas mejoras haciendo uso de los botones Border (Bordes) y Fill Color (Color de relleno) en el grupo Font (Fuente) de la pestaña Home (Inicio) de la cinta de opciones y en la minibarra de herramientas o mediante el uso de las pestañas Fill y Border en el cuadro de diálogo Format Cells (Formato de celdas). Puede aplicar un color al fondo de una celda o de un rango, o al contenido de la celda y puede aplicar un patrón también a una celda o rango. Puede aplicar bordes a todas las celdas en una hoja de cálculo o sólo a las celdas seleccionadas para llamar la atención hacia la información seleccionada. Para ahorrar tiempo, puede aplicar **estilos de celda**, que son combinaciones prediseñadas de atributos de formato. Usted quiere agregar un patrón, un borde y colores al título de la hoja de cálculo para darle a la misma un aspecto más profesional.

PASOS

CONSEJO
Cuando se cambia el color de relleno o de fuente, el color en los botones Fill Color y Font Color cambia al último color que ha sido seleccionado.

CONSEJO
Emplee colores y patrones de relleno con moderación. Demasiados colores pueden distraer o hacer difícil distinguir cuál información es importante.

CONSEJO
También, puede crear bordes de celda personalizados. Haga clic en la flecha de lista Borders (Bordes) en el grupo Font (Fuente), en More Borders (Más bordes) y en los botones de borde individual para crear bordes o cuadros.

1. **Seleccione la celda A1, haga clic en el botón de flecha de lista Fill Color (Color de relleno) en el grupo Font (Fuente); después, lleve el cursor sobre el color Turquoise, Accent 2 (o sobre Turquesa, Énfasis 2), primera fila, sexta columna desde la izquierda**
   Véase la figura C-14. La vista previa le muestra cómo se ve el color *antes* de que lo aplique.
2. **Haga clic en el color Turquoise, Accent 2 (o en Turquesa, Énfasis 2) primera fila, sexta columna desde la izquierda**
   El color se aplica al fondo o relleno de esta celda. (Recuerde que la celda A1 abarca de la columna A hasta la I debido a que fue aplicado el comando Merge & Center (Combinar y centrar)).
3. **Haga clic con el botón derecho en la celda A1 y en Format Cells en el menú de acceso directo**
   Se abre el cuadro de diálogo Format Cells (Formato de celdas). Agregar un patrón a las celdas puede contribuir al interés visual de su hoja de cálculo. Para dar formato a una fila o columna completa a la vez, haga clic en el botón de encabezado de fila o encabezado de columna.
4. **Haga clic en la pestaña Fill (Relleno), en la flecha de lista Pattern Style (Estilo de Trama), en 6.25% Gray style (Atenuado al 6.25%) (primera fila, sexta columna desde la izquierda) y, luego, en OK (Aceptar)**
5. **Haga clic en la flecha de lista Borders (Bordes) en el grupo Font y en Thick Bottom Border (Borde inferior grueso)**
   A diferencia del subrayado, el cual es una herramienta de formato de texto, los bordes se extienden a todo el ancho de la celda y pueden aparecer en la parte inferior de la misma, en la parte superior o en ambos extremos. Puede ser difícil ver un borde cuando la celda se encuentra seleccionada.
6. **Seleccione el rango A3:I3, haga clic en la flecha de lista Font Color en el grupo Font y, a continuación, en color Blue, Accent 1 (Azul, énfasis 1) (primera fila de colores del tema, quinta columna desde la izquierda) en la paleta**
   El nuevo color se aplica al rango seleccionado.
7. **Seleccione el rango J1:K1, haga clic en el botón Cell Styles (Estilos de celda) en el grupo Styles (Estilos) y en el botón Neutral (primera fila, cuarta columna desde la izquierda) en la paleta**
   La fuente y el color cambian en el rango, como se muestra en la figura C-15.
8. **Guarde su trabajo**

FIGURA C-14: Apreciación del color de relleno utilizando vista previa

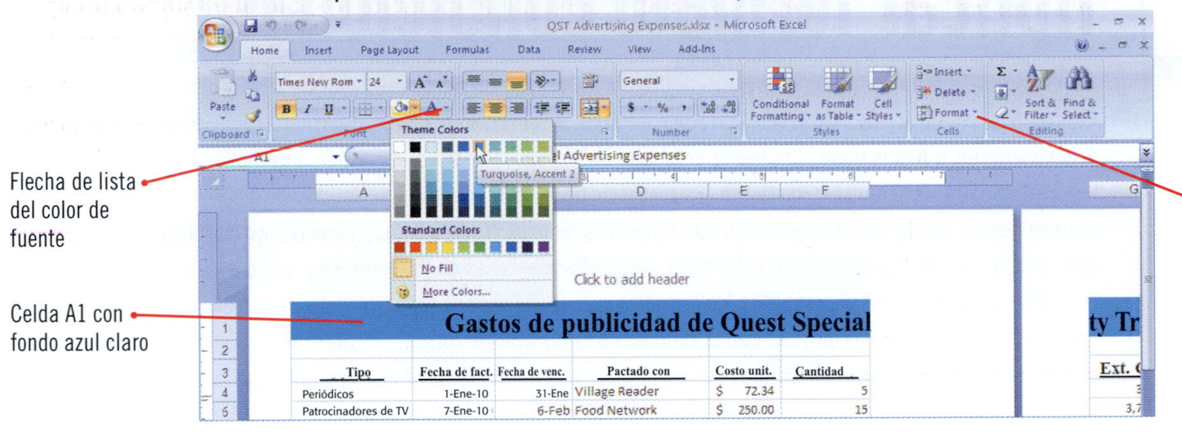

FIGURA C-15: Hoja de cálculo con color, tramas o patrones, bordes y estilo aplicados

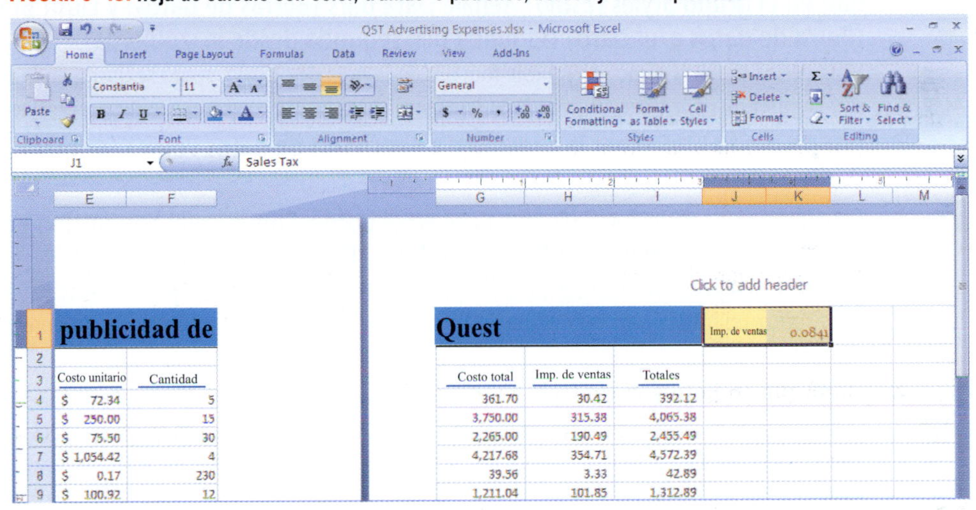

Ahorro de tiempo con los temas y estilos de celda

Usted mismo puede ahorrar tiempo si emplea temas y estilos de celdas. Un **tema** es un conjunto predefinido de atributos que le aporta a su hoja de Excel un aspecto profesional. Las opciones de formato incluidas en un tema son colores, fuentes y efectos de relleno y líneas. Un tema puede aplicarse usando el botón Themes (Temas) del grupo del mismo nombre en la pestaña Page Layout (Diseño de página) en la cinta de opciones, como se muestra en la figura C-16. Los **estilos de celda** son conjuntos de atributos basados en temas, de modo que se actualizan automáticamente si usted modifica un tema. Por ejemplo, si aplica el estilo de celda del 20% Accent1 (20% Énfasis1) a la celda A1 en una hoja de cálculo que no tenga algún tema aplicado, el color de relleno cambia a un azul claro y la fuente cambia a Constantia. Si modifica el tema de la hoja de cálculo a Metro, el color de relleno de la celda A1 cambia a un verde claro y la fuente cambia a Corbel, debido a que son los atributos que se coordinan con el tema seleccionado. El uso de temas y estilos de celda hace más sencillo garantizar que sus hojas de cálculo sean consistentes y que le ahorren una gran cantidad de aplicaciones de formato cada vez que usted realice un cambio.

FIGURA C-16: Galería de Themes (Temas)

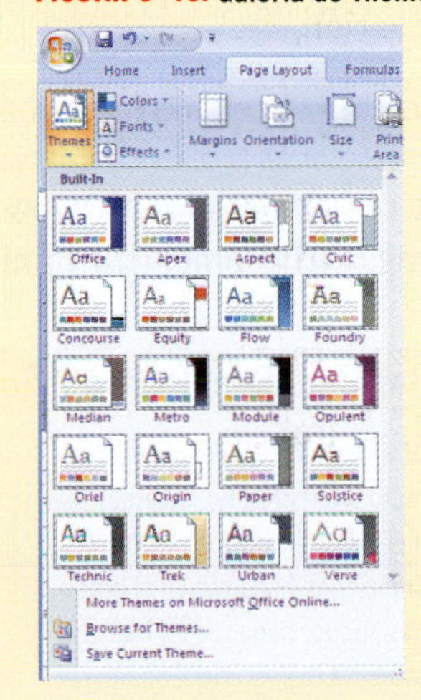

Aplicar formato condicional

Hasta ahora, ha empleado formatos para cambiar la apariencia de diferentes tipos de datos, como fechas, cantidades monetarias, títulos de la hoja y rótulos de columnas. Además, puede utilizar formatos para destacar importantes aspectos de los mismos datos. Por ejemplo, puede aplicar un formato que cambie automáticamente el color de la fuente a rojo, para cualquier celda donde los costos de publicidad excedan la cantidad de $100, y a verde, donde los mismos costos estén por debajo de $50. Este tipo de formato se conoce como **formato condicional** porque Excel aplica de modo automático distintos formatos dependiendo de las condiciones que usted especifique. Si los datos cumplen sus condiciones, Excel aplica los formatos que usted especifica. El formato es actualizado si usted cambia los datos en la hoja de cálculo. Las barras de datos son un tipo de formato condicional que ilustra visualmente las diferencias entre los valores. Grace está preocupada porque los costos de publicidad puedan exceder el presupuesto anual. Usted decide emplear formato condicional para destacar ciertas tendencias y patrones en los datos, de modo que resulte más sencillo detectar los gastos más elevados.

PASOS

1. **Seleccione el rango I4:I30, haga clic en el botón Conditional Formatting (Formato condicional) en el grupo Styles (Estilo), señale Data Bars (Barras de datos) y Light Blue Data Bar (Barra de datos azul claro) (segunda fila, segunda desde la izquierda)**

   Vista previa muestra cómo se verá este formato en la hoja de cálculo, como se ilustra en la figura C-17. Observe que la longitud de la barra en cada celda refleja su valor relativo a las otras celdas en la selección.

2. **Vea de modo preliminar la Green Data Bar (Barra de datos verde) (primera fila, segunda desde la izquierda); luego, haga clic en ella**

3. **Seleccione el rango G4:G30, haga clic en el botón Conditional Formatting en el grupo Styles; después, señale Highlight Cells Rules (Resaltar reglas de celdas)**

   El menú Conditional Formatting muestra opciones para crear diferentes tipos de reglas de formato. Por ejemplo, puede crear una regla para valores que son más grandes que una cierta cantidad, menores que cierto monto o entre dos valores.

4. **Haga clic en Between (Entre)**

   Se abre el cuadro de diálogo Between (Entre). Dependiendo de la selección que haga en el menú Highlight Cells Rules (tal como "mayor que" o "menor que"), este modo de diálogo presenta distintos cuadros de entrada. Usted puede definir múltiples condiciones diferentes y luego asignar atributos de formato a cada una. Defina la condición primero. La configuración predeterminada para la primera condición es "Cell Value Is" "between" ("El valor de la celda está" "entre"). El valor puede ser una constante, una fórmula, una referencia de celda o una fecha. El aspecto de formato predeterminado es exactamente el que usted quiere: relleno rojo claro con texto rojo oscuro (Light Red Fill with Dark Red Text).

5. **Escriba 2000 en el primer cuadro de texto y 4000 en el segundo, compare sus parámetros con los de la figura C-18 y haga clic en OK (Aceptar)**

   Todas las celdas con valores entre 2000 y 4000 en la columna G aparecen con un relleno rojo claro y texto rojo oscuro.

6. **Haga clic en la celda G7, escriba 3975.55 y luego presione la tecla [Enter] ([Intro])**

   Cuando el valor en la celda G7 cambia, también lo hace el formato, porque el nuevo valor cumple con la condición para aplicar el formato. Compare sus resultados con los de la figura C-19.

7. **Presione [Ctrl][Home] ([Ctrl][Inicio]) para seleccionar la celda A1 y guarde su trabajo**

CONSEJO
Puede aplicar un Icon Set (Conjunto de iconos) a un rango seleccionado haciendo clic en el botón Conditional Formatting en el grupo Styles y señalando Icon Sets (Conjuntos de iconos). Los iconos aparecen dentro de las celdas para ilustrar las diferencias en los valores.

CONSEJO
Puede aplicar formatos condicionales de la misma forma en que copió otros formatos.

Administración de las reglas del formato condicional

Si crea una regla de formato condicional y, después, quiere cambiar las condiciones para reflejar un valor o formato diferentes, no necesita crear una nueva regla; puede modificarla con el Administrador de reglas. Seleccione la(s) celda(s) con formato condicional, haga clic en el botón Conditional Formatting en el grupo Styles; luego, haga clic en Manage Rules (Administrar reglas). Se abre el cuadro de diálogo del Conditional Formatting Rules Manager (Administrador de reglas de formato condicionales). Seleccione las reglas que desea modificar o eliminar, haga clic en Edit Rule (Editar regla), modifique los parámetros en el área de Edit the Rule Description (Editar una descripción de regla), haga clic en OK (Aceptar) y, luego, de nuevo en OK para cerrar el cuadro de diálogo. La regla se modifica y se aplican las nuevas condiciones a las celdas seleccionadas.

FIGURA C-17: Vista previa de una Data Bar (Barra de datos)

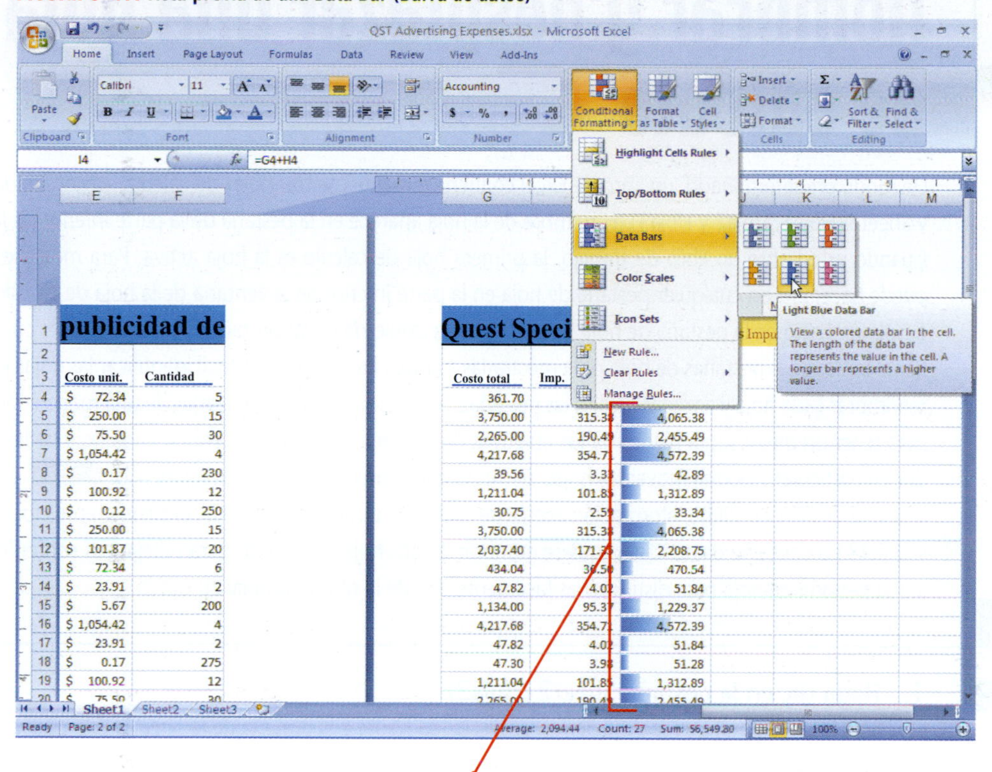

FIGURA C-18: Condiciones de configuración en el cuadro de diálogo Between (Entre)

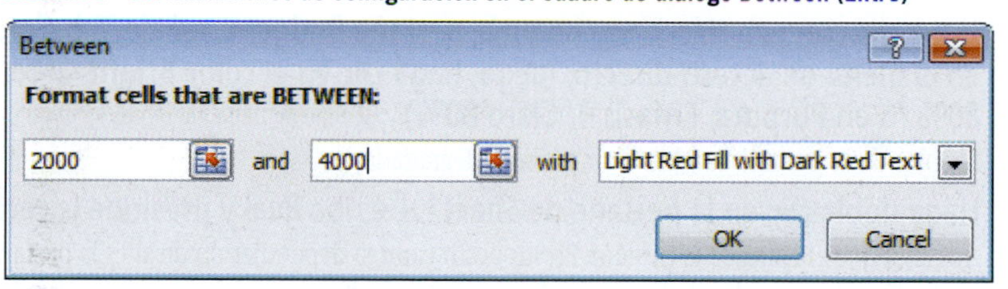

FIGURA C-19: Resultados del formato condicional

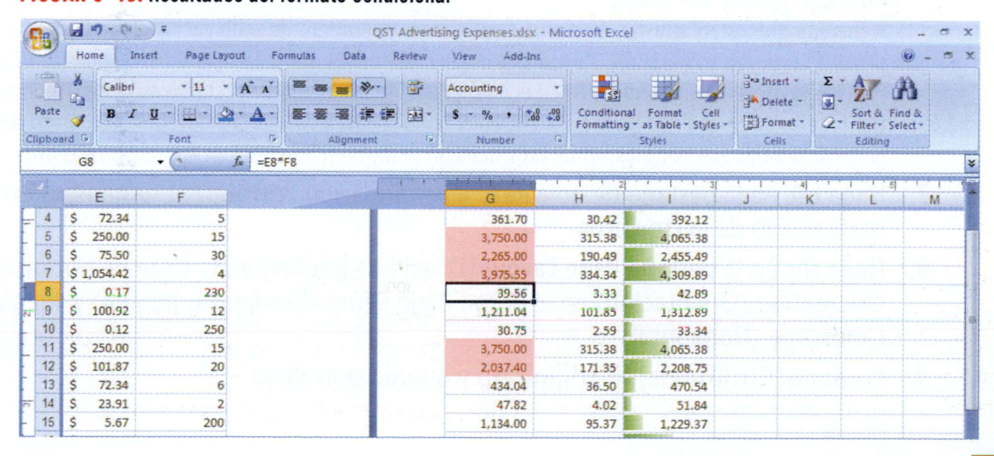

Nombrar y desplazar una hoja de cálculo

De modo predeterminado, un libro de Excel contiene inicialmente tres hojas de cálculo, denominadas Sheet1, Sheet2 y Sheet3 (Hoja1, Hoja2 y Hoja3). El nombre de la hoja aparece en la pestaña de la parte inferior de la hoja de cálculo. Cuando usted abre un libro de trabajo, la primera hoja de cálculo es la hoja activa. Para moverse de hoja en hoja, puede hacer clic en cualquier pestaña de hoja en la parte inferior de la ventana de la hoja de cálculo. Los botones de desplazamiento de la pestaña de hoja, localizados a la izquierda de las pestañas y hoja, son útiles cuando un libro contiene demasiadas pestañas de hoja para mostrarlas a la vez. Para hacer más fácil identificar las hojas en un libro, puede renombrar cada hoja y agregar color a las pestañas. Asimismo, puede organizarlas de una manera lógica. Por ejemplo, para tener un mejor seguimiento de los objetivos de rendimiento, podría nombrar cada hoja de libro para un vendedor en particular y podría mover las hojas de modo que aparecieran en orden alfabético. En la hoja de cálculo actual, Sheet1 contiene información acerca de gastos de publicidad. Sheet2 contiene un presupuesto de publicidad y Sheet3 no contiene datos. Usted quiere nombrar las dos hojas en el libro para reflejar sus contenidos, agregar color a una pestaña de hoja para distinguirlas fácilmente una de la otra y cambiar su orden.

PASOS

CONSEJO
También puede renombrar una hoja haciendo clic con el botón derecho en la pestaña, clic en Rename (Cambiar nombre) en el menú de acceso directo, escribir el nuevo nombre y luego presionar la tecla [Enter] ([Intro]).

CONSEJO
Para eliminar una hoja de cálculo, seleccione la hoja que quiere eliminar, haga clic en la flecha de lista del botón Delete (Eliminar) en el grupo Cells (Celdas) y en Delete Sheet (Eliminar hoja). Para insertar una hoja, haga clic en el botón Insert Worksheet (Insertar hoja de cálculo) a la derecha de las pestañas de hoja.

1. **Haga clic en la pestaña Sheet2 (Hoja2)**
   Sheet2 se convierte en la hoja activa, apareciendo frente a la pestaña de la Sheet1; ésta es la hoja de cálculo que contiene los gastos presupuestados. Véase la figura C-20.
2. **Haga clic en la pestaña Sheet1 (Hoja1)**
   Sheet1, que contiene los gastos reales, se convierte en la hoja activa de nuevo.
3. **Haga doble clic en la pestaña Sheet2, escriba Budget (Presupuesto) y, después, presione la tecla [Enter] ([Intro])**
   El nuevo nombre para Sheet2 reemplaza de manera automática el nombre predeterminado en la pestaña. Los nombres para una hoja pueden tener hasta 31 caracteres, incluyendo espacios y puntuación.
4. **Haga clic con el botón derecho en la pestaña Budget y señale Tab Color (Color de etiqueta) en el menú de acceso directo; luego, haga clic en el color Bright Green, Accent 4, Lighter 80% (o en Púrpura, Énfasis 4, Claro 80%)**
   El color de la pestaña cambia a un púrpura degradado.
5. **Haga doble clic en la pestaña de Sheet1, escriba Real y presione la tecla [Enter]**
   Advierta que el color de la pestaña Presupuesto cambia dependiendo de si es la pestaña activa; cuando la pestaña Real está activa, el color de la pestaña Presupuesto cambia a un púrpura sólido. Usted decide reacomodar el orden de las hojas, de manera que la pestaña Presupuesto se halla a la izquierda de la pestaña Real.
6. **Haga clic en la pestaña de la hoja Presupuesto, mantenga presionado el botón del ratón, arrástrelo a la izquierda de la pestaña de la hoja Real, como se muestra en la figura C-22 y libere el botón del ratón**
   A medida que usted arrastra, el cursor cambia a , el puntero de reubicación de la hoja y un triángulo negro pequeño muestra su posición. La primera hoja en el libro es ahora la hoja de Presupuesto. Véase la figura C-23. Para ver las hojas ocultas, haga clic en el botón de desplazamiento de pestañas en el extremo izquierdo para mostrar la primera pestaña de hoja; haga clic en el botón de navegación del extremo derecho para mostrar la última pestaña de hoja. Los botones izquierdo y derecho se mueven una hoja en sus respectivas direcciones.
7. **Haga clic en la pestaña de hoja Real; a continuación, introduzca su nombre en el cuadro de encabezado de la izquierda**
8. **Haga clic en la pestaña Page Layout (Diseño de página) en la cinta de opciones, en el botón Orientation (Orientación) en el grupo Page Setup (Configurar página) y, luego, en Landscape (Horizontal)**
9. **Presione [Ctrl][Home] ([Ctrl][Inicio]) y guarde su trabajo**

FIGURA C-20: Pestañas de Sheet (Hojas) en el libro de trabajo

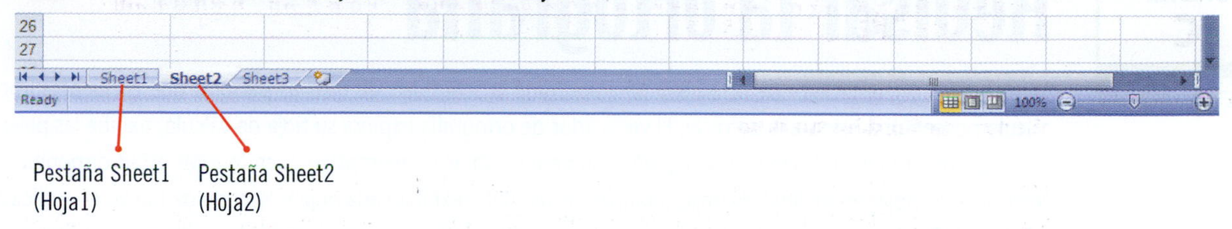

FIGURA C-21: Paleta de color de las pestañas

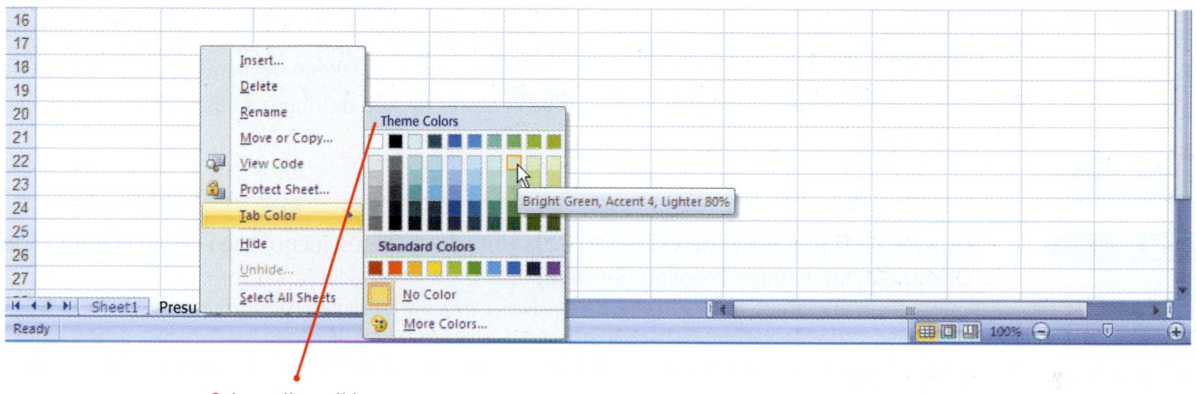

FIGURA C-22: La Sheet (hoja) durante el desplazamiento

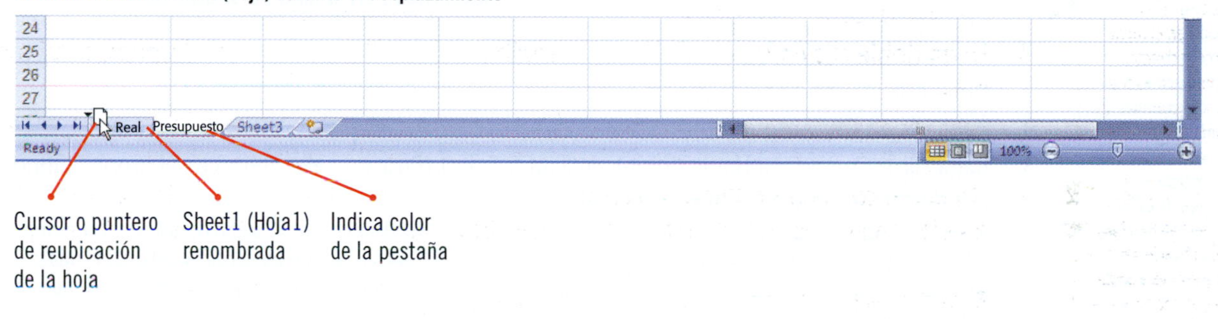

FIGURA C-23: Hojas reordenadas

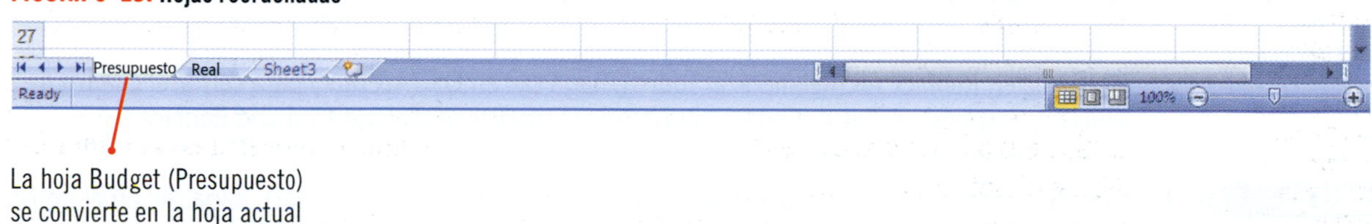

Copiar hojas de cálculo

Habrá ocasiones en que, tal vez, usted desee copiar una hoja de cálculo. Por ejemplo, un libro puede contener una hoja con los gastos del Trimestre 1 y usted quiere utilizar esta hoja como el fundamento para una hoja que contiene los gastos del Trimestre 2. Para copiar una hoja dentro del mismo libro, mantenga presionada la tecla [Ctrl], arrastre la pestaña de hoja a la ubicación deseada de pestaña, libere el botón del ratón y, luego, libere la tecla [Ctrl]. Aparece una hoja duplicada con el mismo nombre que la hoja copiada, pero seguido por un "(2)" indicando que es una copia. Usted puede, entonces, renombrar la hoja con un nombre más significativo. Para copiar una hoja a un libro diferente, tanto el libro fuente como el libro de destino deben estar abiertos. Seleccione la hoja para copiar o mover, haga clic con el botón derecho en la pestaña de la hoja y, después, haga clic en Copy (Copiar) o Move (Mover) en el menú de acceso directo. Complete la información en el cuadro de diálogo de Copy o Move. Asegúrese de hacer clic en el cuadro de verificación Create a copy (Crear una copia) si está copiando y no moviendo la hoja de cálculo. Verifique con cuidado los resultados de sus cálculos siempre que mueva o copie una hoja de cálculo.

Revisar la ortografía

Excel incluye un verificador de ortografía para aportarle la seguridad de que las palabras que contiene su hoja de cálculo poseen una ortografía correcta. El verificador de ortografía explora su hoja de cálculo, exhibe las palabras si no las encuentra en su diccionario integrado y sugiere palabras de reemplazo cuando éstas están disponibles. Para verificar otras hojas en un libro de hojas múltiples, usted debe exhibir cada hoja y ejecutar de nuevo el verificador de ortografía. Debido a que el diccionario integrado posiblemente no incluya todas las palabras que se requieran, puede agregar palabras al diccionario, tales como el nombre de su compañía, un acrónimo o un término técnico poco usual. Una vez que agrega una palabra o término, el verificador de ortografía ya no considerará errónea esa palabra. Cualquier vocablo que haya agregado al diccionario utilizando Word, Access o PowerPoint también estará disponible en Excel. Otra característica, AutoCorrect (Autocorrección), corrige de manera automática algunos errores de ortografía a medida que usted escribe. Antes de que distribuya su libro de trabajo a Grace y los gerentes de mercadotecnia, verifica su ortografía.

PASOS

CONSEJO
El cuadro de diálogo Spelling (Ortografía) exhibe el nombre del idioma que se está utilizando actualmente en su barra de título.

1. **Haga clic en la pestaña Review (Revisar) en la cinta de opciones; luego, haga clic en el botón Spelling (Ortografía) en el grupo Proofing (Revisión)**
   Se abre el cuadro de diálogo Spelling: English (U.S.) (o bien, Ortografía: Español (México)), como se puede ver en la figura C-24, con "iPodAds" seleccionada como la primera palabra mal escrita en la hoja de cálculo. Para cualquier palabra, usted tiene las opciones: Ignore this case (Omitir una vez) la palabra señalada, Ignore All (Omitir todas) las apariciones de la palabra señalada o Add to Dictionary (Agregar al diccionario) dicha palabra.
2. **Haga clic en Ignore All (Omitir todas)**
   A continuación, el verificador de ortografía encuentra la palabra "Conteptos" y sugiere "Conceptos" como una alternativa.

CONSEJO
Para personalizar AutoCorrect (Autocorrección) con el fin de agregar o eliminar correcciones automáticas, haga clic en el botón Office, en Excel Options (Opciones de Excel), en Proofing (Revisión), en AutoCorrect Options (Opciones de Autocorrección), elija las opciones con las que quiere que funcione esta característica en el cuadro de diálogo y, a continuación, haga clic en OK (Aceptar).

3. **Verifique que la palabra Concepts se encuentre seleccionada en la lista de Suggestions (Sugerencias) y haga clic en Change (Cambiar)**
   Cuando no se encuentran más palabras incorrectas, Excel muestra un mensaje que indica que todas las palabras en la hoja de cálculo han sido verificadas.
4. **Haga clic en OK (Aceptar)**
5. **Haga clic en la pestaña Home (Inicio), en Find & Select (Buscar y seleccionar) en el grupo Editing (Modificar) y, luego, en Replace (Reemplazar)**
   Se abre el cuadro de diálogo Find and Replace (Buscar y reemplazar). Puede utilizar este cuadro de diálogo para reemplazar una palabra o frase. Puede ser una falta de ortografía que el verificador no haya reconocido como equivocada, como una palabra que no fue corregida con el verificador de ortografía, o simplemente algo que desea cambiar. Grace le acaba de decir que cada aparición de "Billboard" en la hoja de cálculo debería cambiarse a "Anuncio espectacular".
6. **Escriba Billboard en el cuadro de texto Find what (Buscar), presione la tecla [Tab], luego escriba Sign en el cuadro de texto Replace with (Reemplazar con)**
   Compare su cuadro de diálogo con el de la figura C-25.
7. **Haga clic en Replace All (Reemplazar todos), haga clic en OK (Aceptar) para cerrar el cuadro de advertencia y, después, en Close (Cerrar) para cerrar el cuadro de diálogo Find and Replace**
   Excel ha efectuado dos reemplazos.

CONSEJO
El botón Fit to (Ajustar a) se encuentra en la pestaña Page (Página) del cuadro de diálogo Page Setup (Configurar página).

8. **Guarde su trabajo, examine la hoja Real en Print Preview (Vista preliminar), haga clic en el botón Page Setup (Configurar página) en la cinta de opciones, ajuste la hoja de cálculo a una página y regrese a Print Preview**
   Compare su hoja de cálculo con la de la figura C-26.
9. **Imprima una copia de la hoja de cálculo, ciérrela y salga de Excel**

Envío de un libro por correo electrónico

Usted puede enviar todo un libro de trabajo desde Excel haciendo uso de su programa de email (correo electrónico) instalado, tal como Microsoft Office Outlook o bien Outlook Express. Para enviar un libro como un archivo adjunto en un mensaje de correo electrónico, abra el libro, haga clic en el botón Office, señale Send (Enviar) y luego haga clic en E-mail (Correo electrónico). Se abre un mensaje de correo electrónico con el libro automáticamente adjuntado; el nombre del archivo aparece en el campo Attached (Adjunto). Complete los campos opcionales To (Para) y Cc, incluya un mensaje si así lo desea y luego haga clic en Send (Enviar).

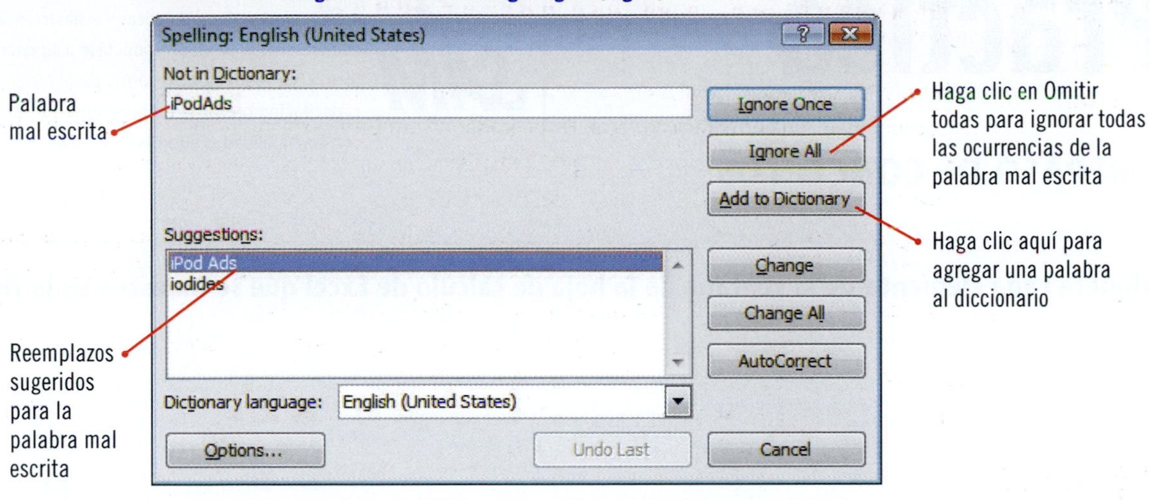

FIGURA C-24: Ortografía: cuadro de diálogo English (Inglés)

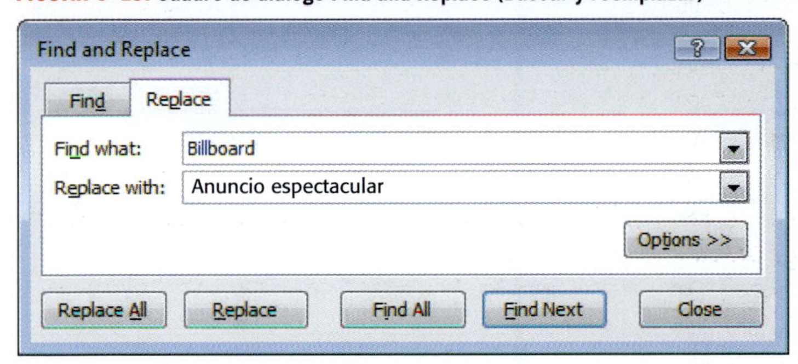

FIGURA C-25: Cuadro de diálogo Find and Replace (Buscar y reemplazar)

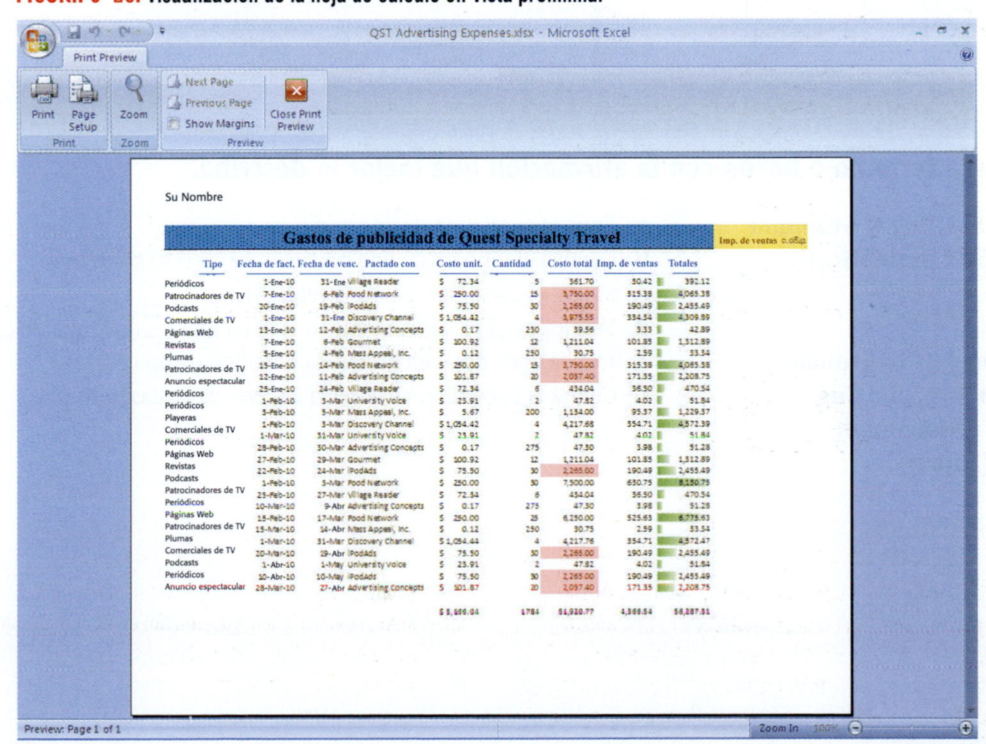

FIGURA C-26: Visualización de la hoja de cálculo en Vista preliminar

Práctica

Si cuenta con un perfil de usuario SAM, usted puede tener acceso a instructivos, prácticas y evaluación de las habilidades cubiertas en la unidad. Conéctese a su cuenta SAM (http://sam2007.course.com/) para iniciar actividades de capacitación o exámenes programados que se relacionan con las habilidades abordadas en esta unidad.

▼ REPASO DE CONCEPTOS

Etiquete cada elemento de la ventana de la hoja de cálculo de Excel que se muestra en la figura C-27.

FIGURA C-27

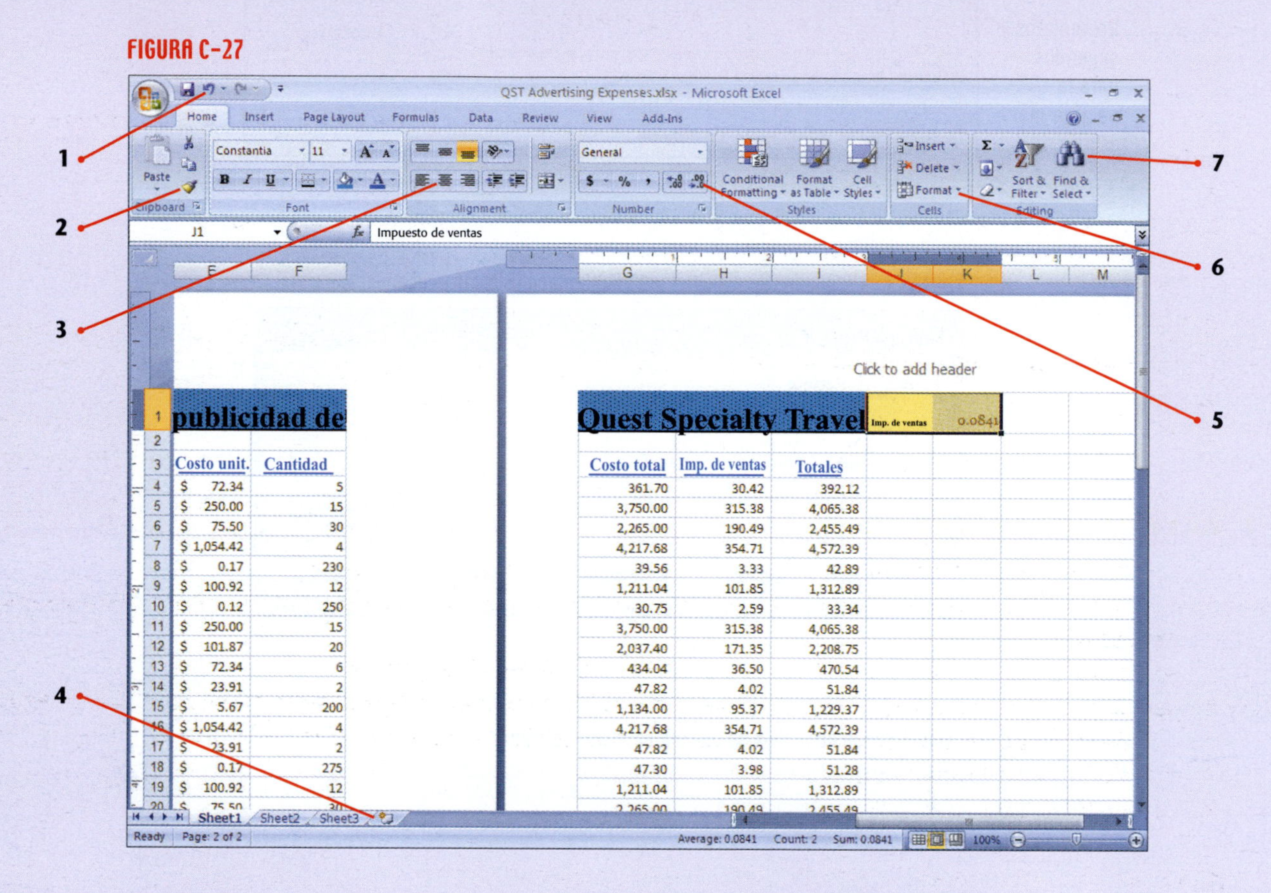

Relacione cada término o botón con la afirmación que mejor lo describa.

8. **Botón de Spelling & Grammar (Ortografía y gramática)**
9.
10.
11. **[Ctrl][Home] ([Ctrl][Inicio])**
12. **Conditional Formatting (Formato condicional)**
13. **[Delete] ([Supr])**

a. Borra el contenido de una celda
b. Cambia el formato de una celda con base en su contenido
c. Mueve el cursor de celda a la celda A1
d. Verifica palabras aparentemente mal escritas en una hoja de cálculo
e. Exhibe opciones para borrar el contenido de una celda
f. Centra el contenido de la celda a través de celdas múltiples

Seleccione la respuesta más adecuada de la lista de opciones.

14. ¿Cuál de los siguientes es un ejemplo de un formato de número de contabilidad?

a. 5555
b. $5,555.55
c. 55.55%
d. 5,555.55

15. ¿Qué característica se utiliza para eliminar una regla de formato condicional?

a. Rule Reminder (Recordatorio de regla)
b. Conditional Rule Manager (Administrador de regla condicional)
c. Rule Manager (Administrador de regla)
d. Format Manager (Administrador de formato)

16. ¿Cuál botón elimina el formato en negritas de las celdas seleccionadas?

a.
b.
c.
d.

17. ¿Cuál botón abre el cuadro de diálogo Format Cells (Formato de celdas)?

a.
b.
c.
d.

18. ¿Cuál es el nombre de la característica usada para modificar una columna de modo que se acomode a su entrada más amplia?

a. AutoFormat (Autoformato)
b. AutoFit (Autoajustar)
c. AutoResize (Autorreconfiguración)
d. AutoRefit (Autorreajuste)

19. ¿Qué botón incrementa el número de cifras decimales en las celdas seleccionadas?

a.
b.
c.
d.

20. ¿Qué botón aplica estilos de formato múltiple a las celdas seleccionadas?

a.
b.
c. 
d.

Excel 2007

▼ REPASO DE HABILIDADES

1. Aplicar un formato a los valores.

a. Inicie Excel, abra el archivo EX C-2.xlsx desde la unidad y la carpeta donde usted almacena sus archivos de datos y guárdelo como **Primas de seguro médico**.
b. Introduzca una fórmula en la celda B10 que sume el total del número de empleados.
c. Cree una fórmula en la celda C5 que calcule la prima de seguro anual para el departamento de contabilidad. (*Sugerencia*: asegúrese de utilizar el tipo correcto de referencia de celda en la fórmula. Para calcular la prima mensual, multiplique el número de empleados por la prima mensual.)
d. Copie la fórmula de la celda C5 al rango C6:C10.
e. Dé formato al rango C5:C10 haciendo uso del Accounting Number Format (Formato de número de contabilidad).
f. Cambie el formato del rango C6:C9 al Comma Style (Estilo millares).
g. Reduzca el número de cifras decimales a 0 en la celda B14 mediante el uso de un botón en el grupo Number (Número).
h. Guarde su trabajo.

2. Modificar las fuentes y sus tamaños.

a. Seleccione el rango de celdas que contiene los rótulos de columna (en el renglón 4).
b. Cambie la fuente de la selección a Times New Roman.
c. Aumente el tamaño de la fuente de la selección a 12 puntos.
d. Aumente el tamaño de la fuente del rótulo en la celda A1 a 14 puntos.
e. Guarde sus cambios.

3. Modificar los atributos y la alineación.

a. Aplique los atributos de negritas cursivas al título de la hoja de cálculo **QST Corporate Office (Oficinas corporativas de QST)**.
b. Emplee el botón Merge & Center (Combinar y centrar) para centrar el rótulo Primas de seguro médico en las columnas A a la C.
c. Aplique el atributo de cursivas al rótulo Primas de seguro médico.
d. Agregue el atributo de negritas a los rótulos en la fila 4.
e. Utilice Format Painter (Copiar formato) para copiar el formato de la celda A4 al rango A5:A10.
f. Aplique el formato de la celda C10 a la celda B14.

▼ REPASO DE HABILIDADES (CONTINUACIÓN)

g. Modifique la alineación de la celda A10 a Align Right (Alineación derecha).
h. Seleccione el rango de celdas que contienen los títulos de columna y luego céntrelas.
i. Elimine el atributo de cursivas del rótulo Primas de seguro médico y aumente el tamaño de la fuente a 14.
j. Mueva el rótulo Primas de seguro médico a la celda A3 y agregue los atributos de negritas y subrayado.
k. Añada un borde inferior doble a la última celda en la columna Empleados, sobre el número total de los empleados.
l. Guarde sus cambios.

4. Ajustar el ancho de las columnas.

a. Reconfigure la columna C a un ancho de 10.71.
b. Utilice la característica AutoFit (Autoajustar) para reconfigurar las columnas A y B.
c. Borre el contenido de la celda A13 (no elimine la celda).
d. Cambie el texto en la celda A14 a **Primas de seguro mensuales** y modifique el ancho de la columna a **25**.
e. Reconfigure cualquier columna restante necesaria para ver todos los datos.
f. Guarde sus cambios.

5. Insertar y eliminar filas y columnas.

a. Inserte una nueva fila entre las filas 5 y 6.
b. Agregue un nuevo departamento **(Ayuda humanitaria)** en la fila recién insertada. Introduzca **5** para Empleados.
c. Copie la fórmula en las celdas C5 a C6.
d. Añada el siguiente comentario a la celda A6: **Nuevo departamento**. Muestre el comentario y luego arrástrelo para moverlo fuera de la columna, si fuera necesario.
e. Agregue una nueva columna entre las columnas Departamento y Empleados con el título **Cobertura familiar**; después, reconfigure la columna haciendo uso de AutoFit.
f. Elimine la fila Legal.
g. Retire el comentario fuera de la vista, si fuera necesario.
h. Guarde sus cambios.

6. Aplicar colores, patrones y bordes.

a. Agregue un borde externo alrededor del rango A4:D10.
b. Aplique el color de relleno Aqua, Accent 5, Lighter 80% (Aqua, Énfasis 5, Claro 80%) a los rótulos en la columna Departamento (no incluya el rótulo Total).
c. Aplique el color de relleno Orange, Accent 6, Lighter 60% (Naranja, Énfasis 6, Claro 60%) al rango A4:D4.
d. Cambie el color de la fuente en el rango A4:D4 a Red, Accent 2, Darker 25% (Rojo, Énfasis 2, y Oscuro 25%).
e. Agregue un patrón 12.5% Gray style (Atenuado al 12.5%) a la celda A1.
f. Dé formato al rango A14:B14 con un estilo de patrón Thin Diagonal Stripes (líneas diagonales delgadas), un color de patrón White, Background 1 (Blanco, Fondo 1) y un color de fondo Dark Blue, Text 2, Lighter 40% (Azul oscuro, Texto 2, Claro 40%). Aplique el atributo de negritas.
g. Guarde sus cambios.

7. Aplicar formato condicional.

a. Seleccione el rango D5:D9, luego cree un formato condicional que cambie el contenido de la celda a relleno verde con texto verde oscuro si el valor se encuentra entre 4000 y 7000.
b. Seleccione el rango C5:C9 y cree un formato condicional que cambie el contenido de la celda a texto rojo si el número de empleados es mayor de 10.
c. Seleccione el rango C5:C9 y cree una barra de datos azul.
d. Utilice el Rule Manager (Administrador de reglas) para modificar el formato condicional en la celda C5 para mostrar el contenido de la misma en texto rojo en negritas.
e. Copie el formato en la celda C5 al rango en C6:C9.
f. Combine y centre el título sobre las columnas A-D.

8. Nombrar y desplazar una hoja de cálculo.

a. Proporcione a la pestaña Sheet1 el nombre de **Datos de seguros**.
b. Proporcione a la pestaña Sheet3 el nombre de **Datos de empleados**.
c. Cambie el color de la pestaña Datos de seguros a Red, Accent 2, Lighter 40% (Rojo, Énfasis 2, Claro 40%).
d. Modifique el color de la pestaña Datos de empleados a Aqua, Accent 5, Lighter 40% (Aqua, Énfasis 5, Claro 40%).

REPASO DE HABILIDADES (CONTINUACIÓN)

e. Mueva la hoja de Datos de empleados de modo que quede después (a la derecha) de la hoja de Datos de seguros.

f. Haga que la hoja de Datos de seguros quede activa, introduzca su nombre en la celda A20 y, a continuación, guarde su trabajo.

9. Revisar la ortografía.

a. Mueva el cursor de celda a la celda A1.

b. Haga uso de la característica Find & Select (Buscar y seleccionar) para reemplazar el rótulo Contabilidad en la celda A5 por el de Contabilidad/Jurídico.

c. Verifique la ortografía en la hoja de cálculo con el verificador ortográfico y corrija cualquier error de ortografía.

d. Guarde sus cambios.

e. Vea de modo preliminar e imprima la hoja Datos de seguros, compare su trabajo con el de la figura C-28, cierre el libro y salga de Excel.

FIGURA C-28

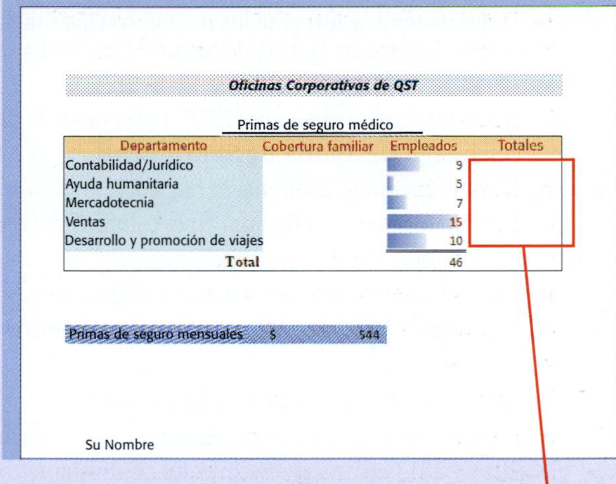

Oficinas Corporativas de QST

Primas de seguro médico

Departamento	Cobertura familiar	Empleados	Totales
Contabilidad/Jurídico		9	
Ayuda humanitaria		5	
Mercadotecnia		7	
Ventas		15	
Desarrollo y promoción de viajes		10	
Total		46	

Primas de seguro mensuales	$	544

Su Nombre

Sus fórmulas van aquí

RETO INDEPENDIENTE 1

Usted lleva un negocio de contabilidad independiente y uno de sus nuevos clientes es Lovely Locks, un pequeño salón de belleza. Ahora que ha convertido los registros contables del salón a Excel, al administrador le gustaría que usted trabajara en un análisis del inventario. Aunque se agregarán posteriormente más elementos, la hoja de cálculo tiene los elementos suficientes para que usted comience sus modificaciones.

a. Inicie Excel, abra el archivo EX C-3.xlsx desde la unidad y la carpeta donde usted almacena sus Archivos de datos y luego guárdelo como **Inventario de Lovely Locks**.

b. Haga una fórmula en la celda E4 que calcule el valor del inventario disponible, basado en el precio pagado por el elemento, en la celda B4. Dé formato a la celda en el Comma Style (Estilo millares).

c. Haga uso de una referencia absoluta para calcular el precio de venta del elemento en la celda F4, empleando el valor del margen de beneficio mostrado en la celda I1.

d. Copie las fórmulas creadas anteriormente en el rango E5:F14; convierta primero cualquier referencia necesaria de celda a referencia absoluta de modo que las fórmulas funcionen correctamente.

e. Agregue el atributo negritas a los encabezados de columna y convierta en cursivas los elementos en la columna A.

f. Asegúrese de que todas las columnas tengan el ancho suficiente para mostrar los datos y los encabezados.

g. Dé formato a la columna Precio de venta de modo que muestre el formato de número de contabilidad con dos cifras decimales.

h. Cambie la columna de Precio pagado de manera que muestre el estilo millares con dos cifras decimales.

i. Agregue una fila bajo Rulos #2 para **Limas de uñas**, precio pagado en **$0.31**, venta individual **(cada una)** con **56** disponibles.

j. Verifique que todas las fórmulas en la hoja de cálculo sean correctas. Ajuste cualquier elemento que sea necesario y revise la ortografía.

k. Utilice formato condicional para llamar la atención a los elementos con una cantidad menor a 20 disponibles. Emplee relleno amarillo con el texto en amarillo oscuro.

l. Cree un conjunto de iconos para el rango D4:D15 usando los símbolos de su elección.

m. Agregue un borde externo alrededor de los datos en la columna Producto.

n. Elimine la fila que contiene el elemento Alfiler.

o. Introduzca su nombre en una celda vacía bajo los datos y guarde el archivo.

p. Vea de modo preliminar e imprima la hoja de cálculo, compare su trabajo con el de la muestra de la página 1 mostrada en la figura C-29, cierre el libro y salga de Excel.

FIGURA C-29

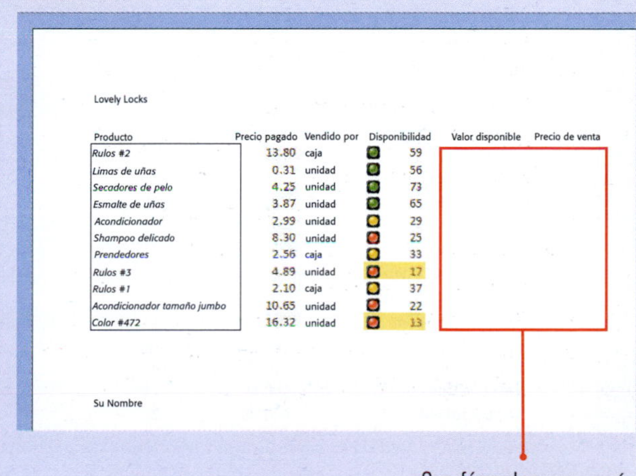

Lovely Locks

Producto	Precio pagado	Vendido por	Disponibilidad	Valor disponible	Precio de venta
Rulos #2	13.80	caja	59		
Limas de uñas	0.31	unidad	56		
Secadores de pelo	4.25	unidad	73		
Esmalte de uñas	3.87	unidad	65		
Acondicionador	2.99	unidad	29		
Shampoo delicado	8.30	unidad	25		
Prendedores	2.56	caja	33		
Rulos #3	4.89	unidad	17		
Rulos #1	2.10	caja	37		
Acondicionador tamaño jumbo	10.65	unidad	22		
Color #472	16.32	unidad	13		

Su Nombre

Sus fórmulas van aquí

▼ RETO INDEPENDIENTE 2

Usted trabaja como voluntario varias horas a la semana en la Liga de ayuda de South Bend y está a cargo de mantener la lista de miembros. Actualmente, está planeando una campaña postal para los miembros en ciertas regiones de la ciudad. Además, desea generar cartas de renovación para los miembros cuyas membresías estén próximas a expirar. Usted decide dar formato a la lista para mejorar el aspecto de la hoja de cálculo y hacer que sus tareas futuras resulten más sencillas de planear.

- **a.** Inicie Excel, abra el archivo EX C-4.xlsx desde la unidad y la carpeta donde almacena sus Archivos de datos y guárdelo como **Liga de Ayuda de South Bend**.
- **b.** Elimine cualquier columna en blanco.
- **c.** Cree un formato condicional en la columna del código postal de modo que las entradas mayores que 46649 aparezcan con relleno rojo claro y texto rojo oscuro.
- **d.** Haga todas las columnas con ancho suficiente para que quepan los datos y encabezados.
- **e.** Haga uso de mejoras de formato, tales como fuentes, tamaños de fuente y atributos de texto, para hacer más atractiva la hoja de cálculo.
- **f.** Alinee al centro los rótulos de las columnas.
- **g.** Use formato condicional de manera que las entradas para el año de la expiración de la membresía que se encuentren entre 2011 y 2013 aparezcan en un color contrastante con negritas.
- **h.** Ajuste cualquier elemento que sea necesario y luego verifique la ortografía.
- **i.** Modifique el nombre de la pestaña Sheet1 (Hoja1) a uno que refleje el contenido de la hoja y agregue un color de su elección a la pestaña.
- **j.** Introduzca su nombre en una celda vacía y guarde su trabajo.
- **k.** Antes de imprimir, examine la hoja con vista Preliminar, haga cualquier cambio final que considere necesario e imprima una copia. Compare su trabajo con el de la muestra ilustrada en la figura C-30.
- **l.** Cierre el libro de trabajo y salga de Excel.

FIGURA C-30

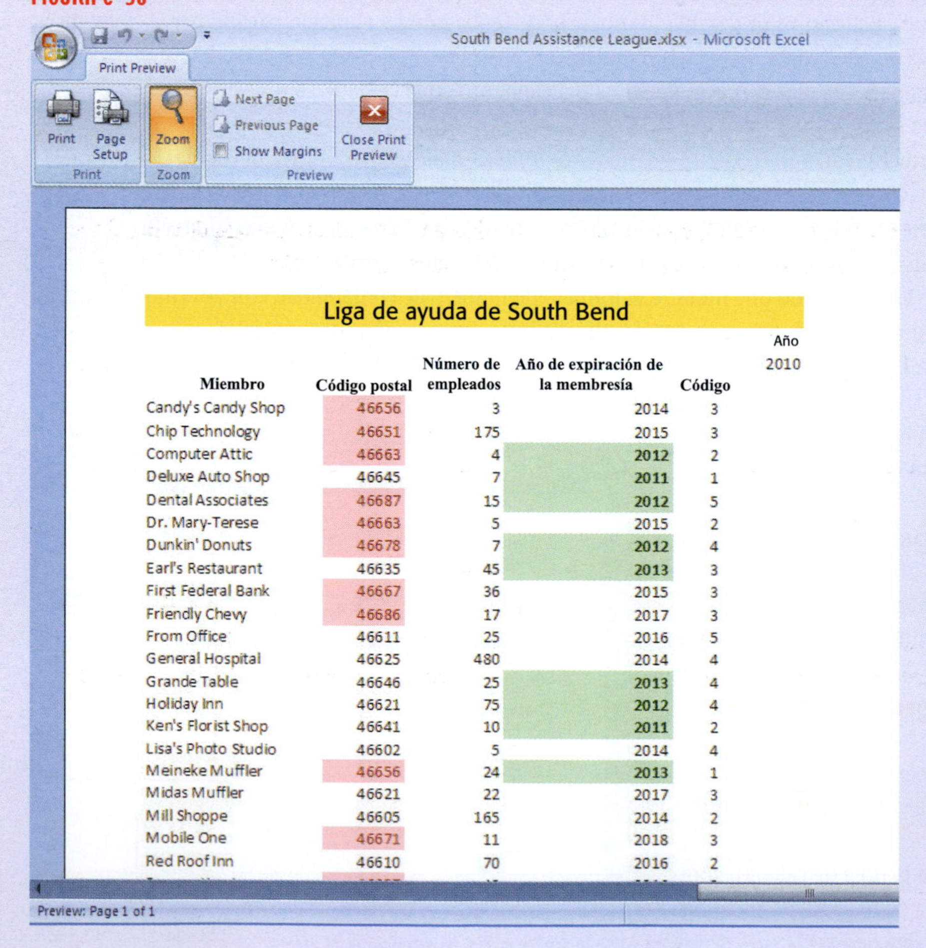

Liga de ayuda de South Bend

Año 2010

Miembro	Código postal	Número de empleados	Año de expiración de la membresía	Código
Candy's Candy Shop	46656	3	2014	3
Chip Technology	46651	175	2015	3
Computer Attic	46663	4	2012	2
Deluxe Auto Shop	46645	7	2011	1
Dental Associates	46687	15	2012	5
Dr. Mary-Terese	46663	5	2015	2
Dunkin' Donuts	46678	7	2012	4
Earl's Restaurant	46635	45	2013	3
First Federal Bank	46667	36	2015	3
Friendly Chevy	46686	17	2017	3
From Office	46611	25	2016	5
General Hospital	46625	480	2014	4
Grande Table	46646	25	2013	4
Holiday Inn	46621	75	2012	4
Ken's Florist Shop	46641	10	2011	2
Lisa's Photo Studio	46602	5	2014	4
Meineke Muffler	46656	24	2013	1
Midas Muffler	46621	22	2017	3
Mill Shoppe	46605	165	2014	2
Mobile One	46671	11	2018	3
Red Roof Inn	46610	70	2016	2

▼ RETO INDEPENDIENTE 3

Fine Line Writing Instruments es una compañía con sede en Chicago que fabrica plumas y marcadores de alta calidad. Como el gerente de finanzas, una de sus responsabilidades es analizar los informes mensuales provenientes de sus cinco oficinas de ventas de distrito. Su jefa, Joanne Bennington, le acaba de solicitar que prepare un informe de ventas trimestral para una próxima reunión. Debido a que varios altos ejecutivos acudirán a esta reunión, Joanne le recuerda que el informe debe tener un aspecto muy profesional. En particular, le solicita que destaque el aumento de ganancias de la compañía durante el último mes y que resalte el hecho de que el distrito Noreste continúa por delante de los otros distritos.

a. Planee una hoja de cálculo que muestre las ventas de la compañía durante el primer trimestre. Suponga que todas las plumas tienen el mismo precio. Asegúrese de que su plan incluya:
- El número de plumas vendidas (unidades vendidas) y los ingresos asociados (ventas totales) para cada una de las cinco oficinas de ventas de distrito. Los cinco distritos de ventas son: Noreste, Oeste medio, Sureste, Sur y Oeste.
- Los cálculos que muestren los totales mes con mes para enero, febrero y marzo, así como un total acumulativo trimestral.
- Los cálculos que muestren la división de ventas de cada distrito (Porcentaje de ventas totales).
- Rótulos que reflejen los datos mes con mes así como los datos acumulativos.
- Mejoras de formato y barras de datos que resalten el aumento reciente de ventas del mes y el liderazgo de ventas del distrito Noreste.

b. Hágase usted mismo las siguientes preguntas acerca de la organización y el formato de la hoja de cálculo: ¿qué título y rótulos para la hoja de cálculo necesita y dónde deberían aparecer? ¿Cómo puede calcular los totales? ¿Qué fórmulas puede copiar para ahorrar tiempo y escritura en el teclado? ¿Alguna de estas fórmulas debe usar una referencia absoluta? ¿Cómo mostrar las cantidades monetarias? ¿Qué información debería mostrarse en negritas? ¿Se necesita utilizar más de una fuente? ¿Debería emplearse más de un tamaño de fuente?

c. Inicie Excel; luego, guarde un nuevo libro en blanco como **Instrumentos de Escritura Punto Fino**, en la unidad y carpeta donde usted almacene sus archivos de datos.

d. Elabore la hoja de cálculo con sus propios datos de precios y ventas. Introduzca los títulos y rótulos primero; luego, incluya los números y fórmulas. Puede utilizar la información de la tabla C-4 para empezar.

e. Ajuste los anchos de columna que sean necesarios.

f. Cambie la altura de la fila 1 a 33 puntos.

g. Dé formato a rótulos y valores, y cambie los atributos y la alineación, si es necesario.

h. Reconfigure las columnas y ajuste el formato como sea necesario.

i. Añada barras de datos para las columnas de Unidades vendidas mensualmente.

j. Agregue una columna que calcule un incremento de 25% en dinero de ventas. Haga uso de una referencia de celda absoluta en este cálculo. (*Sugerencia*: asegúrese de que el formato actual se aplique a la nueva información.)

Excel 2007

TABLA C-4

Instrumentos de Escritura Punto Fino

1er. Informe trimestral de ventas

		Enero		Febrero		Marzo		Total	
Oficina	Precio	Unidades vendidas	Ventas	Unidades vendidas	Ventas	Unidades vendidas	Ventas	Unidades vendidas	Ventas
Noreste									
Oeste medio									
Sureste									
Sur									
Oeste									

▼ RETO INDEPENDIENTE 3 (CONTINUACIÓN)

Ejercicios de reto avanzado

- Utilice la característica de Format as Table (Dar formato como tabla) para agregar un estilo de tabla de su elección a los datos.
- Inserte una imagen prediseñada relacionada a las plumas en una ubicación apropiada, ajustando su tamaño y posición como sea necesario.
- Guarde su trabajo.

l. Introduzca su nombre en una celda vacía.
m. Verifique la ortografía en el libro y guarde su trabajo.
n. Examine la Vista preliminar, compare su trabajo con el de la figura C-31 e imprima la hoja con una orientación horizontal.
o. Cierre el archivo del libro de trabajo, luego salga de Excel.

FIGURA C-31

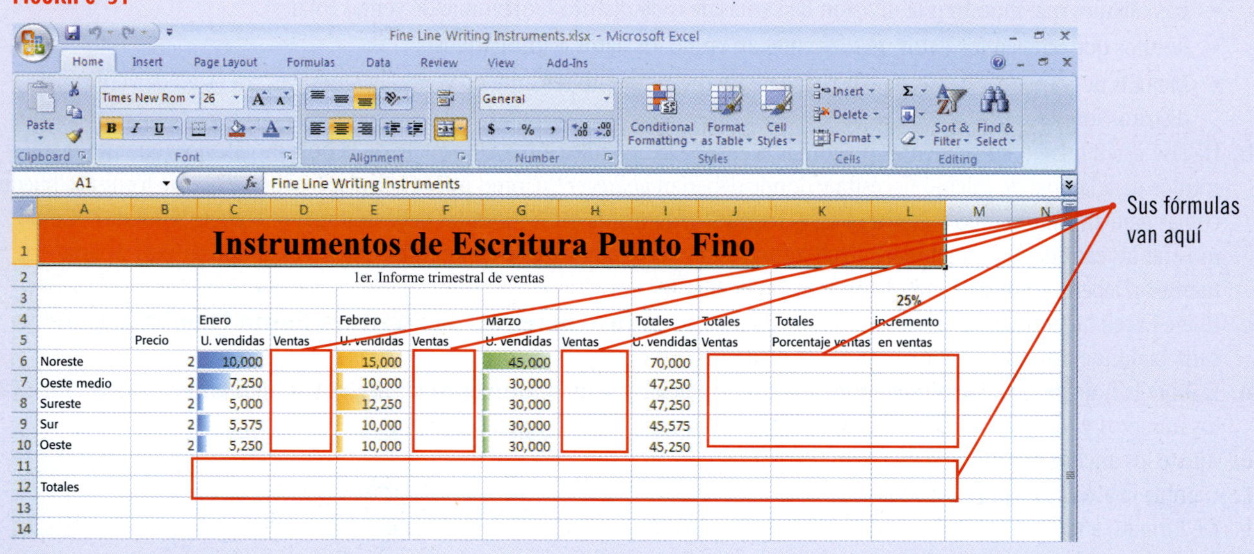

▼ RETO INDEPENDIENTE DE LA VIDA REAL

***Nota:* este proyecto requiere de una conexión activa a Internet.**

Usted se encuentra ahorrando para efectuar un viaje internacional con el que siempre ha soñado. Planea visitar siete países diferentes en el transcurso de dos meses y considera una cantidad de gastos idéntica para cada país. Para ayudar a realizar su meta, quiere crear una hoja de cálculo que calcule la cantidad de dinero que tendrá en moneda nacional de cada país. Usted desea que el libro refleje la información monetaria para cada país.

a. Inicie Excel, guarde un nuevo libro en blanco como **Presupuesto para el viaje mundial** en la unidad y carpeta donde usted almacene sus archivos de datos.
b. Piense en siete países que le gustaría visitar e ingréselos en rótulos de columnas y filas en su hoja de cálculo. (*Sugerencia*: puede que quiera incluir rótulos de fila para cada país, más rótulos de columna para el país, la equivalencia en moneda nacional, la cantidad total de moneda extranjera que tendrá en cada país y el nombre de cada unidad monetaria de ese país.)
c. Decida cuánto dinero quiere llevar a cada país (por ejemplo, $1,000) e introduzca la cantidad en la hoja de cálculo.
d. Utilice su motor de búsqueda favorito para encontrar sus propias fuentes de información acerca de las conversiones monetarias para los países que planea visitar.
e. Introduzca el equivalente en efectivo a **$1** en dólares de Estados Unidos para cada país en su lista. También, incluya el nombre de la moneda empleada en cada país.
f. Haga una ecuación que calcule la cantidad de moneda extranjera que tendrá en cada país, empleando una referencia absoluta de celda en la fórmula.

▼ RETO INDEPENDIENTE DE LA VIDA REAL (CONTINUACIÓN)

g. Dé formato a las entradas en la columna B con tres cifras decimales y en la columna C con dos cifras decimales, utilizando la unidad monetaria correcta para cada país. (*Sugerencia*: use la pestaña Number (Número) en el cuadro de diálogo Format Cells (Formato de celdas); seleccione el formato monetario apropiado de la lista Symbol (Símbolos), empleando dos cifras decimales.)

h. Haga un formato condicional que cambie los atributos de fuente de la cantidad calculada en la columna "$1,000 US" a negritas y en rojo si la cantidad excede de **500 unidades** de la moneda local.

i. Combine y centre el título sobre los encabezados de columna.

j. Agregue cualquier atributo de formato a los encabezados de columnas y reconfigure éstas como sea necesario.

k. Añada un color de fondo al título.

Ejercicios de reto avanzado

- Modifique el formato condicional en la columna "$1,000 US" de manera que las entradas entre 1500 y 3999 se exhiban en rojo y tipo negritas, y que las entradas por arriba de 4000 aparezcan en azul y tipo negritas.
- Elimine todas las hojas sin utilizar en el libro de trabajo.
- Guarde su trabajo como **Presupuesto para viaje mundial ERA** donde usted almacene sus Archivos de datos.
- Si tiene acceso a una cuenta de correo electrónico, envíe este libro a su instructor como un archivo adjunto.

l. Introduzca su nombre en el encabezado de la hoja de cálculo.

m. Verifique la ortografía, guarde, examine de modo preliminar y compare su trabajo con el de la figura C-32; luego, imprima la hoja de cálculo.

n. Cierre el libro y salga de Excel.

FIGURA C-32

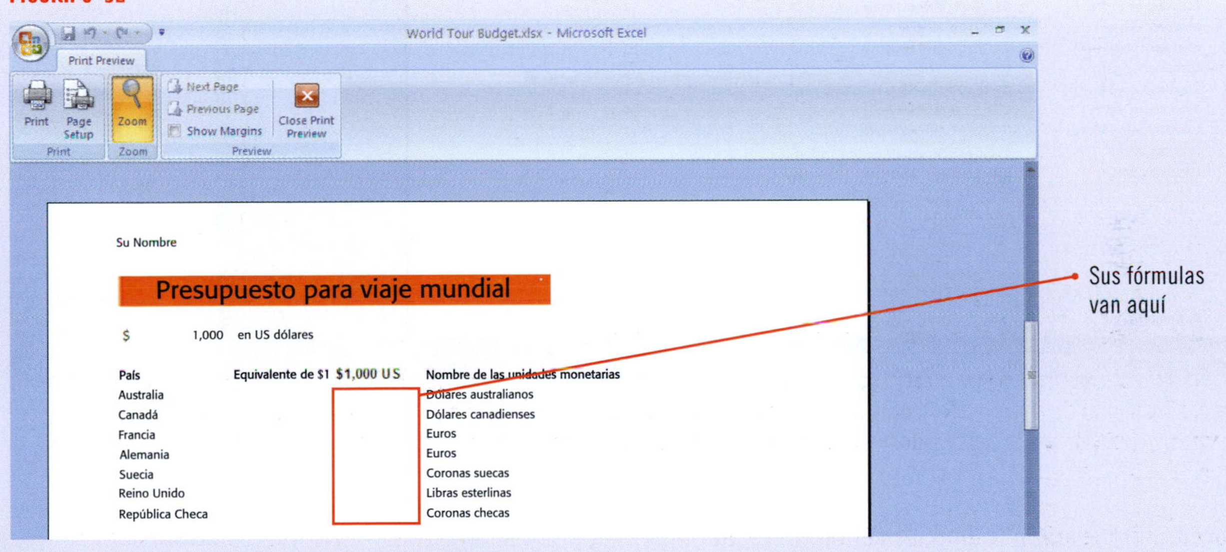

▼ TALLER VISUAL

Abra el archivo EX C-5.xlsx desde la unidad y la carpeta donde almacena sus archivos de datos y guárdelo como **Personal de primera clase**. Utilice las habilidades que ha aprendido en esta unidad para dar formato a la hoja de cálculo de modo que tenga el aspecto de la que se muestra en la figura C-33. Haga un formato condicional en la columna Nivel, de modo que las entradas mayores de 3 aparezcan en texto rojo. Cree un formato condicional adicional en la columna Ciclo de revisión para que cualquier valor igual a 4 aparezca en texto verde en negritas. Reemplace el rótulo del departamento de Contabilidad con el de Jurídico. (*Sugerencia*: la única fuente adicional empleada en este ejercicio es Times New Roman de 16 puntos en la fila 1.) Introduzca su nombre en la celda A25, verifique la ortografía de la hoja de cálculo y guarde e imprima su trabajo.

FIGURA C-33

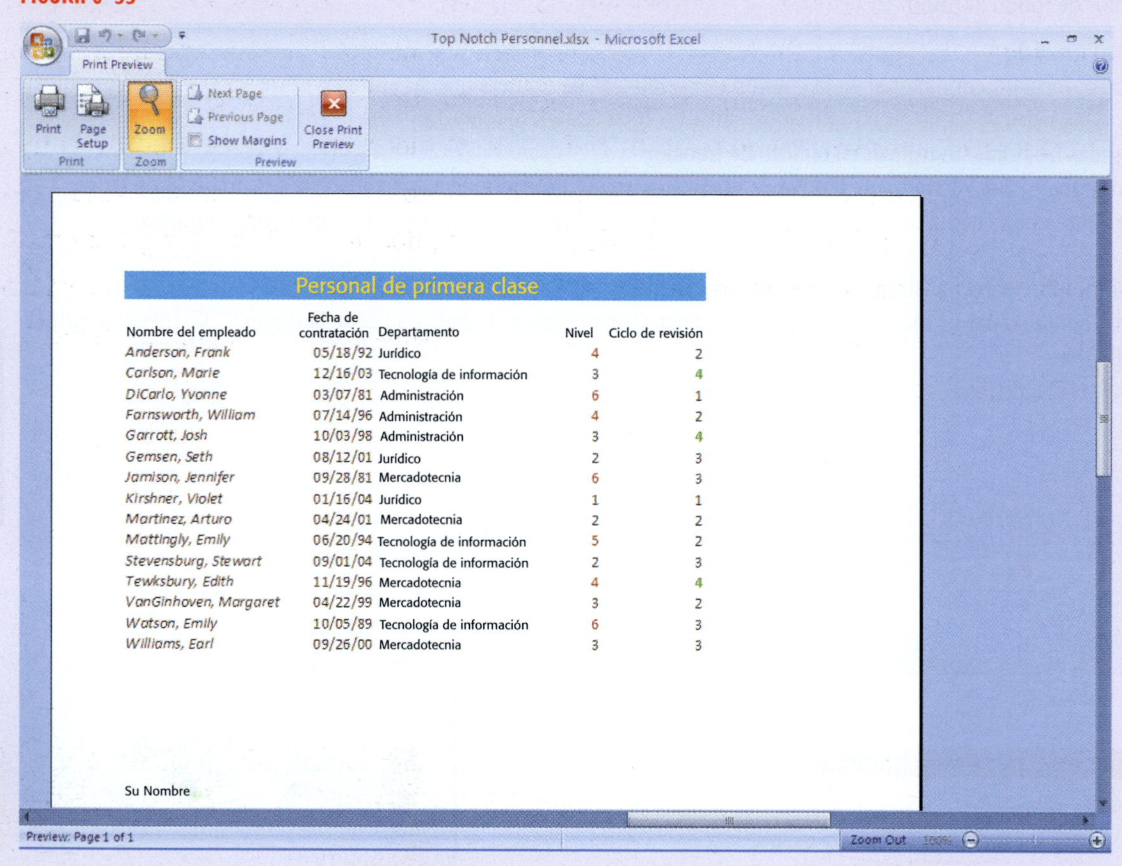

Personal de primera clase

Nombre del empleado	Fecha de contratación	Departamento	Nivel	Ciclo de revisión
Anderson, Frank	05/18/92	Jurídico	4	2
Carlson, Marie	12/16/03	Tecnología de información	3	4
DiCarlo, Yvonne	03/07/81	Administración	6	1
Farnsworth, William	07/14/96	Administración	4	2
Garrott, Josh	10/03/98	Administración	3	4
Gemsen, Seth	08/12/01	Jurídico	2	3
Jamison, Jennifer	09/28/81	Mercadotecnia	6	3
Kirshner, Violet	01/16/04	Jurídico	1	1
Martinez, Arturo	04/24/01	Mercadotecnia	2	2
Mattingly, Emily	06/20/94	Tecnología de información	5	2
Stevensburg, Stewart	09/01/04	Tecnología de información	2	3
Tewksbury, Edith	11/19/96	Mercadotecnia	4	4
VanGinhoven, Margaret	04/22/99	Mercadotecnia	3	2
Watson, Emily	10/05/89	Tecnología de información	6	3
Williams, Earl	09/26/00	Mercadotecnia	3	3

Su Nombre

UNIDAD
D
Excel 2007

Trabajar con gráficos

Archivos que necesita:

EX D-1.xlsx
EX D-2.xlsx
EX D-3.xlsx
EX D-4.xlsx
EX D-5.xlsx
EX D-6.xlsx

Las hojas de cálculo proporcionan una presentación efectiva para calcular y organizar datos, pero la presentación con cuadrícula no siempre es el mejor formato para presentar su trabajo a otros. Para mostrar información que sea más fácil interpretar, usted puede crear un gráfico. Los **gráficos**, también llamados representaciones gráficas, muestran información en un formato ilustrado, haciendo más sencillo ver patrones, tendencias y relaciones. En esta unidad, aprenderá cómo crear un gráfico, cómo modificarlo y cómo cambiar el tipo de gráfico, cómo agregarle flechas y anotaciones de texto y cómo examinar una vista preliminar e imprimir el gráfico. Para la próxima reunión anual, Grace Wong desea resaltar una tendencia de crecimiento en Quest Specialty Travel. Ella le solicita crear un gráfico que presente el incremento en los ingresos de la compañía durante los últimos cuatro trimestres.

OBJETIVOS

- Planear un gráfico
- Crear un gráfico
- Desplazar y modificar un gráfico
- Modificar el diseño del gráfico
- Modificar la presentación de un gráfico
- Dar formato a un gráfico
- Anotar y dibujar en un gráfico
- Crear un gráfico circular

Planear un gráfico

Antes de crear un gráfico, debe planear la información que desea que éste muestre y cómo quiere que se vea. La planeación por adelantado le ayuda a decidir qué tipo de gráfico crear y cómo organizar los datos. Comprender las partes de un gráfico hace que sea más fácil darle formato y modificar elementos específicos para que ilustre mejor sus datos. En la preparación para crear el gráfico de la presentación de Grace, usted identifica sus objetivos para el gráfico y se prepara para planearlo.

DETALLES

Aplique las siguientes directrices para planear el gráfico:

- **Determine el propósito del gráfico e identifique las relaciones de datos que desea comunicar gráficamente**

  Usted pretende crear un gráfico que muestre los ingresos trimestrales en Quest Specialty Travel. Estos datos de cálculo se ilustran en la figura D-1. En el primer trimestre, el departamento de mercadotecnia lanzó una campaña internacional de publicidad. La campaña produjo un gran aumento de ventas iniciando el segundo trimestre. Usted desea crear un gráfico para la reunión anual que ilustre el incremento y compare las ventas a lo largo de los trimestres para cada ubicación.

- **Determine los resultados que quiere ver y decida cuál tipo de gráfico es el más apropiado**

  Diferentes tipos de gráficos muestran los datos de distintas maneras. Por ejemplo, un gráfico circular compara partes de un todo, así que es útil para mostrar qué proporción de una cantidad presupuestada se gastó en anuncios impresos en relación a lo que fue gastado en comerciales de radio o correo directo. En contraste, un gráfico de líneas es mejor para presentar tendencias a lo largo del tiempo. Para seleccionar el mejor tipo de gráfico para sus datos, debería decidir primero cómo quiere que sus datos se muestren e interpreten. La tabla D-1 describe varios tipos de gráficos que usted puede crear en Excel y sus botones correspondientes en la etiqueta Insert (Insertar) de la cinta de opciones. Debido a que desea comparar los ingresos de QST en múltiples ubicaciones durante un periodo de cuatro trimestres, decide emplear un gráfico de columnas.

- **Identifique los datos de la hoja de cálculo que usted quiere que el gráfico ilustre**

  En ocasiones, usted hace uso de todos los datos en una hoja de cálculo para crear un gráfico, mientras que, en otras, puede necesitar seleccionar un rango dentro de la hoja. La hoja de cálculo a partir de la cual está creando su gráfico contiene datos de los ingresos del año pasado. Usted deberá emplear todos los datos trimestrales contenidos en la hoja de cálculo.

- **Comprenda los elementos de un gráfico**

  El gráfico mostrado en la figura D-2 contiene elementos básicos de un gráfico. En la figura, las ubicaciones de QST se encuentran en el eje horizontal (denominado el **eje-x**) y las ventas mensuales, en el eje vertical (conocido como el **eje-y**). El eje horizontal también se conoce como el **eje de categorías** porque, con frecuencia, contiene los nombres de grupos de datos, como ubicaciones, meses o años. El eje vertical también se conoce como el **eje de valores** porque, a menudo, posee valores numéricos que ayudan a interpretar las dimensiones de los elementos del gráfico. (Los gráficos en 3-D contienen, además, un **eje-z**, para comparar los datos a través tanto de categorías como de valores.) El área dentro de los ejes horizontal y vertical es el **área de graficación**. Las **marcas de graduación** en el borde izquierdo del eje vertical y las **líneas de cuadrícula** (que se extienden a través del área de graficación) crean una escala de medida para cada valor. Cada valor en una celda que usted selecciona para su gráfico es un **punto de datos**. En cualquier gráfico, un **marcador de datos** representa visualmente cada punto de datos, que en este caso es una columna. Una colección de puntos de datos relacionados es una **serie de datos**. En este gráfico, existen cuatro series de datos (Trimestre 1, Trimestre 2, Trimestre 3 y Trimestre 4), de manera que usted incluye una **leyenda** para hacerlos más fáciles de identificar.

FIGURA D-1: Hoja de cálculo con datos de ingresos

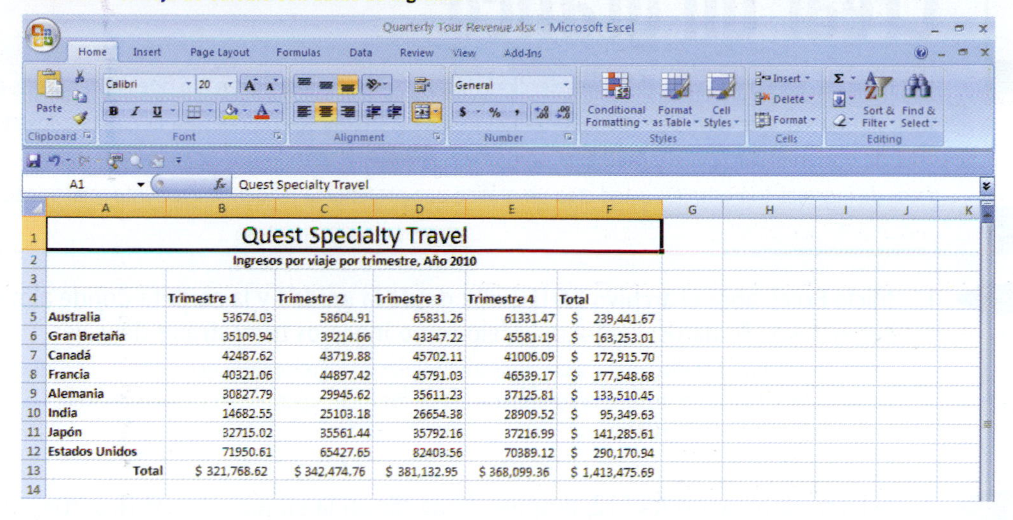

	A	B	C	D	E	F
1	Quest Specialty Travel					
2	Ingresos por viaje por trimestre, Año 2010					
3						
4		Trimestre 1	Trimestre 2	Trimestre 3	Trimestre 4	Total
5	Australia	53674.03	58604.91	65831.26	61331.47	$ 239,441.67
6	Gran Bretaña	35109.94	39214.66	43347.22	45581.19	$ 163,253.01
7	Canadá	42487.62	43719.88	45702.11	41006.09	$ 172,915.70
8	Francia	40321.06	44897.42	45791.03	46539.17	$ 177,548.68
9	Alemania	30827.79	29945.62	35611.23	37125.81	$ 133,510.45
10	India	14682.55	25103.18	26654.38	28909.52	$ 95,349.63
11	Japón	32715.02	35561.44	35792.16	37216.99	$ 141,285.61
12	Estados Unidos	71950.61	65427.65	82403.56	70389.12	$ 290,170.94
13	Total	$ 321,768.62	$ 342,474.76	$ 381,132.95	$ 368,099.36	$ 1,413,475.69
14						

FIGURA D-2: Elementos del gráfico

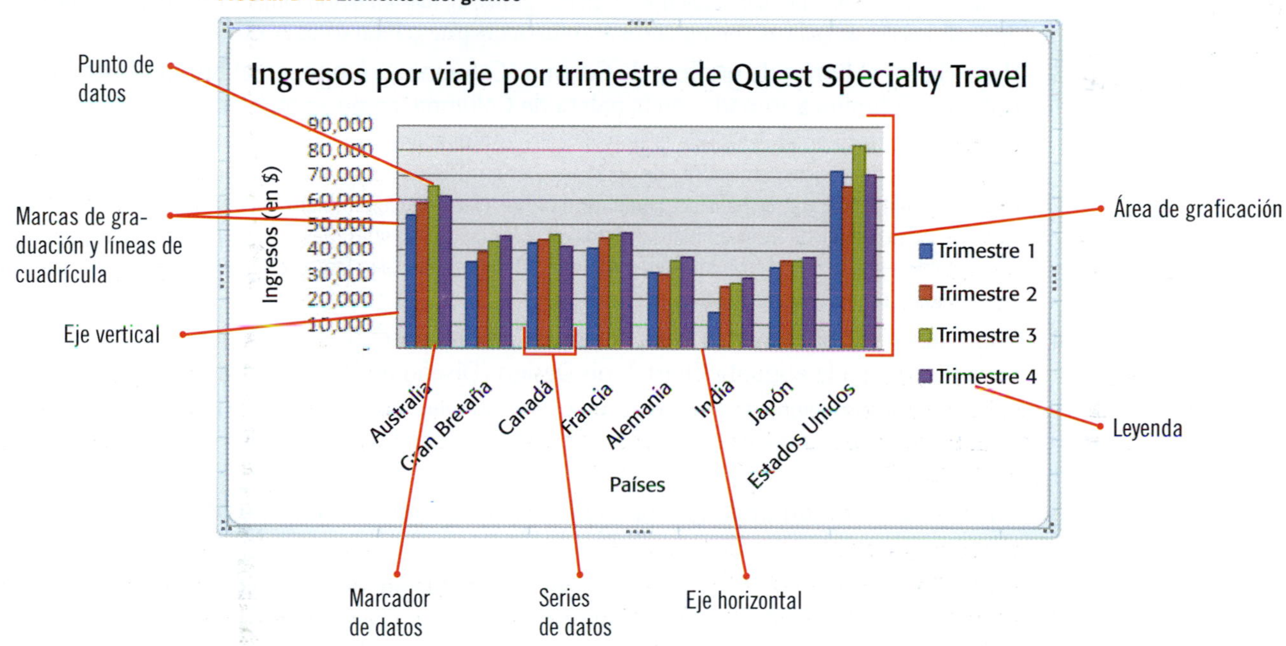

TABLA D-1: Tipos comunes de gráficos

tipo	botón	descripción
Columna		Compara distintos niveles de objetos utilizando un formato vertical; es el predeterminado de Excel; en ocasiones, se conoce como gráfico de barras en otros programas de hojas de cálculo
Línea		Compara las tendencias a lo largo de intervalos regulares de tiempo; aspecto similar a un gráfico de áreas, pero sin resaltar los totales
Pay circular		Compara los tamaños de las partes que componen todo; utilizado para una sola serie de números
Barras		Compara distintos niveles de un objeto utilizando un formato horizontal; en ocasiones, se le conoce como un gráfico de barras horizontales en otros programas de hojas de cálculo
Áreas		Muestra cómo el volumen individual cambia con respecto al tiempo en relación al volumen total
Dispersión		Compara las tendencias a través de intervalos desiguales de medida o tiempo; se emplea en disciplinas científicas y de ingeniería para tendencias de puntos y extrapolación

UNIDAD
D
Excel 2007

Crear un gráfico

Para crear un gráfico en Excel, primero seleccione el rango en una hoja de cálculo que contenga los datos que desea graficar. Una vez que haya seleccionado un rango, puede utilizar los botones en la etiqueta Insert (Insertar) de la cinta de opciones para crear y modificar un gráfico. Haciendo uso de la hoja de cálculo que contiene los datos de ingresos trimestrales, usted crea un gráfico que presenta la tendencia creciente mencionada.

PASOS

CONSEJO
Cuando grafique datos para un periodo en particular, asegúrese de que todas las series corresponden al mismo periodo.

CONSEJO
Para seleccionar celdas no adyacentes, mantenga presionada la tecla [Ctrl] mientras selecciona cada rango.

CONSEJO
También, puede hacer triple clic para seleccionar una línea de texto.

1. **Inicie Excel, abra el archivo EX D-1.xlsx desde la unidad y la carpeta donde almacena sus archivos de datos; luego, guárdelo como Ingresos trimestrales de viajes**
   Usted quiere que el gráfico incluya las cifras trimestrales de ingresos de viajes, además de etiquetas para el trimestre y del país. Usted no incluye la columna y fila de los totales porque las cifras trimestrales componen los totales y éstas afectarían el gráfico.

2. **Seleccione el rango A4:E12; después, haga clic en la etiqueta Insert (Insertar) en la cinta de opciones**
   La etiqueta Insert contiene grupos para insertar varios tipos de objetos, incluyendo gráficos. El grupo Charts (Gráficos) incluye botones para cada tipo de gráfico principal, más un botón Other Charts (Otros gráficos) para tipos adicionales de gráficos, como gráficos de cotizaciones para graficar datos de existencias de mercado.

3. **Haga clic en el botón de gráficos de Column (Columna) y, luego, en el botón Clustered Column (Columna agrupada) en la paleta de Columna, como se muestra en la figura D-3**
   El gráfico se inserta en el centro de la hoja de cálculo y se abren tres etiquetas contextuales de Chart Tools (Herramientas de gráficos) en la cinta de opciones: Design (Diseño), Layout (Presentación) y Format (Formato). En la etiqueta Design, que se halla actualmente al frente, usted puede cambiar rápidamente el tipo, diseño y formato del gráfico y puede intercambiar los datos entre las columnas y las filas. Ahora, los países están graficados a lo largo del eje horizontal, con los ingresos trimestrales graficados a lo largo del eje y. Esto le permite comparar con facilidad los ingresos trimestrales para cada país.

4. **Haga clic en el botón Switch Row/Column (Cambiar entre filas y columnas) en el grupo Data (Datos) en la etiqueta Chart Tools Design (Diseño de Herramientas de gráficos)**
   Al hacer clic en este botón, se intercambian los datos en las columnas y filas, como se ilustra en la figura D-4, de modo que los ingresos trimestrales se grafican a lo largo del eje horizontal y los países se grafican como los puntos de datos.

5. **Haga clic en el botón Undo (Deshacer) en la barra de herramientas de Acceso rápido**
   El gráfico regresa a su configuración original.

6. **Haga clic en la etiqueta Chart Tools Layout (Presentación de Herramientas de gráficos), haga clic en el botón Chart Title (Título del gráfico) en el grupo Labels (Etiquetas) y, luego, en Above Chart (Encima del gráfico) de la paleta de opciones**
   Aparece un área para título sobre el gráfico.

7. **Haga clic en cualquier lugar del cuadro de texto Chart Title (Título del gráfico), presione las teclas [Ctrl][A] para seleccionar el texto, escriba Ingresos trimestrales de viajes y, a continuación, haga clic en cualquier lugar del gráfico para salir del título**
   Agregar un título ayuda a identificar el gráfico. Éste se conoce como un gráfico **incrustado** porque está insertado directamente en la hoja de cálculo actual. Los **controladores de tamaño**, la pequeña serie de puntos en las esquinas y a los lados del borde del gráfico, indican que dicho gráfico está seleccionado. Véase la figura D-5. Su gráfico puede estar en un sitio diferente en la hoja de cálculo y tener un aspecto ligeramente distinto; usted lo moverá y reconfigurará en la siguiente sección. En cualquier momento que se selecciona un gráfico, como ahora, un borde azul rodea el rango de datos de la hoja de cálculo, un borde púrpura rodea las etiquetas de fila y un borde verde rodea las etiquetas de columna. La incrustación de un gráfico en la hoja actual es la selección predeterminada cuando se crea un gráfico, pero también puede colocar un gráfico en una hoja diferente en el libro, como en una hoja de gráfico recién creada. Una **hoja de gráfico** es una hoja en un libro que contiene únicamente un gráfico que está vinculado a los datos del libro.

8. **Guarde su trabajo**

FIGURA D-3: Cuadro de diálogo Insertar función

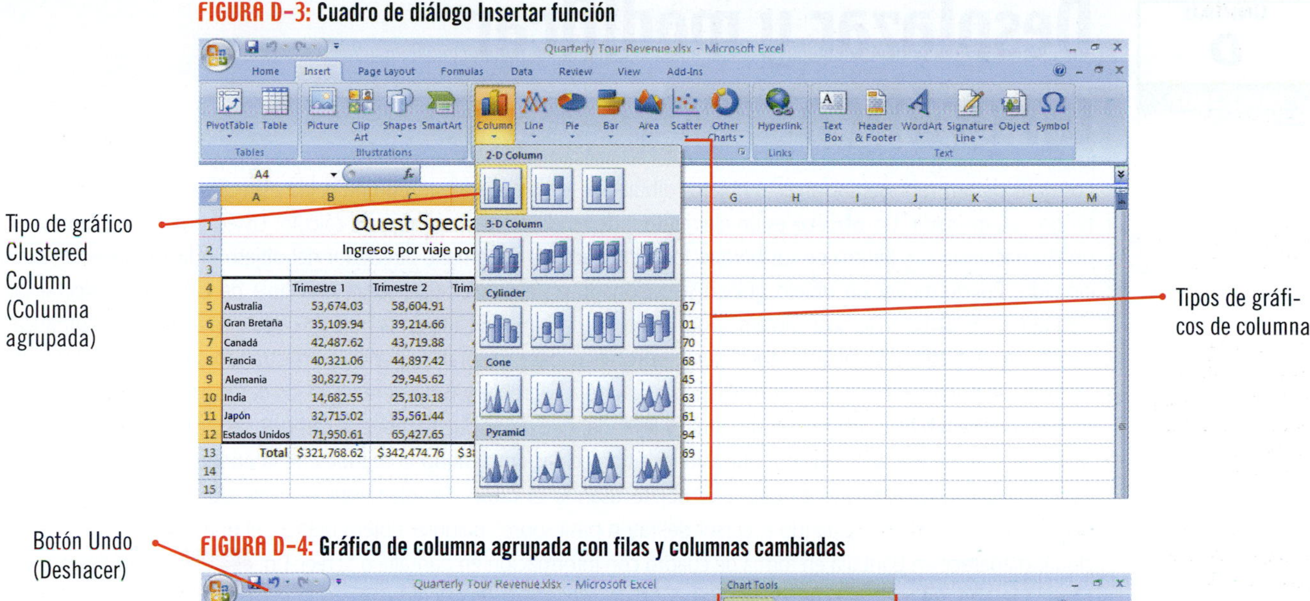

FIGURA D-4: Gráfico de columna agrupada con filas y columnas cambiadas

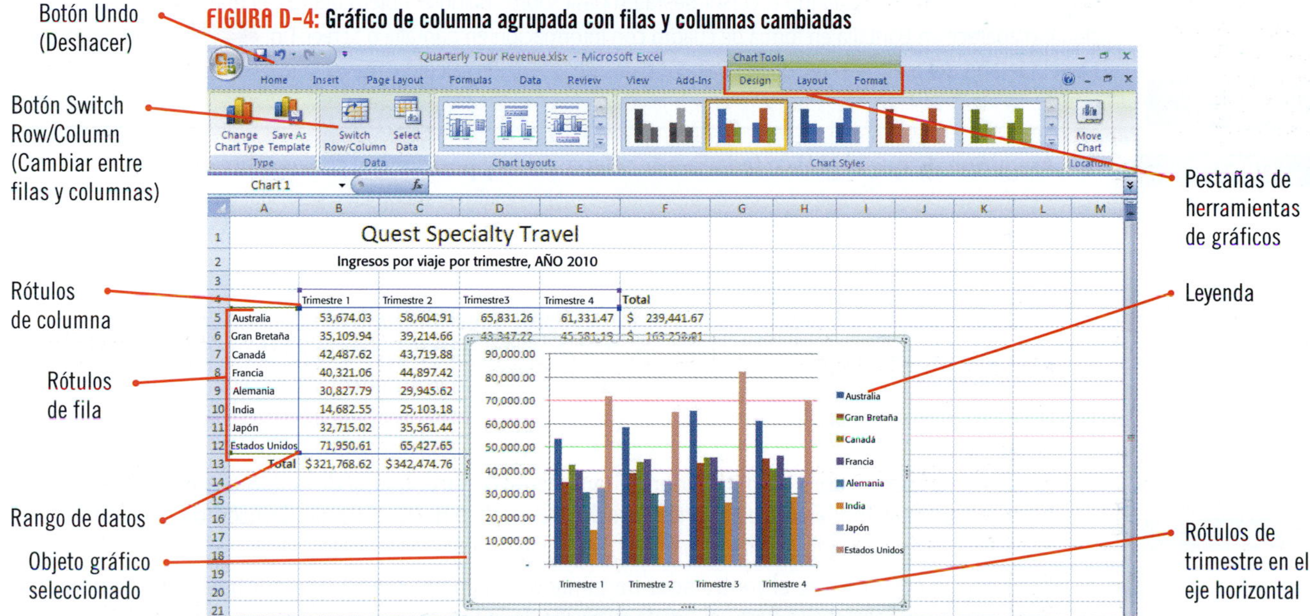

FIGURA D-5: Gráfico con filas y columnas restablecidas y título agregado

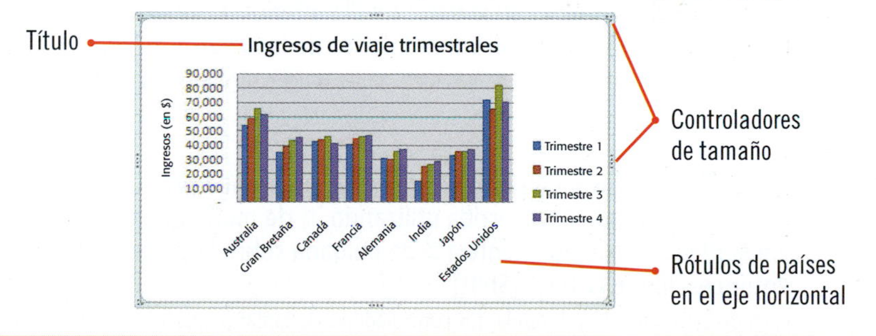

Uso de las etiquetas contextuales Chart Tools (Herramientas de gráficos)

Cuando se selecciona un gráfico, aparecen en la cinta de opciones las tres etiquetas contextuales Chart Tools (Herramientas de gráficos), denominadas Design (Diseño), Layout (Presentación) y Format (Formato). Éstas ayudan a guiarle a través del desarrollo y perfeccionamiento de su gráfico. Utilizando la etiqueta Design, puede cambiar todos los esquemas de color y colocación de objetos dentro del gráfico así como el rango de datos y la configuración empleada para el gráfico. La pestaña Layout se usa para agregar y modificar elementos del gráfico, como títulos y rótulos, y para agregar dibujos, como imágenes, formas y cuadros de texto. La etiqueta Format le permite dar formato a objetos como formas y textos, acomodar múltiples objetos de modo que se presenten de manera atractiva y reconfigurar cualquier objeto a las especificaciones exactas. Aunque estas etiquetas organizan las herramientas de gráficos en un orden lógico, no es necesario utilizarlas en el orden en el que aparecen. En otras palabras, usted puede saltar de la etiqueta Design a la etiqueta Format, volver a Design y luego a Layout, si así lo desea.

UNIDAD
D
Excel 2007

Desplazar y modificar un gráfico

Los gráficos son representaciones, u objetos dibujados, y no se localizan en una celda específica o una dirección de rango determinada. Un **objeto** es un elemento independiente en una hoja de cálculo. Usted puede seleccionar un objeto haciendo clic dentro de sus bordes; los controladores de tamaño alrededor del objeto indican que está seleccionado. Puede mover un objeto gráfico seleccionado en cualquier sitio sobre una hoja de cálculo sin afectar las fórmulas o los datos en la hoja. Sin embargo, cualquier dato modificado en la hoja de cálculo se actualiza automáticamente en el gráfico. Se puede reconfigurar un gráfico para mejorar su aspecto arrastrando sus controladores de tamaño. Se puede, incluso, mover un gráfico a una hoja diferente y todavía reflejará los datos originales. Los objetos gráficos contienen otros objetos, como título y leyenda, que usted puede mover y cambiar de tamaño. Además de reposicionar elementos del gráfico a ubicaciones establecidas empleando comandos de la etiqueta Layout (Presentación), puede mover libremente cualquier objeto usando el ratón. Simplemente selecciónelo, arrástrelo o corte y pegue en un nuevo sitio. Cuando el cursor del ratón pasa sobre cualquier objeto gráfico, el nombre del objeto seleccionado aparece en pantalla en forma de cuadro con información en pantalla o ScreenTip. Usted desea cambiar el tamaño del gráfico, posicionarlo bajo los datos de la hoja de cálculo y mover la leyenda.

PASOS

CONSEJO
Si usted quiere eliminar un gráfico, selecciónelo y, luego, presione la tecla [Delete] ([Suprimir]).

¿PROBLEMAS?
Si no arrastra un área en blanco en el gráfico, puede mover un elemento gráfico de manera inadvertida en lugar del gráfico entero; si esto ocurre, deshaga la acción e intente de nuevo.

CONSEJO
Para redimensionar un objeto gráfico a las especificaciones exactas, seleccione el objeto, haga clic en la pestaña Chart Tools Format (Formato en Herramientas de gráficos) en la cinta de opciones y, luego, introduzca la altura y el ancho deseados en el grupo Size (Tamaño).

CONSEJO
Aunque los controladores de tamaño en los objetos dentro de un gráfico parezcan diferentes a los controladores de tamaño que rodean un gráfico, funcionan de la misma manera.

1. **Asegúrese de que el gráfico todavía esté seleccionado y posicione el cursor sobre él**
   La forma del cursor ✥ indica que usted puede mover el objeto gráfico o utilizar un controlador de tamaño para reconfigurarlo. Para ver una tabla de los cursores de objetos gráficos comúnmente empleados, véase la tabla D-2.
2. **Posicione ✥ sobre un área en blanco cerca del borde superior izquierdo del gráfico, mantenga presionado el botón izquierdo del ratón, arrastre el gráfico hasta que su esquina superior izquierda se encuentre en la esquina superior izquierda de la celda A16 y, entonces, libere el botón del ratón**
   A medida que arrastra el gráfico, puede ver un contorno que representa el perímetro del mismo. El gráfico aparece en la nueva ubicación.
3. **Posicione el cursor sobre el controlador de tamaño en la parte media de la derecha hasta que cambie a ⇔, a continuación, arrastre el borde derecho del gráfico hasta el borde derecho de la columna G**
   El gráfico se ha ampliado a lo ancho. Véase la figura D-6.
4. **Posicione el cursor sobre el controlador de tamaño en la parte media superior hasta que cambie a ⇔ ; después, arrástrelo hasta el borde superior de la fila 15**
5. **Desplácese hacia abajo si es necesario de modo que sea visible la fila 26, posicione el cursor sobre el controlador de tamaño en la parte media inferior hasta que cambie a ⇔ ; luego, arrastre el borde inferior del gráfico hasta el borde inferior de la fila 26**
   Puede mover cualquier objeto en un gráfico. Alinee la parte superior de la leyenda con la parte superior del área de graficación.
6. **Haga clic en la leyenda para seleccionarla, mantenga presionada la tecla [Shift] ([Mayúsculas]), arrastre la leyenda hacia arriba utilizando ✥ de modo que el borde de línea punteado creado se encuentre aproximadamente a ¼ de pulgada sobre la parte superior del área de verificación y, entonces, libere la tecla [Shift]**
   Cuando hace clic en la leyenda, los controladores de tamaño aparecen alrededor de ella y "Legend" ("Leyenda") aparece como una ScreenTip (Información en pantalla) cuando el cursor pasa sobre el objeto. A medida que usted lo arrastra, aparece un contorno punteado del borde de la leyenda. Mantenga presionada la tecla [Shift] ([Mayúsculas]) para mantener la posición horizontal de la leyenda a medida que la mueve verticalmente.
7. **Haga clic en la celda A12, escriba Estados Unidos, haga clic en el botón Enter (Introducir) ✓ en la barra de fórmulas, utilice AutoFit (Autoajustar) para modificar el tamaño de la columna A y, entonces, presione las teclas [Ctrl][Home] ([Ctrl][Inicio])**
   El rótulo o etiqueta del eje cambia para reflejar el contenido actualizado de la celda, como se ilustra en la figura D-7. La modificación de cualquier dato en hoja de cálculo altera el texto o valores correspondientes en el gráfico. Debido a que el gráfico ya no está seleccionado, ya no se presentan las pestañas de Chart Tools (Herramientas de gráficos) en la cinta de opciones.
8. **Guarde su trabajo**

FIGURA D-6: Gráfico desplazado y redimensionado

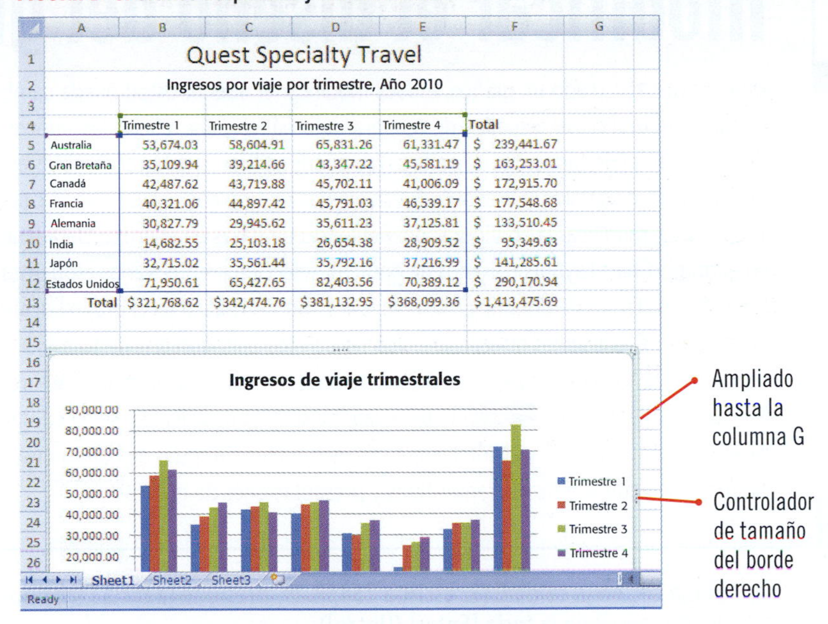

	A	B	C	D	E	F
1	Quest Specialty Travel					
2	Ingresos por viaje por trimestre, Año 2010					
4		Trimestre 1	Trimestre 2	Trimestre 3	Trimestre 4	Total
5	Australia	53,674.03	58,604.91	65,831.26	61,331.47	$ 239,441.67
6	Gran Bretaña	35,109.94	39,214.66	43,347.22	45,581.19	$ 163,253.01
7	Canadá	42,487.62	43,719.88	45,702.11	41,006.09	$ 172,915.70
8	Francia	40,321.06	44,897.42	45,791.03	46,539.17	$ 177,548.68
9	Alemania	30,827.79	29,945.62	35,611.23	37,125.81	$ 133,510.45
10	India	14,682.55	25,103.18	26,654.38	28,909.52	$ 95,349.63
11	Japón	32,715.02	35,561.44	35,792.16	37,216.99	$ 141,285.61
12	Estados Unidos	71,950.61	65,427.65	82,403.56	70,389.12	$ 290,170.94
13	Total	$321,768.62	$342,474.76	$381,132.95	$368,099.36	$1,413,475.69

FIGURA D-7: Hoja de cálculo con leyenda y rótulo modificados

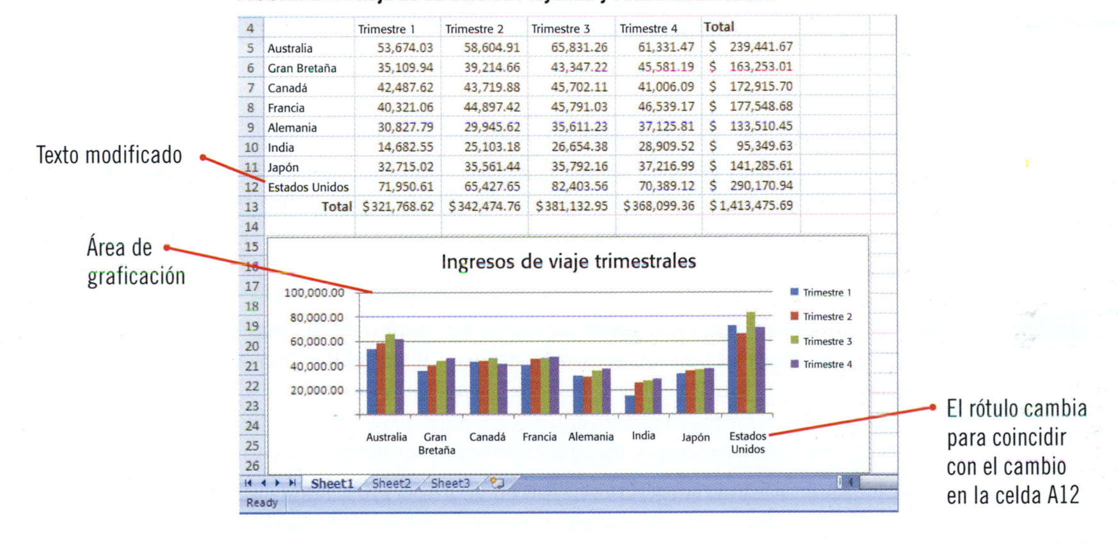

		Trimestre 1	Trimestre 2	Trimestre 3	Trimestre 4	Total
5	Australia	53,674.03	58,604.91	65,831.26	61,331.47	$ 239,441.67
6	Gran Bretaña	35,109.94	39,214.66	43,347.22	45,581.19	$ 163,253.01
7	Canadá	42,487.62	43,719.88	45,702.11	41,006.09	$ 172,915.70
8	Francia	40,321.06	44,897.42	45,791.03	46,539.17	$ 177,548.68
9	Alemania	30,827.79	29,945.62	35,611.23	37,125.81	$ 133,510.45
10	India	14,682.55	25,103.18	26,654.38	28,909.52	$ 95,349.63
11	Japón	32,715.02	35,561.44	35,792.16	37,216.99	$ 141,285.61
12	Estados Unidos	71,950.61	65,427.65	82,403.56	70,389.12	$ 290,170.94
13	Total	$321,768.62	$342,474.76	$381,132.95	$368,099.36	$1,413,475.69

TABLA D-2: Cursores de objetos gráficos comunes

nombre	cursor	uso	nombre	cursor	uso
Redimensionamiento diagonal	⤢ o ⤡	Cambiar la forma del gráfico	**Cursor-barra**	I	Editar texto del gráfico de esquinas
Dibujo	+	Crear formas	**Mover gráfico**	✥	Cambiar la ubicación del gráfico
Redimensionamiento horizontal	⇦	Cambiar la forma del gráfico de izquierda a derecha	**Redimensionamiento vertical**	⇳	Cambiar la forma del gráfico de arriba hacia abajo

Desplazar un gráfico incrustado a una hoja

Supongamos que ha creado un gráfico incrustado que decide que se vería mejor en una hoja de gráfico. Usted puede hacer este cambio sin rehacer el gráfico completo. Para hacerlo, primero seleccione el gráfico, haga clic en la pestaña Chart Tools Design (Diseño de Herramientas de gráficos); luego, haga clic en el botón Move Chart (Mover gráfico) en el grupo Location (Ubicación). Se abre el cuadro de diálogo Move Chart. Si el gráfico está incrustado, haga clic en el botón de la opción New sheet (Hoja nueva) y en OK (Aceptar). Si el gráfico se encuentra en su propia hoja, haga clic en el botón de opción Object in (Objeto en) y en OK.

UNIDAD

D

Excel 2007

Modificar el diseño del gráfico

Una vez que ha creado un gráfico, es fácil modificar el diseño. Usted puede cambiar los valores de datos en hoja de cálculo y el gráfico se actualiza de manera automática para reflejar los nuevos datos. Cada una de las pestañas de Chart Tools (Herramientas de gráficos) se puede utilizar para hacer cambios específicos en un gráfico. Con la pestaña Chart Tools Design (Diseño de Herramientas de gráficos), usted puede cambiar el tipo de gráfico en el grupo Type (Tipo), modificar la configuración y el rango de datos en el grupo Data (Datos), en la presentación de objetos en el grupo Chart Layouts (Diseños de gráfico), seleccionar entre varios esquemas coordinados de color en el grupo Chart Styles (Estilos de diseño) y mover la ubicación del gráfico en el grupo Location (Ubicación). Las presentaciones en el grupo Chart Styles ofrecen arreglos de objetos configurados previamente en su gráfico, como una leyenda, títulos o líneas de cuadrícula; estas presentaciones brindan una alternativa al formato que se hace manualmente y a los cambios de diseño. Usted examina su hoja de cálculo y se da cuenta de que los datos para los Estados Unidos en el Trimestre 2 y el Trimestre 4 son incorrectos. Después de corregir estos datos, desea ver cómo se ven los mismos haciendo uso de diferentes tipos y presentaciones de gráficos.

PASOS

1. **Haga clic en la celda C12, escriba 75432.29, presione la tecla [Tab] dos veces, escriba 84295.27 y, luego, presione la tecla [Enter] ([Intro])**

   En la hoja de cálculo, las entradas de los Estados Unidos para los trimestres 2 y 4 reflejan las cifras de las ventas incrementadas. Véase la figura D-8. Los totales en la columna F y la fila 13 también son actualizados.

2. **Seleccione el gráfico haciendo clic en un área en blanco dentro del borde del mismo, haga clic en la pestaña Chart Tools Design en la cinta de opciones y, luego, en el botón Layout 3 (Estilo 3) en el grupo Chart Layouts**

   La leyenda se mueve a la parte inferior del gráfico. Usted prefiere el diseño original.

3. **Haga clic en el botón Undo (Deshacer) en la barra de herramientas de Acceso rápido; luego, en el botón Change Chart Type (Cambiar tipo de gráfico) en el grupo Type (Tipo)**

   Se abre el cuadro de diálogo Change Chart Type, como se muestra en la figura D-9, donde puede elegir entre todos los tipos y categorías disponibles de gráficos. El panel izquierdo muestra las categorías disponibles, mientras que el panel derecho presenta los tipos de gráficos individuales. Un borde color naranja rodea el tipo de gráfico actualmente seleccionado.

4. **Haga clic en Bar (Barra) en el panel izquierdo del cuadro de diálogo Change Chart Type, confirme que se encuentre seleccionado el tipo de gráfico Clustered Bar (Barra agrupada) y haga clic en OK (Aceptar)**

   El gráfico de columnas cambia a un gráfico de barras agrupadas. Véase la figura D-10. Observe el gráfico de barras; luego, analice si el gran incremento en ventas se hace más evidente si aplica un gráfico de columnas tridimensionales.

5. **Haga clic en el botón Change Chart Type en el grupo Type, haga clic en Column (Columna) en el panel izquierdo del cuadro de diálogo Change Chart Type, haga clic en 3-D Clustered Column (Columna agrupada 3-D) (cuarta desde la izquierda en la primera fila) y, luego, en OK (Aceptar)**

   Aparece un gráfico de columnas tridimensionales. Usted observa que el formato de columna tridimensional está más aglutinado que el formato bidimensional, pero que da una sensación de volumen.

6. **Haga clic en el botón Change Chart Type en el grupo Type, haga clic en el botón Clustered Column (Columna agrupada) (primero desde la izquierda, primera fila) y haga clic en OK**

7. **Haga clic en el botón Style 3 (Estilo 3) en el grupo Chart Styles (Estilos de diseño)**

   Las columnas cambian a tonos de azul. Usted prefiere el esquema de color anterior.

8. **Haga clic en en la barra de herramientas Quick Access (Acceso rápido) y guarde su trabajo**

CONSEJO

Usted puede ver más opciones de presentación haciendo clic en el botón More (Más) en el grupo Chart Layouts (Diseños de gráfico).

CONSEJO

Si planea imprimir un gráfico en una impresora blanco y negro, tal vez desee cambiar a un estilo de gráfico en blanco y negro, así podrá ver qué aspecto tendrá su trabajo a la salida de impresión.

CONSEJO

También puede hacer uso del botón Undo (Deshacer) en la barra de herramientas de acceso rápido para regresar al tipo de gráfico anterior.

Creación de un gráfico combinado

Puede aplicar un tipo de gráfico a una serie de datos de uno existente para crear un gráfico de combinación. En el gráfico existente, seleccione la serie de datos que desea graficar en un eje secundario; luego, abra el cuadro de diálogo Format (Formato) (utilice el menú de accesos directos o haga clic en Format Selection (Aplicar formato a la selección) en el grupo Current Selection (Selección actual) de la pestaña Format en la cinta de opciones). En el cuadro de diálogo Format (Formato de serie de datos), haga clic en Series Options (Opciones de serie), si es necesario, haga clic en el botón de opción Secondary Axis (Eje secundario) debajo de Plot Series On (Trazar serie en) y luego haga clic en Close (Cerrar). Haga clic en la pestaña Layout (Presentación) de la cinta de opciones, clic en Axes (Ejes) en el grupo Axes y en el tipo de eje secundario que usted quiere y en donde desea que aparezca. Para finalizar, haga clic en el botón Change Chart Type en el grupo Type en la pestaña Design y seleccione un tipo de gráfico para el eje secundario.

FIGURA D-8: Hoja de cálculo con datos modificados

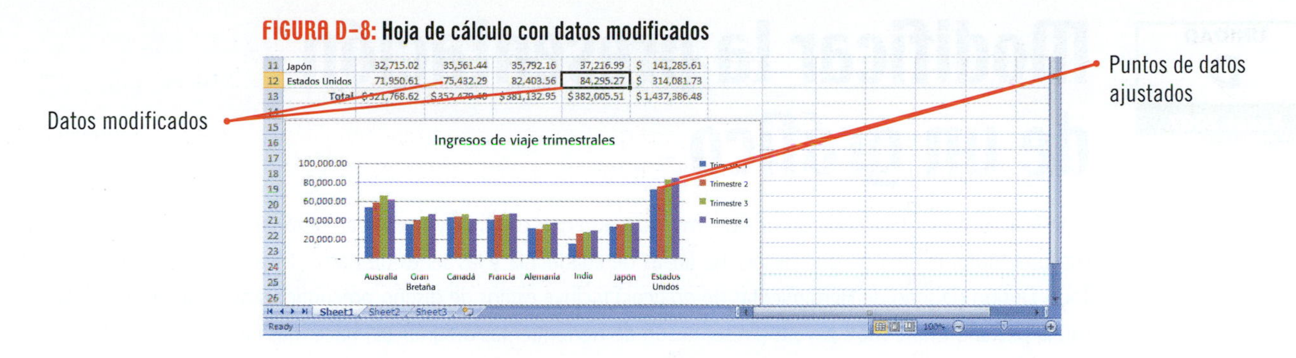

FIGURA D-9: Cuadro de diálogo Change Chart Type (Cambiar tipo de gráfico)

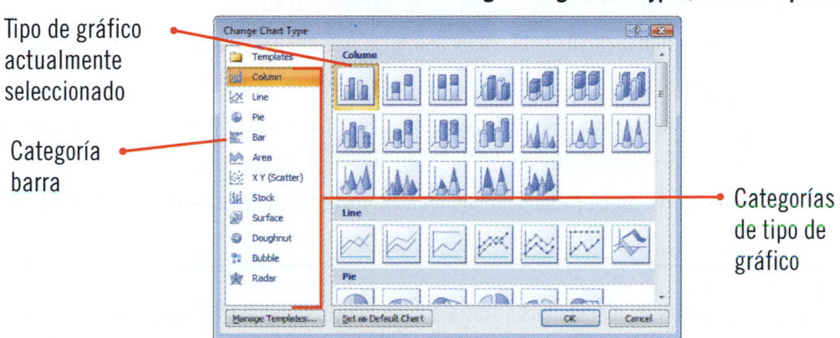

FIGURA D-10: Gráfico de columnas cambiado a gráfico de barras

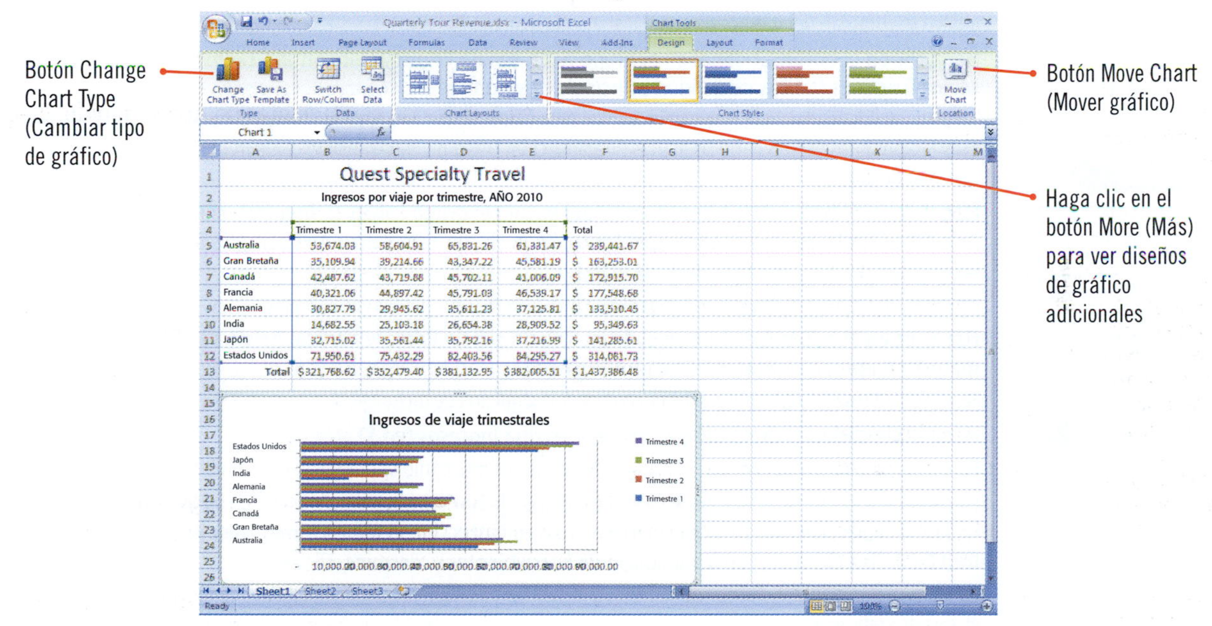

Trabajando con un gráfico en 3D

Excel incluye tipos de gráficos 3-D verdaderos así como tipos de gráficos con formato en 3-D. En un gráfico verdadero de 3-D, un tercer eje conocido como **eje z** le permite comparar los puntos de datos a través tanto de categorías como de valores. El eje z corre a lo largo de la profundidad del gráfico, de modo que parece avanzar desde la parte posterior del mismo. Para crear un gráfico 3-D verdadero, busque los subtipos de gráficos que contengan un término con "3-D", como 3-D Column (Columnas 3-D). Los gráficos que tienen formato en 3-D contienen sólo dos ejes, pero sus gráficas presentan la ilusión de tener tres dimensiones. Por ejemplo, el gráfico de Clustered Column in 3-D (Columna agrupada 3-D) exhibe las columnas en formato de 3-D, pero no incluye un eje z que usted pueda modificar. Para crear un gráfico que tenga formato únicamente en 3-D, busque los subtipos de gráfico que incluyan la leyenda "in 3-D" ("3-D"). En ocasiones, en un gráfico 3-D, otra serie de datos en el mismo gráfico puede obstaculizar la visibilidad de columnas o barras, pero usted puede girar el gráfico para obtener una mejor vista. Haga clic con el botón derecho en el gráfico; luego, en 3-D Rotation (Giro 3-D). Se abre el cuadro de diálogo Format Chart Area (Formato del área del gráfico), con la categoría de 3-D Rotation (Giro 3-D) activa. Este cuadro de diálogo también puede usarse para modificar el relleno, la línea, el estilo de línea, sombra y formato 3-D. Las opciones de 3-D Rotation le permiten seleccionar la orientación y perspectiva del área del gráfico, área de graficación, paredes y piso para un gráfico en 3-D. Asimismo, puede emplear estas opciones de giro para mejorar el aspecto de los datos graficados dentro de un gráfico. Las opciones 3-D Format le permiten elegir cuáles efectos tridimensionales le gustaría aplicar a elementos seleccionados del gráfico (no todas las opciones de 3-D Format se encuentran disponibles en todos los gráficos).

UNIDAD
D
Excel 2007

Modificar la presentación de un gráfico

Modificar la presentación de un gráfico involucra agregar, eliminar y modificar elementos individuales del gráfico como el título, el área de graficación, las líneas de cuadrícula y las series de datos. Mientras que la pestaña Chart Tools Design (Diseño de Herramientas de gráficos) incluye estilos de diseño preconfigurados que usted puede aplicar, la pestaña Chart Tools Layout (Presentación de Herramientas de gráficos) hace más fácil crear y modificar objetos gráficos individuales. Al usar los botones en esta pestaña, también puede agregar formas y textos adicionales a un gráfico, añadir y modificar rótulos, cambiar la exhibición de los ejes y el relleno detrás del área de graficación. Asimismo, puede eliminar o cambiar el aspecto de las líneas de la cuadrícula. Las **líneas de la cuadrícula** son las líneas horizontales y verticales en el gráfico que permiten que la vista pueda seguir las líneas del valor sobre un eje. Usted puede crear títulos para los ejes horizontal y vertical, incluir imágenes o agregar un color de fondo. Incluso, puede dar formato al texto que usa en un gráfico. Usted desea efectuar algunos cambios de presentación en el gráfico con el fin de asegurarse que sea fácil de interpretar y que mejore su aspecto general.

PASOS

CONSEJO

Las pestañas de Chart Tools (Herramientas de gráficos) aparecen en la cinta de opciones únicamente cuando un gráfico, o bien, uno de sus objetos, está seleccionado.

CONSEJO

También puede modificar el texto en un elemento gráfico al posicionar el cursor sobre el cuadro de texto seleccionado hasta que cambie su forma a I, después, haga clic en el cuadro de texto y, luego, modifíquelo.

CONSEJO

Puede mover cualquier título a una nueva posición al hacer clic en el borde del objeto y luego arrastrarlo.

1. **Con el gráfico todavía seleccionado, haga clic en la pestaña Chart Tools Layout (Presentación de Herramientas de gráficos) en la cinta de opciones, haga clic en el botón Gridlines (Líneas de la cuadrícula) en el grupo Axes (Ejes), señale Primary Horizontal Gridlines (Líneas horizontales de la cuadrícula primarias) y, luego, en None (Ninguna)**
   Las líneas de cuadrícula que se extienden desde las marcas de graduación en el eje del valor a través del área de graficación del gráfico se eliminan del mismo, como se ilustra en la figura D-11.
2. **Haga clic en el botón Gridlines en el grupo Axes, señale Primary Horizontal Gridlines y, luego, en Major & Minor Gridlines (Líneas de división principales y secundarias)**
   Tanto las líneas de división principales como las secundarias aparecen ahora en el gráfico. Las **líneas de división secundarias** muestran los valores entre las marcas de graduación. Usted puede cambiar el color en las columnas para distinguir mejor las series de datos.
3. **Haga clic en el botón Axis Titles (Rótulos del eje) en el grupo Labels (Etiquetas), señale en Primary Horizontal Axis Title (Título de eje horizontal primario), haga clic en Title Below Axis (Título bajo el eje), haga triple clic en el título del eje y escriba Países de viajes**
   Un texto descriptivo en los ejes de categorías ayuda a los lectores a entender el gráfico.
4. **Haga clic en el botón Axis Title en el grupo Labels, señale Primary Vertical Axis Title (Título de eje vertical primario) y haga clic en Rotated Title (Título girado)**
   Se agrega un cuadro para el título del eje vertical a la izquierda de dicho eje.
5. **Haga triple clic en el título del eje vertical y escriba Ingresos (en $)**
   El texto "Ingresos (en $)" aparece a la izquierda del eje vertical, como se presenta en la figura D-12.
6. **Haga clic con el botón derecho en los rótulos del eje horizontal ("Australia", "Gran Bretaña", etc.), haga clic en la lista Font (Fuente) de la minibarra de herramientas, luego clic en Times New Roman, otra vez clic en la lista Font Size (Tamaño) en la minibarra de herramientas y, después, clic en 8**
   La fuente del texto del eje horizontal cambia a Times New Roman y el tamaño de la fuente disminuye, haciendo más visible el área de graficación.
7. **Haga clic con el botón derecho en los rótulos del eje vertical, haga clic en la lista Font en la minibarra de herramientas, clic en Times New Roman, nuevamente clic en la lista Font Size en la minibarra de herramientas y, luego, clic en 8**
8. **Haga clic con el botón derecho en el título del gráfico ("Ingresos de viaje trimestrales"), clic en Format Chart Title (Formato del título del gráfico) en el menú abreviado, clic en Border Color (Color del borde) en el panel izquierdo; a continuación, clic en el botón de opción Solid line (Línea sólida) en el panel derecho**
   Agregar un borde sólido es el primer paso para crear un cuadro de sombra que rodee el título. Puede agregar solamente una sombra a un cuadro de texto que tenga un borde.
9. **Haga clic en Shadow (Sombra) en el panel izquierdo, luego clic en la flecha de lista Presets (Prestablecidos), después clic en el estilo Offset Diagonal Bottom Right (Desplazamiento diagonal abajo derecha) en el grupo Outer (Exterior); posteriormente, haga clic en Close (Cerrar) y guarde su trabajo**
   Un borde con una sombra descendente rodea el título. Compare su trabajo con el de la figura D-13.

▼ RETO INDEPENDIENTE 1 (CONTINUACIÓN)

c. Cree un gráfico de columna agrupada para los datos.

d. Si así lo desea, cambie por lo menos uno de los colores empleados en una serie de datos.

e. Haga las modificaciones apropiadas al gráfico para hacerlo más fácil de leer y comprender, así como visualmente atractivo. Incluya títulos de gráfico, leyendas y títulos para ejes de valores y categorías, haciendo uso de las sugerencias en la tabla D-3.

TABLA D-3

mejoras de gráfico sugeridas para un gráfico de columnas	
Título	Tipos y número de representaciones
Leyenda	Año 1, Año 2, Año 3, Año 4
Título del eje vertical	Número de representaciones
Título del eje horizontal	Tipos de representaciones

f. Cree por lo menos dos gráficos adicionales para los mismos datos con el fin de demostrar cómo los tipos de gráficos diferentes presentan los mismos datos. Ponga cada nuevo gráfico en su propia hoja en el libro de trabajo y proporcione un nombre a la hoja de acuerdo con el tipo de gráfico que haya creado. Uno de los gráficos adicionales deberá ser un gráfico; el otro, será de su elección. Modifique cada nuevo gráfico como sea necesario para mejorar su aspecto y eficacia. Compare su gráfico con el de la figura D-26.

FIGURA D-26

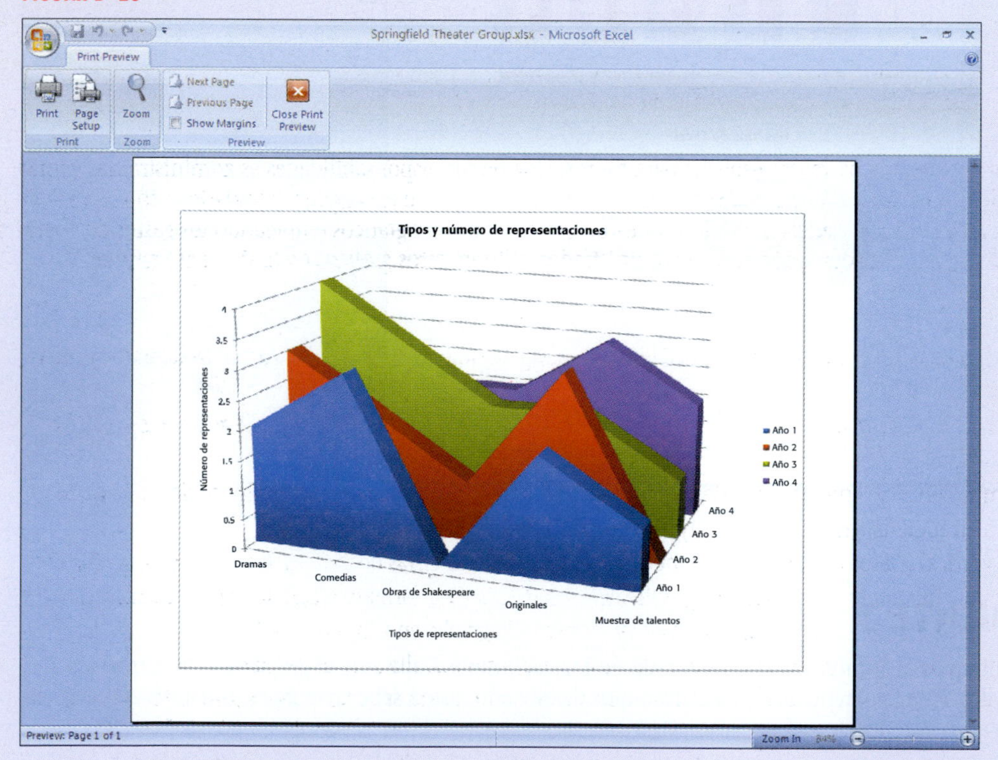

g. Introduzca su nombre en el encabezado de la hoja de cálculo.

h. Guarde su trabajo. Antes de imprimirlo, examine el libro en Print Preview (Vista preliminar) y, luego, haga los ajustes que sean necesarios a cualquier elemento.

i. Imprima la hoja de cálculo (gráficos y datos).

j. Cierre el libro y salga de Excel.

FIGURA D-11: Líneas de la cuadrícula eliminadas del gráfico

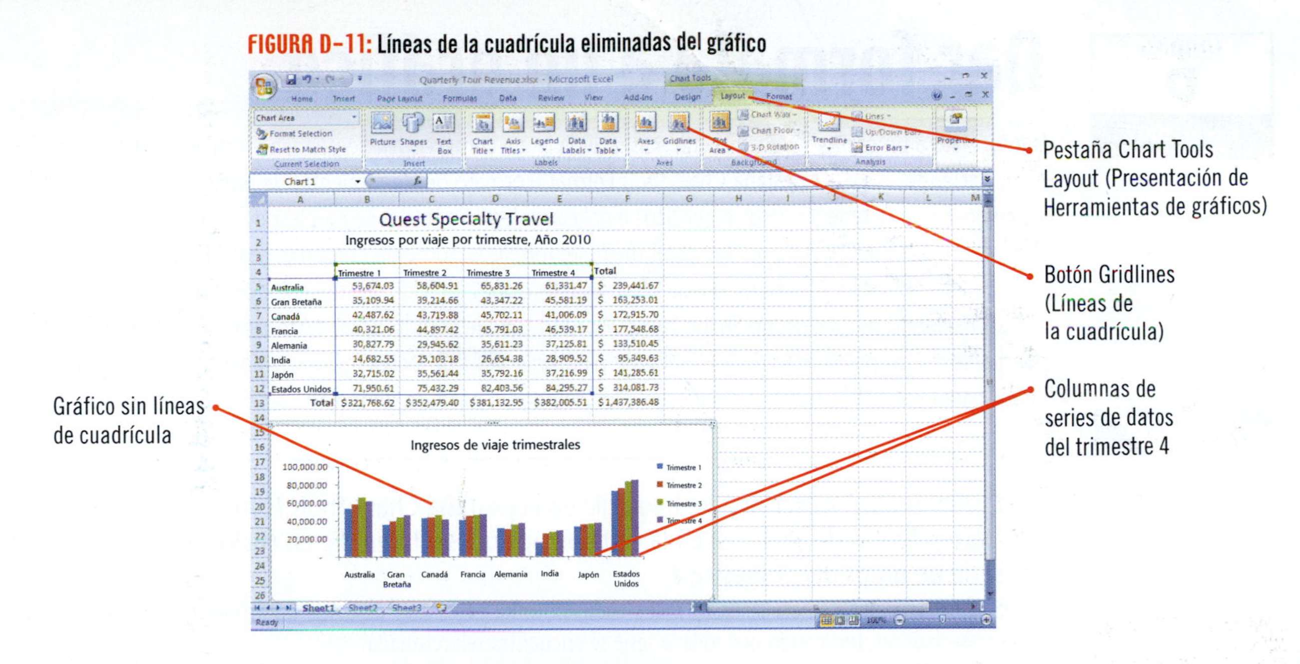

FIGURA D-12: Títulos de ejes agregados al gráfico

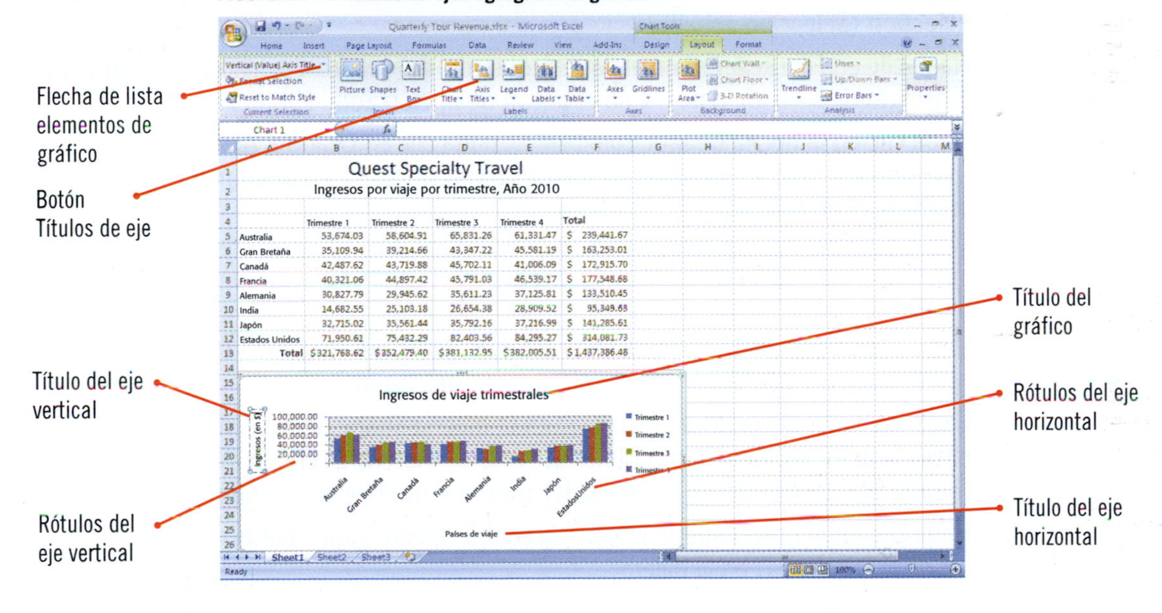

FIGURA D-13: Gráfico mejorado

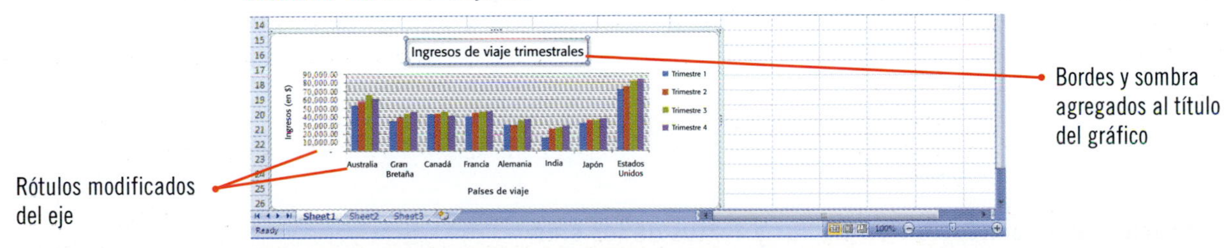

Agregar rótulos de datos a un gráfico

Existen ocasiones en que su audiencia puede beneficiarse al observar los rótulos de los datos en un gráfico. Estos rótulos pueden indicar el nombre de la serie, el nombre de la categoría y/o el valor de uno o más puntos de datos. Una vez que su gráfico está seleccionado, usted puede agregar esta información al mismo, haciendo clic en el botón Data Labels (Etiquetas de datos) en el grupo Labels (Etiquetas) en la pestaña Chart Tools Layout (Presentación de Herramientas de gráficos) en la cinta de opciones. Una vez que ha incorporado las etiquetas a los datos, puede aplicar el formato a las mismas o eliminar rótulos de datos individuales. Elimine los rótulos de datos individuales haciendo clic en las mismas hasta que los controladores rodeen el conjunto que desea eliminar y, entonces, presione la tecla [Delete] ([Suprimir]).

UNIDAD D
Excel 2007

Dar formato a un gráfico

Dar formato a un gráfico puede hacerlo más fácil de leer y comprender. Se pueden efectuar muchas mejoras de formato haciendo uso de la pestaña Chart Tools Format (Formato de Herramientas de gráficos). Usted puede cambiar los colores en una serie de datos específicos o aplicar un estilo a una serie empleando el grupo Shape Styles (Estilos de forma). Los estilos hacen posible aplicar múltiples formatos, como un contorno, color de relleno y color del texto, todo con un solo clic. Asimismo, puede efectuar selecciones individuales del color de relleno, el contorno y otros efectos haciendo uso del grupo Shape Styles. WordArt, que le permite crear texto curvo o estilizado, puede crearse por medio del grupo WordArt Styles (Estilos de WordArt). Desea mejorar la apariencia de su gráfico creando títulos para los ejes horizontales y verticales y añadiendo un poco de sombreado al título del mismo.

PASOS

1. **Con el gráfico seleccionado, haga clic en la pestaña Chart Tools Format (Formato de Herramientas de gráficos) en la cinta de opciones y haga clic en cualquier columna en la serie de datos del Trimestre 4**

   Se abre la pestaña Chart Tools Format y cada columna en la serie de datos del Trimestre 4 aparece rodeada con controladores, indicando que toda la serie se encuentra seleccionada.

2. **Haga clic en el botón Format Selection (Aplicar formato a la selección) en el grupo Current Selection (Selección actual)**

3. **Haga clic en Fill (Relleno) en el panel izquierdo del cuadro de diálogo Format Data Series (Formato de serie de datos) y en el botón de opción Solid Fill (Relleno sólido)**

4. **Haga clic en la flecha de lista Color, haga clic en Orange, Accent 6 (Naranja, Énfasis 6) (primera fila, décimo desde la izquierda) como se ilustra en la figura D-14 y, luego, haga clic en Close (Cerrar)**

   Todas las columnas para la serie cambian su color al anaranjado y la leyenda se modifica para coincidir con el nuevo color. También puede modificar el color de objetos seleccionados mediante la aplicación de un estilo de forma.

5. **Haga clic en cualquier columna en la serie de datos del Trimestre 3**

   Los controladores rodean cada columna en la serie de datos del Trimestre 3

6. **Haga clic en el botón More (Más) en la galería Shape Styles (Estilos de forma); luego, pase el cursor sobre el botón Moderate Effect – Accent 3 (Efecto moderado – Énfasis 3) (quinta fila, cuarto desde la izquierda) como se muestra en la figura D-15**

7. **Haga clic en el botón Subtle Effect – Accent 3 (Efecto sutil – Énfasis 3) (cuarta fila, cuarto desde la izquierda) en la paleta**

   El color para la serie de datos se modifica, como se ilustra la figura D-16.

8. **Guarde su trabajo**

CONSEJO

Para aplicar un estilo de WordArt, seleccione el objeto de texto (como el título del gráfico); entonces, haga clic en un estilo en la galería WordArt Styles (Estilos de WordArt).

Modificación de la alineación en títulos y textos de los ejes

Los botones en la pestaña Chart Tools Layout (Presentación de Herramientas de gráficos) proporcionan unas cuantas opciones para alinear el texto de los ejes y los títulos, pero puede personalizar la posición y rotación a especificaciones exactas con el cuadro de diálogo Format (Formato). Puede modificar la alineación del texto del eje para hacer que se ajuste mejor dentro del área de graficación. Con un gráfico seleccionado, haga clic con el botón derecho en el texto del eje que quiere modificar; después, haga clic en Format Axis (Dar formato a eje) en el menú abreviado. Se abre el cuadro de diálogo Format Axis (Dar formato a eje) para el elemento seleccionado. Haga clic en Alignment (Alineación) y seleccione la opción apropiada. Usted puede crear un ángulo personalizado haciendo clic en la flecha de lista de Text direction (Dirección del texto), haciendo clic de nuevo en Horizontal y seleccionando el número de grados en el cuadro de texto Custom angle (Ángulo personalizado). Cuando haya realizado los cambios deseados, haga clic en Close (Cerrar).

FIGURA D-14: Cuadro de diálogo Format Data Series (Formato de serie de datos)

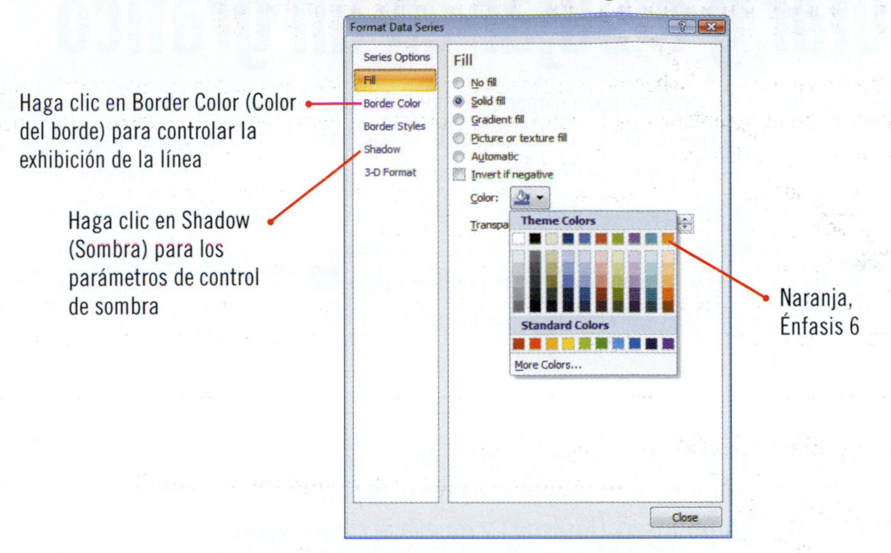

FIGURA D-15: Gráfico con series de datos con formato

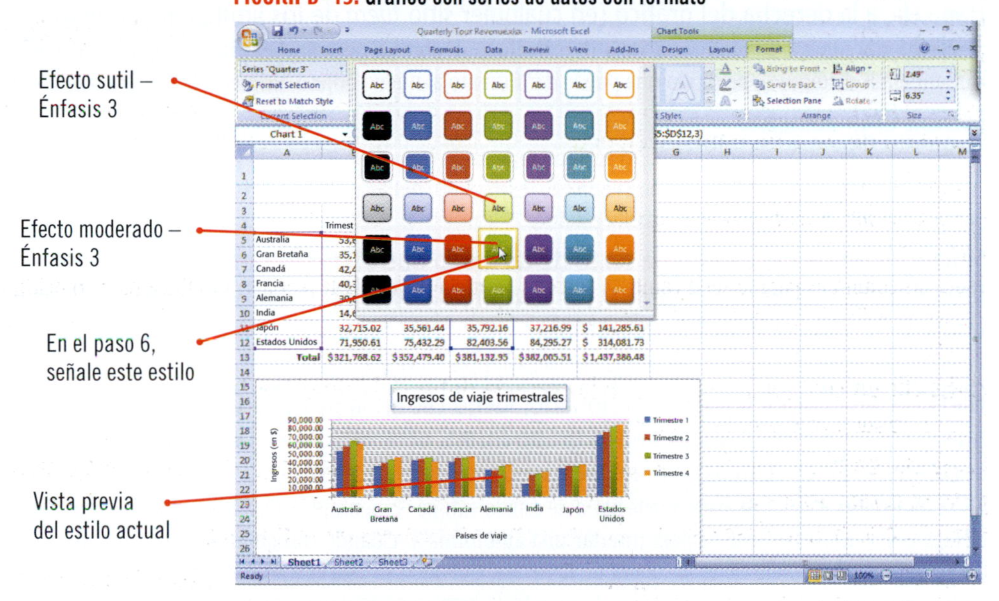

FIGURA D-16: Color modificado de series de datos

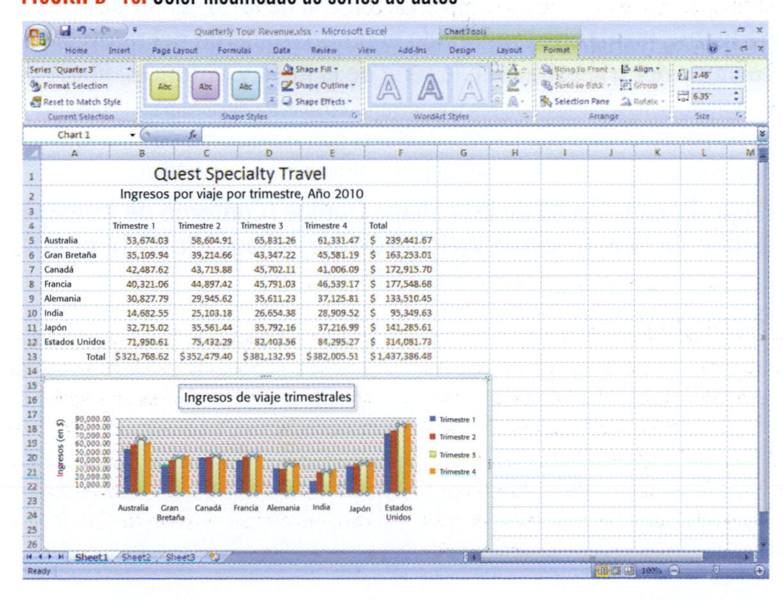

	Trimestre 1	Trimestre 2	Trimestre 3	Trimestre 4	Total
Australia	53,674.03	58,604.91	65,831.26	61,331.47	$ 239,441.67
Gran Bretaña	35,109.94	39,214.66	43,347.22	45,581.19	$ 163,253.01
Canadá	42,487.62	43,719.88	45,702.11	41,006.09	$ 172,915.70
Francia	40,321.06	44,897.42	45,791.03	46,539.17	$ 177,548.68
Alemania	30,827.79	29,945.62	35,611.23	37,125.81	$ 133,510.45
India	14,682.55	25,103.18	26,654.38	28,909.52	$ 95,349.63
Japón	32,715.02	35,561.44	35,792.16	37,216.99	$ 141,285.61
Estados Unidos	71,950.61	75,432.29	82,403.56	84,295.27	$ 314,081.73
Total	$321,768.62	$352,479.40	$381,132.95	$382,005.51	$1,437,386.48

Excel 2007

UNIDAD D

Excel 2007

Anotar y dibujar en un gráfico

Usted puede agregar anotaciones de texto e imágenes a un gráfico para señalar información crítica. **Las anotaciones de texto** son rótulos que describen de forma adicional sus datos. Asimismo, puede trazar líneas y flechas que señalen las ubicaciones exactas que desea destacar. Formas como flechas y cuadros pueden agregarse desde el grupo Illustrations (Ilustraciones) en la pestaña Insert (Insertar) o desde el grupo Insert (Insertar) de la pestaña Chart Tools Layout (Presentación de Herramientas de gráficos) en la cinta de opciones. Estos grupos también pueden utilizarse para insertar imágenes y "clip art" (imágenes prediseñadas). Usted desea llamar la atención hacia los incrementos de ingresos de viajes en la India, de modo que decide agregar una anotación de texto y una flecha a esa información en el gráfico.

PASOS

1. **Asegúrese de que el gráfico se encuentre seleccionado, haga clic en la pestaña Chart Tools Layout (Presentación de Herramientas de gráficos) luego clic en el botón Text box (Cuadro de texto) en el grupo Insert (Insertar) y mueva el cursor sobre la hoja de cálculo**
   El cursor cambia su forma a ↓, indicando que puede comenzar a escribir texto al hacer clic.

CONSEJO
También, puede insertar texto haciendo clic en el botón Text Box (Cuadro de texto) en el grupo Text (Texto) en la pestaña Insert (Insertar).

2. **Haga clic a la derecha del gráfico (en cualquier sitio *fuera* de los límites del gráfico)**
   Se agrega un cuadro de texto a la hoja de cálculo y se abre la pestaña Drawing Tools Format (Formato de Herramientas de dibujo), de modo que puede dar formato al nuevo objeto. Primero debe escribir el texto.
3. **Escriba Gran aumento**
   El texto aparece en un cuadro de texto seleccionado en la hoja de cálculo y el gráfico ya no está seleccionado, como se muestra en la figura D-17. Su cuadro de texto puede hallarse en un sitio diferente; esto no es importante porque moverá la anotación en el paso siguiente.
4. **Señale un borde del cuadro de texto de tal modo que el cursor cambie a ✥, arrastre el cuadro de texto al interior del gráfico y a la izquierda de título del mismo, como se ilustra en la figura D-18 y libere el botón del ratón**
   Usted quiere agregar una figura en forma de flecha simple en el gráfico.

CONSEJO
Para hacer anotaciones en un gráfico, también puede emplear la categoría Callouts (Llamadas) de la paleta Shapes (Formas) ya sea en el grupo Illustrations (Ilustraciones) en la pestaña Insert (Insertar), o bien, en el grupo Insert (Insertar) en la pestaña Chart Tools Layout.

5. **Haga clic en el gráfico para seleccionarlo, luego clic en la pestaña Chart Tools Layout, de nuevo clic en el botón Shapes en el grupo Insert, otra vez clic en la forma Arrow (Flecha) en la categoría Lines (Líneas) y mueva el cursor sobre el gráfico**
   El cursor cambia a +, mientras que la barra de estado exhibe el mensaje "Clic and drag to insert an AutoShape" ("Haga clic y arrastre el cursor para insertar una autoforma"). Cuando dibuje una flecha, el punto más lejano desde donde usted inicie tiene la cabeza de la flecha. Cuando + está cerca de los controladores del cuadro de texto, los controladores se vuelven rojos. Los controladores rojos actúan como un ancla para la flecha
6. **Coloque + en el cuadro rojo a la derecha de la "o" en la palabra "aumento" (en el cuadro de texto), mantenga presionado el botón izquierdo del ratón, arrastre la línea hasta la columna del Trimestre 2 en la serie de la India y, entonces, libere el botón del ratón**
   Una flecha señala hacia el ingreso del segundo trimestre de la India y la pestaña Drawing Tools Format (Formato de Herramientas de dibujo) exhibe opciones para trabajar con este nuevo objeto. Usted puede reconfigurarlo, darle formato o eliminarlo como cualquier otro objeto en un gráfico.
7. **Haga clic en la flecha de lista Shape Outline (Contorno de forma) en el grupo Shape Styles (Estilos de forma), señale Weight (Grosor) y haga clic en 1½ pt (1½ pto)**
   Compare su gráfico terminado con el de la figura D-19.
8. **Guarde su trabajo**

FIGURA D-17: Cuadro de texto agregado

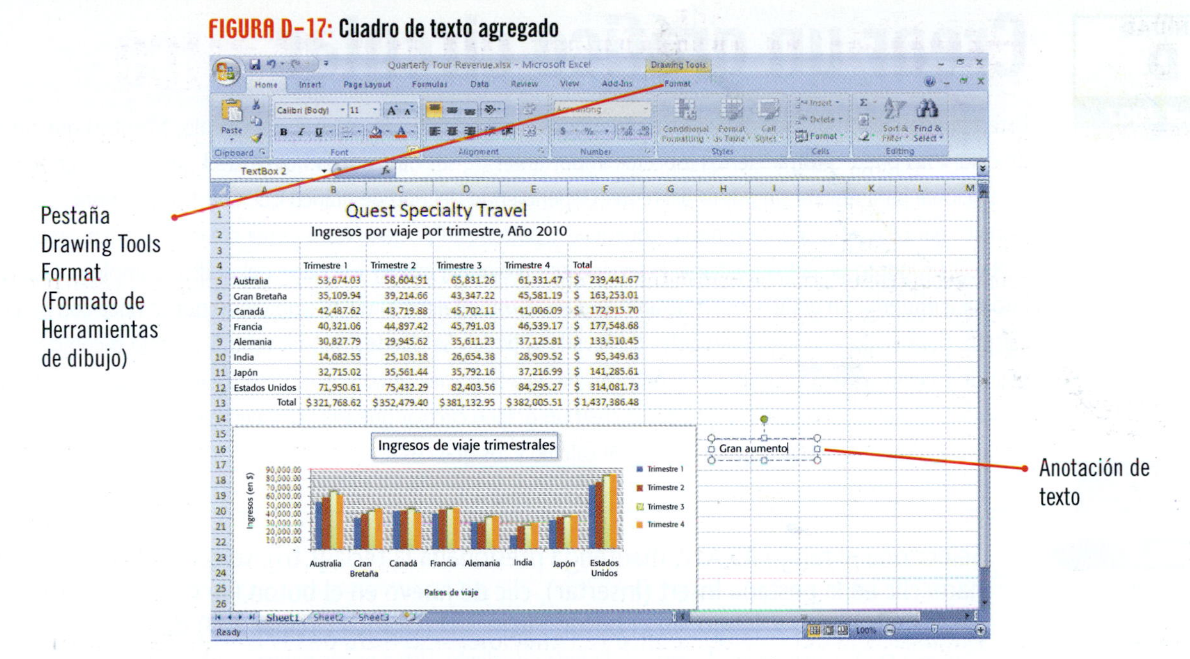

	Trimestre 1	Trimestre 2	Trimestre 3	Trimestre 4	Total
Australia	53,674.03	58,604.91	65,831.26	61,331.47	$ 239,441.67
Gran Bretaña	35,109.94	39,214.66	43,347.22	45,581.19	$ 163,253.01
Canadá	42,487.62	43,719.88	45,702.11	41,006.09	$ 172,915.70
Francia	40,321.06	44,897.42	45,791.03	46,539.17	$ 177,548.68
Alemania	30,827.79	29,945.62	35,611.23	37,125.81	$ 133,510.45
India	14,682.55	25,103.18	26,654.38	28,909.52	$ 95,349.63
Japón	32,715.02	35,561.44	35,792.16	37,216.99	$ 141,285.61
Estados Unidos	71,950.61	75,432.29	82,403.56	84,295.27	$ 314,081.73
Total	$321,768.62	$352,479.40	$381,132.95	$382,005.51	$1,437,386.48

FIGURA D-18: Anotación de texto en el gráfico

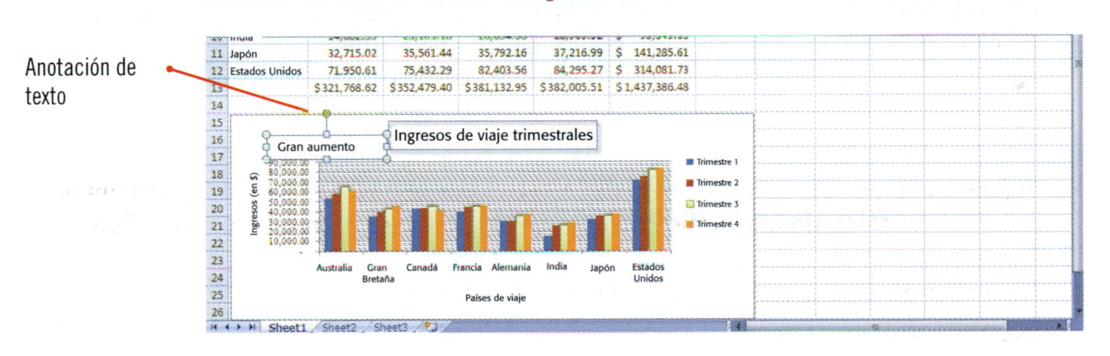

FIGURA D-19: Objeto dibujado agregado al gráfico

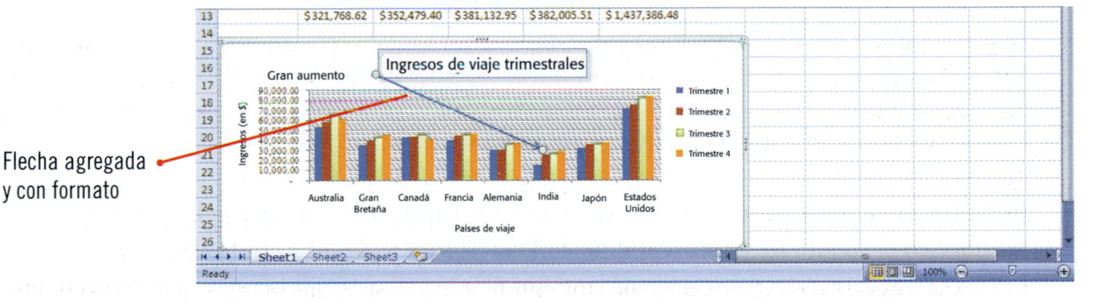

Agregar gráficos SmartArt

Además de imágenes, anotaciones y objetos de dibujo, puede crear gran variedad de diagramas haciendo uso de SmartArt. Los tipos de diagramas incluyen List (Lista), Process (Proceso), Cycle (Ciclo), Hierarchy (Jerarquía), Relationship (Relación), Matrix (Matriz) y Pyramid (Pirámide). Para insertar SmartArt, haga clic en el botón SmartArt en el grupo Illustrations (Ilustraciones) en la pestaña Insert (Insertar) en la cinta de opciones. Haga clic en la categoría de SmartArt que desee crear del panel izquierdo; luego, haga clic en el estilo del panel central. El panel derecho exhibe una muestra de la selección que ha elegido, como se ilustra en la figura D-20. El diagrama aparece en la hoja de cálculo como un objeto incrustado con controladores de tamaño. Se abre una ventana adicional donde puede introducir el texto del diagrama.

FIGURA D-20: Cuadro de diálogo Elegir un gráfico SmartArt

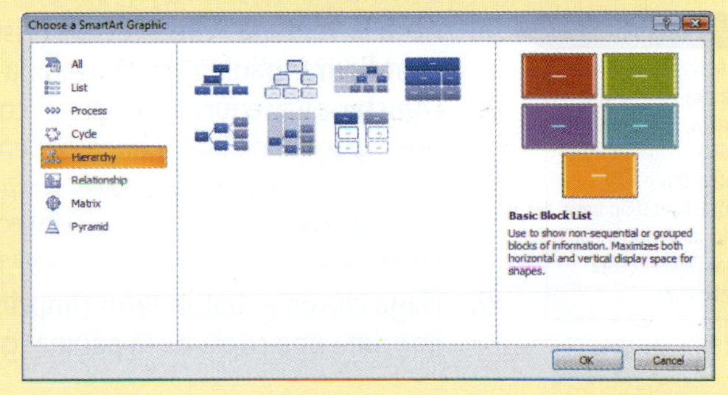

Excel 2007

UNIDAD
D
Excel 2007

Crear un gráfico circular

Usted puede crear múltiples gráficos basados en los mismos datos de una hoja de cálculo. Mientras que un gráfico de columnas puede ilustrar ciertos aspectos importantes de sus datos de la hoja, usted quizá desee crear un gráfico adicional para resaltar un punto diferente. Dependiendo del tipo de gráfico que construya, tendrá opciones adicionales para llamar la atención hacia tendencias y patrones. Por ejemplo, si desea crear un gráfico circular, puede destacar un punto de datos mediante la separación, o bien, al extraer esa parte del gráfico completo. Cuando está listo para imprimir un gráfico, puede examinarlo en la vista preliminar del mismo modo que lo hace con una hoja de cálculo, para verificar la impresión antes de llevarla al papel. Se puede imprimir un gráfico solo o como parte de la hoja de cálculo. En una reunión próxima, Grace planea discutir el ingreso total de viajes así como en qué países se requiere una mejoría. Usted desea crear un gráfico circular que ella pueda emplear para ilustrar los ingresos totales. Finalmente, desea imprimir la hoja de cálculo y los gráficos.

PASOS

CONSEJO

El botón Exploded Pie in 3-D (Gráfico circular seccionando 3-D) crea un gráfico de pay en el que todos las sectores están separados.

1. **Seleccione el rango A5:A12, mantenga presionada la tecla [Ctrl], seleccione el rango F5:F12, haga clic en la pestaña Insert (Insertar), clic de nuevo en el botón Pie circular en el grupo Charts (Gráficos) y, luego, en el botón Pie in 3-D (Gráfico circular 3-D) de la galería**

   El nuevo gráfico aparece en el centro de la hoja de cálculo. Usted puede mover el gráfico y darle formato rápidamente utilizando un Chart Layout (Estilos de diseño).

2. **Arrastre el gráfico de modo que su esquina superior izquierda se encuentre en la esquina superior izquierda de la celda G1 y haga clic en el botón Layout 2 (Estilo 2) en el grupo Chart Layouts (Estilos de diseño)**

CONSEJO

Si el comando Format Data Series (Dar formato a serie de datos) aparece en lugar de Format Data Point (Formato de punto de datos), haga doble clic en el punto de datos para el sector que quiera separar antes de hacer clic con el botón derecho.

3. **Haga clic en el sector para el punto de datos de la India, otra vez clic, de modo que sea el único punto de datos seleccionado, haga clic con el botón derecho y nuevamente clic en Format Data Point (Formato de punto de datos)**

   Se abre el cuadro de diálogo Format Data Point (Formato de punto de datos), como se ilustra en la figura D-21. Usted puede utilizar el control deslizante Point Explosion (Sección de puntos) para controlar la distancia que se desplaza un sector del gráfico o puede describir un valor en el cuadro de texto Point Explosion (Sección de puntos).

4. **Haga doble clic en 0 en el cuadro de texto Point Explosion (Sección de puntos), escriba 40 y, luego, haga clic en Close (Cerrar)**

   Compare su gráfico con el de la figura D-22. Usted decide examinar con vista preliminar el gráfico y los datos antes de imprimirlos.

5. **Arrastre el borde inferior del gráfico de modo que quede cerca de la parte superior de la fila 15, si es necesario**

6. **Haga clic en la celda A1, cambie a la vista de Page Layout (Diseño de página), escriba su nombre en el cuadro de encabezado del lado izquierdo y haga clic en la celda A1**

   Usted decide que el gráfico y los datos quedarían mejor en la página si se imprimieran en una orientación **horizontal**, es decir, con el texto distribuido a lo largo de la longitud de la página.

7. **Haga clic en la pestaña Page Layout, en el botón de Orientation en el grupo Page Setup (Configurar página) y, después, haga clic en Landscape (Horizontal)**

CONSEJO

Para ver solamente de manera preliminar un gráfico, seleccione el gráfico, haga clic en el botón Office, señale Print (Imprimir) y, luego, haga clic en Print Preview (Vista preliminar).

8. **Abra la ventana Print Preview (Vista preliminar), haga clic en el botón Page Setup (Configurar página) en la pestaña de Vista preliminar, haga clic en el botón de opción Fit to (Ajustar a), asegúrese de que el contenido se configura para ajustarse a 1 página de ancho por 1 página de alto y haga clic en OK (Aceptar)**

   Los datos y el gráfico se acomodan horizontalmente en una sola página. Véase la figura D-23. La impresora que haya seleccionado puede afectar el aspecto de su pantalla para la vista preliminar y, si no tiene instalada una impresora a colores, la imagen aparecerá en blanco y negro.

9. **Haga clic en el botón Print (Imprimir) en la etiqueta Print Preview (Vista preliminar), imprima una copia de la página, guarde y cierre el libro y, después, salga de Excel**

FIGURA D-21: Cuadro de diálogo Format Data Point (Formato de punto de datos)

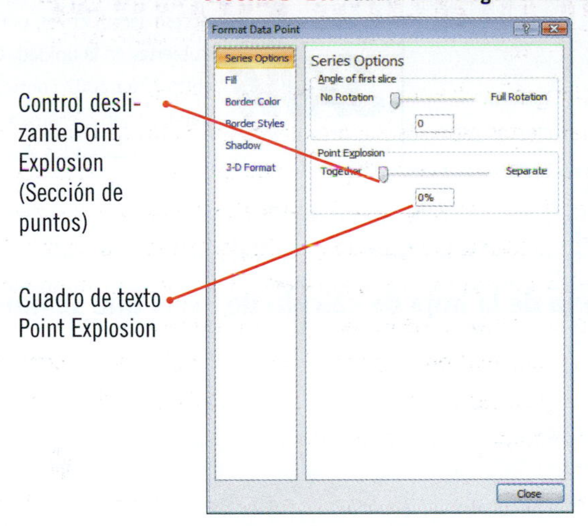

FIGURA D-22: Sector del gráfico circular separado

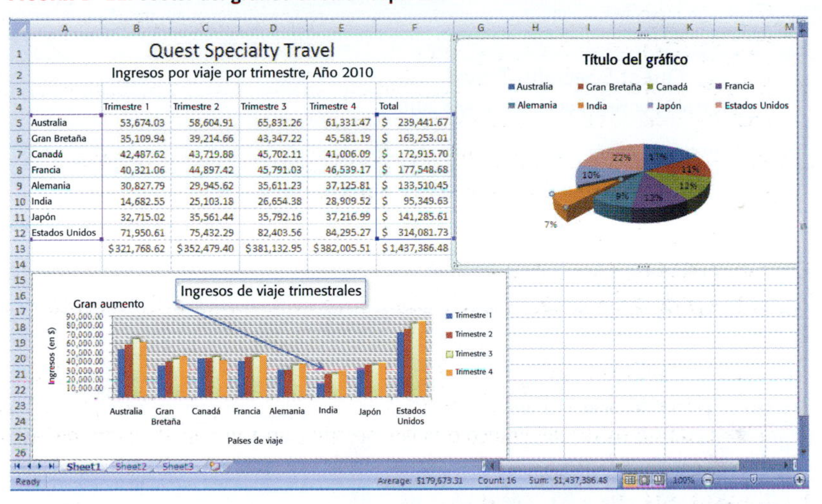

FIGURA D-23: Vista horizontal de los gráficos completados

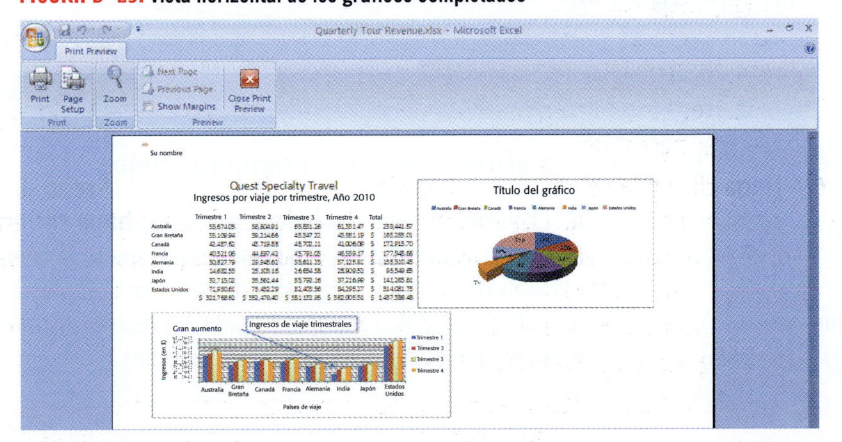

Uso del cuadro de diálogo Page Setup (Configurar página) para un gráfico

Cuando se selecciona un gráfico (o se encuentra activa una hoja de gráfico) y se abre la ventana de vista preliminar, usted puede hacer modificaciones haciendo clic en Page Setup (Configurar página) en el grupo Print (Imprimir) en la pestaña Print Preview (Vista preliminar). El cuadro de diálogo Page Setup no muestra todas las opciones normalmente disponibles. Por ejemplo, las opciones Center on page (Centrar en la página), en la pestaña Margins (Márgenes) no siempre se encuentra disponible y las opciones Scaling (Ajuste de escala), en la pestaña Page (Página) están atenuadas en un tono de gris. Asimismo, puede emplear el cuadro de verificación Show Margins (Mostrar márgenes) en el grupo Preview (Vista previa) de la pestaña Print Preview para posicionar con exactitud un gráfico en la página. Aparecen líneas de margen en la pantalla que le muestran exactamente cómo aparecen los márgenes en la página. El sitio exacto aparece en la barra de estado cuando usted mantiene presionado el botón del ratón en la línea de margen. Puede arrastrar las líneas a los parámetros exactos que usted desee.

Práctica

Si cuenta con un perfil de usuario SAM, usted puede tener acceso a instructivos, prácticas y evaluación de las habilidades cubiertas en la unidad. Conéctese a su cuenta SAM (http://sam2007.course.com/) para iniciar actividades de capacitación o exámenes programados que se relacionan con las habilidades abordadas en esta unidad.

▼ REPASO DE CONCEPTOS

Etiquete cada elemento de la ventana de la hoja de cálculo de Excel que se muestra en la figura D-24.

FIGURA D-24

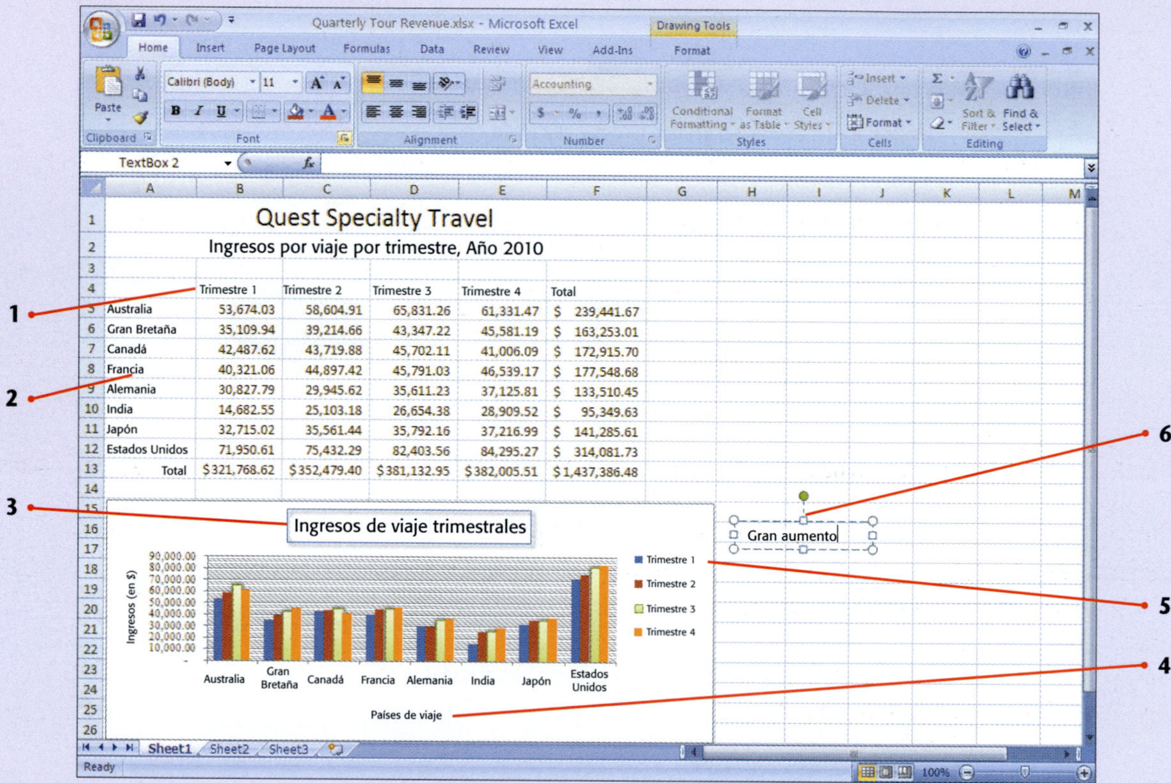

Relacione cada término o botón con la afirmación que lo describa mejor.

7. **Line (Línea)**
8. **Pie (circular)**
9. **Area (Área)**
10. **Column (Columna)**
11. **Combination (Dispersión)**

a. Compara tendencias sobre intervalos de tiempo regulares
b. Muestra cómo cambia el volumen con respecto al tiempo
c. Compara los datos con respecto al tiempo; es el predeterminado de Excel
d. Exhibe un gráfico de columnas y líneas usando distintas escalas de medida
e. Compara los datos como partes de un todo

Seleccione la respuesta más adecuada de la lista de opciones.

12. ¿Cuál pestaña en la cinta de opciones emplea para crear un gráfico?

a. Design (Diseño)
b. Insert (Insertar)
c. Page Layout (Diseño de página)
d. Format (Formato)

13. ¿Qué pestaña aparece solamente cuando se selecciona un gráfico?

a. Insert (Insertar)
b. Chart Tools Format (Formato de Herramientas de gráficos)
c. Review (Revisar)
d. Page Layout (Diseño de página)

14. ¿Qué cursor utiliza para redimensionar un objeto gráfico?

a. +
b. I
c. ↓
d. ⇕

15. ¿Cómo mueve un gráfico incrustado a una hoja de gráfico?

a. Hace clic en botón en la pestaña Chart Tools Design (Diseño de Herramientas de gráficos)
b. Arrastra el gráfico a la pestaña de la hoja
c. Elimina el gráfico, se traslada a una hoja diferente y crea un nuevo gráfico
d. Usa los botones de Copy (Copiar) y Paste (Pegar) en la cinta de opciones

16. El objeto en un gráfico que identifica patrones empleados para cada serie de datos es un:

a. Marcador de datos
b. Punto de datos
c. Organizador
d. Leyenda

17. Una colección de puntos de datos relacionados en un gráfico se denomina:

a. Serie de datos
b. Marca de datos
c. Dirección de celda
d. Título de valor

▼ REPASO DE HABILIDADES

1. Planear un gráfico.

a. Inicie Excel, abra el archivo de datos EX D-2.xlsx desde la unidad y carpeta donde almacena sus archivos de datos y guárdelo como **Uso de software departamental**.
b. Describa qué tipo de gráfico utilizaría para graficar estos datos.
c. ¿Qué tipo de gráfico emplearía para comparar los gastos totales de la compañía por departamento?
d. ¿Qué término se usa para describir cada valor en un rango de hoja de cálculo seleccionado para un gráfico?

2. Crear un gráfico.

a. En la hoja de cálculo, seleccione el rango que contenga todos los datos y encabezados.
b. Haga clic en la pestaña Insert (Insertar), si es necesario.
c. Haga un gráfico de columnas agrupadas y, luego, agregue el título de gráfico **Uso de software, por departamento** en la parte superior del gráfico.
d. Guarde su trabajo.

3. Desplazar y modificar un gráfico.

a. Asegúrese de que el gráfico todavía se encuentre seleccionado.
b. Mueva el gráfico debajo de los datos.
c. Redimensione el gráfico de modo que se extienda hasta el borde izquierdo de la columna I.
d. Utilice la pestaña Chart Tools Layout (Presentación de Herramientas de gráficos) para mover la leyenda bajo los datos graficados.
e. Redimensione el gráfico de modo que su borde inferior se encuentre en el borde superior de la fila 25.
f. Guarde su trabajo.

4. Modificar el diseño del gráfico.

a. Modifique el valor en la celda B3 a **25**. Observe el cambio en el gráfico.
b. Seleccione el gráfico.
c. Utilice el grupo Chart Layouts (Estilos de diseño) en la pestaña Chart Tools Design (Diseño de Herramientas de gráficos) para cambiar al Layout 7 (Estilo 7); luego, deshaga el cambio.
d. Emplee el botón Change Chart Type (Cambiar tipo de gráfico) en la pestaña Chart Tools Design para modificar el gráfico a un gráfico de barras agrupadas.
e. Modifique el gráfico a uno de columna agrupada en 3-D; luego, cámbielo de nuevo a un gráfico de columna agrupada.
f. Guarde su trabajo.

▼ REPASO DE HABILIDADES (CONTINUACIÓN)

5. **Modificar la presentación de un gráfico.**
   a. Utilice la pestaña Layout (Presentación) para desactivar las líneas de la cuadrícula mostradas en el gráfico.
   b. Cambie la fuente empleada en los rótulos de los ejes horizontal y vertical a Times New Roman.
   c. Active las líneas de cuadrícula principales tanto para el eje horizontal como para el vertical.
   d. Cambie la fuente del título del gráfico a Times New Roman, con un tamaño de fuente de 20.
   e. Introduzca **Departamentos** como el título del eje horizontal.
   f. Introduzca **Número de usuarios** como el título del eje vertical. (*Sugerencia*: use un título girado.)
   g. Cambie el tamaño de fuente del eje horizontal a 10, si es necesario, y la fuente a Times New Roman.
   h. Cambie el tamaño de fuente de los rótulos del eje horizontal a 10, si es necesario, y la fuente a Times New Roman.
   i. Modifique Personal en el encabezado de columna por **Recursos humanos**. (*Sugerencia*: cambie la etiqueta en la hoja de cálculo y, luego, redimensione la columna.)
   j. Cambie el tamaño de fuente de la leyenda a 14.
   k. Agregue una sombra descendente exterior con desplazamiento diagonal abajo a la derecha al título del gráfico. (*Sugerencia*: utilice un borde de línea sólida en el color predeterminado.)
   l. Guarde su trabajo.
6. **Dar formato a un gráfico.**
   a. Asegúrese de que el gráfico esté seleccionado y, luego, seleccione la pestaña Format (Formato), si es necesario.
   b. Cambie el color de la serie de datos de Excel a Olive Green, Accent 3 Darker 50% (Verde oliva, Énfasis 3 y Oscuro 50%).
   c. Modifique el efecto de forma de los datos de Excel a Bevel – Circle (Bisel – Círculo).
   d. Guarde su trabajo.
7. **Anotar y dibujar en un gráfico.**
   a. Asegúrese de que el gráfico esté seleccionado y cree la anotación de texto **Necesidades de más usuarios.**
   b. Posicione la anotación de texto de modo que la "N" en "Necesidades" se ubique aproximadamente por debajo de la "t" en "Software".
   c. Utilice el grupo Shapes (Formas) en la pestaña Insert (Insertar) para crear una flecha con grosor de 1½ pto que señale a los usuarios de Excel en el departamento de diseño.
   d. Deseleccione el gráfico.
   e. Guarde su trabajo.
8. **Crear un gráfico circular.**
   a. Seleccione el rango A1:F2 y haga un gráfico de 3-D.
   b. Arrastre el gráfico de 3-D por debajo del gráfico existente.
   c. Cambie el título del gráfico a **Usuarios de Excel.**
   d. Aplique el Chart Style 26 (Estilo 26) al gráfico.
   e. Separe el sector de Recursos humanos del gráfico al 25%.
   f. En la hoja de cálculo, ingrese su nombre en la sección izquierda del encabezado.

▼ REPASO DE HABILIDADES (CONTINUACIÓN)

g. Visualice la hoja de cálculo y los gráficos en la ventana de Print Preview (Vista preliminar), asegúrese de que todo el contenido quepa en una página y compare su trabajo con el de la figura D-25.

h. Guarde su trabajo.

i. Cierre el libro de trabajo y salga de Excel.

FIGURA D-25

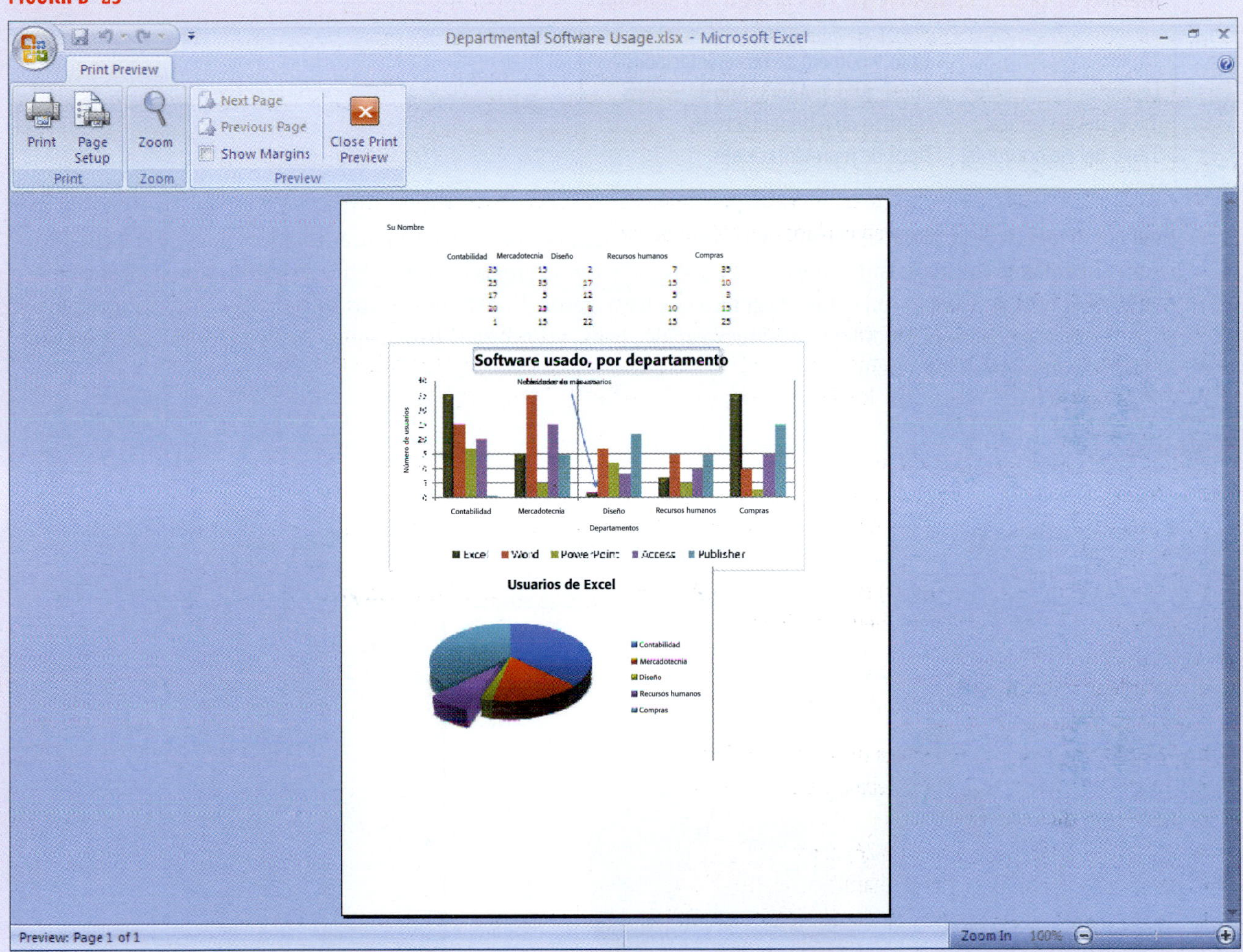

▼ RETO INDEPENDIENTE 1

Usted es el gerente de operaciones para el Springfield Theater Group en Massachusetts. Cada año, el grupo solicita patrocinio a varias agencias estatales y federales. Para la obtención de los patrocinios de este año, usted debe crear gráficos para documentar el número de producciones en los años anteriores.

a. Inicie Excel, abra el archivo de datos EX D-3.xlsx desde la unidad y carpeta donde almacena sus archivos de datos y guárdelo como **Grupo de Teatro de Springfield.**

b. Tome algún tiempo para planear sus gráficos. ¿Qué tipo de gráfico o gráficos puede ilustrar mejor la información que debe mostrar? ¿Qué clase de mejoras para el gráfico quiere utilizar? ¿Hará más comprensible su gráfico un efecto en 3-D?

▼ RETO INDEPENDIENTE 1 (CONTINUACIÓN)

c. Cree un gráfico de columna agrupada para los datos.
d. Si así lo desea, cambie por lo menos uno de los colores empleados en una serie de datos.
e. Haga las modificaciones apropiadas al gráfico para hacerlo más fácil de leer y comprender, así como visualmente atractivo. Incluya títulos de gráfico, leyendas y títulos para ejes de valores y categorías, haciendo uso de las sugerencias en la tabla D-3.

TABLA D-3

mejoras de gráfico sugeridas para un gráfico de columnas	
Título	Tipos y número de representaciones
Leyenda	Año 1, Año 2, Año 3, Año 4
Título del eje vertical	Número de representaciones
Título del eje horizontal	Tipos de representaciones

f. Cree por lo menos dos gráficos adicionales para los mismos datos con el fin de demostrar cómo los tipos de gráficos diferentes presentan los mismos datos. Ponga cada nuevo gráfico en su propia hoja en el libro de trabajo y proporcione un nombre a la hoja de acuerdo con el tipo de gráfico que haya creado. Uno de los gráficos adicionales deberá ser un gráfico; el otro, será de su elección. Modifique cada nuevo gráfico como sea necesario para mejorar su aspecto y eficacia. Compare su gráfico con el de la figura D-26.

FIGURA D-26

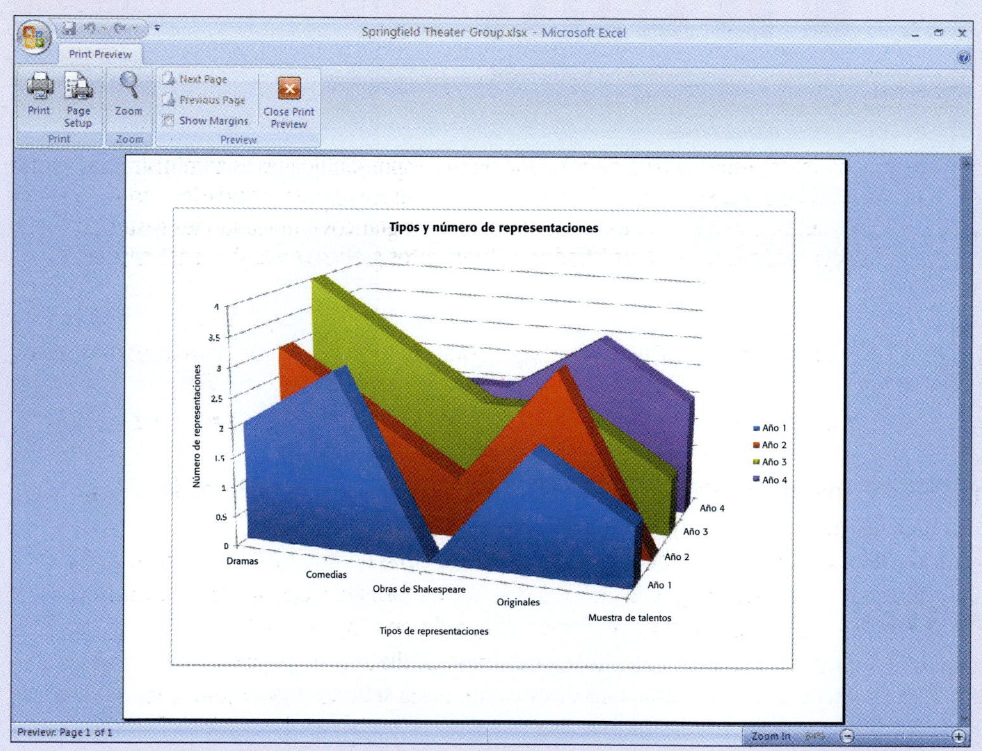

g. Introduzca su nombre en el encabezado de la hoja de cálculo.
h. Guarde su trabajo. Antes de imprimirlo, examine el libro en Print Preview (Vista preliminar) y, luego, haga los ajustes que sean necesarios a cualquier elemento.
i. Imprima la hoja de cálculo (gráficos y datos).
j. Cierre el libro y salga de Excel.

▼ RETO INDEPENDIENTE 2

FIGURA D-27

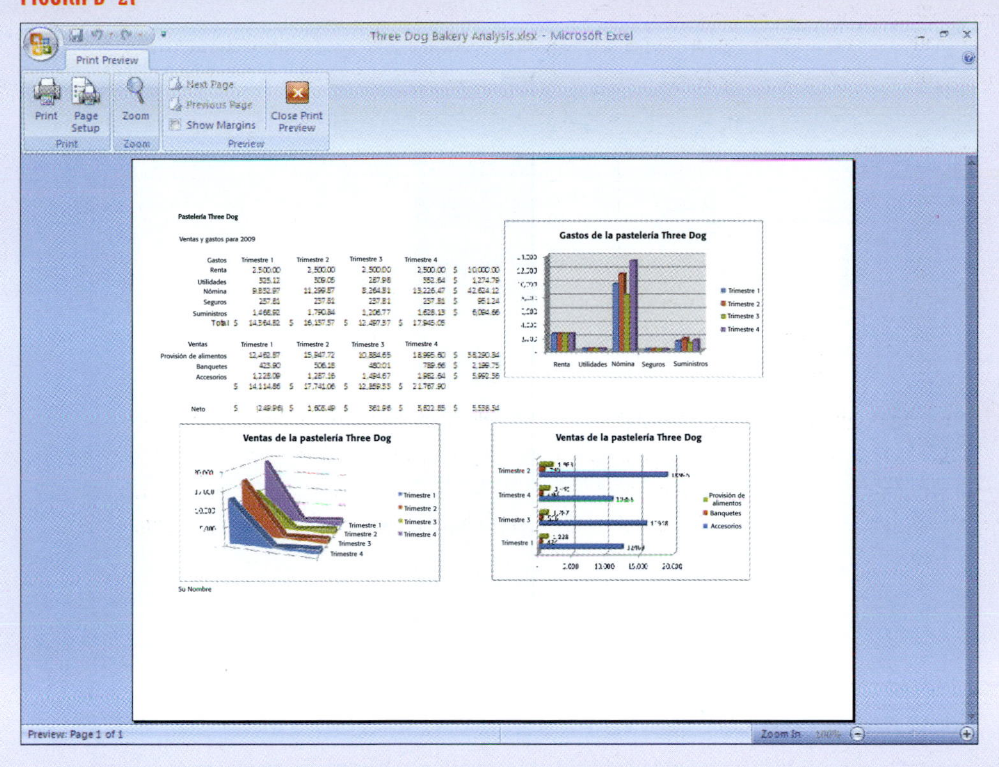

Usted trabaja en la Pastelería Three Dog, una pastelería especial para perros. Una de sus responsabilidades es administrar las ventas y gastos de la compañía haciendo uso de Excel. Otra es convencer al personal actual de que Excel puede ayudarlos a tomar decisiones de operación cotidianas con más facilidad y eficacia. Para hacer esto, ha decidido crear gráficos empleando los gastos de operación del año pasado, incluyendo renta, utilidades y nómina. El administrador utilizará estos gráficos en la siguiente reunión mensual.

- **a.** Inicie Excel, abra el archivo de datos EX D-4.xlsx desde la unidad y carpeta donde almacena sus Archivos de datos y guárdelo como **Análisis de la pastelería Three Dog**.
- **b.** Decida cuáles datos en la hoja de cálculo deberían graficarse. ¿Qué tipo de gráfico o gráficos son más adecuados para la información que debe mostrar? ¿Qué clase de mejoras de gráficos son necesarias?
- **c.** Cree un gráfico de columnas en 3-D (con las series de datos en filas) en la hoja de cálculo, ilustrando los datos de gastos para los cuatro trimestres en total. (*Sugerencia*: no incluya los totales.)
- **d.** Cambie la escala del eje vertical (Datos de gastos) de manera que no se exhiban cifras decimales. (*Sugerencia*: haga clic con el botón derecho en la escala que quiera modificar, haga clic en Format Axis (Dar formato a eje), luego en la categoría Number (Número), modifique el número de cifras decimales y, después, haga clic en Close (Cerrar).)
- **e.** Haciendo uso de los datos de ventas, cree dos gráficos en esta hoja de cálculo que ilustren las tendencias en los datos. (*Sugerencia*: mueva cada gráfico a un nuevo sitio en la hoja de cálculo y desactive la selección del mismo antes de crear el siguiente.)
- **f.** En un gráfico de los datos de ventas, agregue rótulos de datos y añada títulos de gráfico a medida que lo considere adecuado.
- **g.** Efectúe cualquier cambio necesario de formato para hacer que los gráficos tengan un aspecto más atractivo; luego, introduzca su nombre en una celda de la hoja de cálculo.
- **h.** Guarde su trabajo.
- **i.** Antes de imprimir, examine en vista preliminar cada gráfico y ajuste cualquier elemento que sea necesario. Ajuste los gráficos a una sola página e imprima una copia. Compare su trabajo con el de la figura D-27.
- **j.** Cierre el libro de trabajo y salga de Excel.

▼ RETO INDEPENDIENTE 3

FIGURA D-28

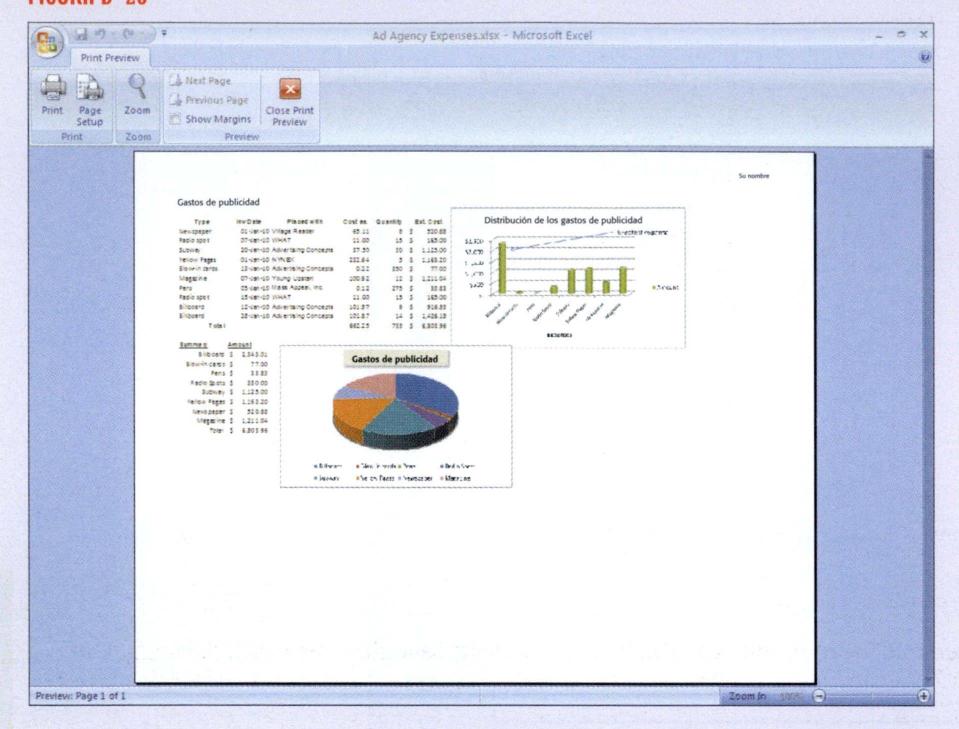

Usted está laborando como representante de cuenta de la agencia de publicidad Inspiration y ha estado examinando los gastos cobrados a los clientes de la compañía. El consejo directivo quiere examinar ciertos gastos de publicidad y le ha solicitado preparar gráficos que puedan ser utilizados en esta evaluación. En particular, usted quiere ver cómo se comparan las cantidades monetarias entre los distintos gastos y, también, desea ver cómo se comparan los gastos entre sí de manera proporcional respecto al presupuesto total.

a. Inicie Excel, abra el archivo de datos EX D-5.xlsx desde la unidad y carpeta donde almacena sus archivos de datos y guárdelo como **Gastos de la agencia de publicidad**.

b. Elija los tres tipos de gráficos que parezcan más adecuados para ilustrar los datos en el rango A16:B24. ¿Qué clase de mejoras son necesarias para el gráfico?

c. Construya por lo menos dos tipos diferentes de gráficos que muestren la distribución de los gastos de publicidad. (*Sugerencia*: mueva cada gráfico a un nuevo sitio en la misma hoja de cálculo.) Uno de los gráficos deberá ser un gráfico circular en 3-D.

d. Agregue anotaciones de texto y flechas para resaltar los datos importantes, tales como el gasto mayor.

e. Modifique el color de por lo menos una serie de datos, al menos en uno de los gráficos.

f. Agregue títulos para el gráfico y títulos para los ejes de categoría y valor donde sea apropiado. Dé formato a los títulos con una fuente de su elección. Añada una sombra descendente alrededor del título del gráfico por lo menos en uno de ellos.

g. Añada su nombre a una sección del encabezado y guarde su trabajo.

h. Examine el archivo en Print Preview (Vista preliminar). Ajuste cualquier elemento que sea necesario. Asegúrese de que todos los gráficos estén visibles en la página. Compare su trabajo con el que se ilustra en la figura D-28.

Ejercicios de reto avanzado

- Separe un sector del gráfico circular en 3-D.
- Agregue un rótulo de datos al sector del gráfico separado.
- Cambie el formato numérico de los rótulos en los gráficos no circulares de manera que no se muestren cifras decimales.
- Modifique la escala del eje vertical en uno de los gráficos. (*Sugerencia*: haga clic con el botón derecho en el eje vertical, luego clic en Format Axis (Dar formato a eje) y en Axis Options (Opciones del eje).)
- Guarde su trabajo y, luego, examínelo en vista preliminar.

i. Imprima los gráficos, cierre el libro de trabajo y salga de Excel.

▼RETO INDEPENDIENTE DE LA VIDA REAL

FIGURA D-29

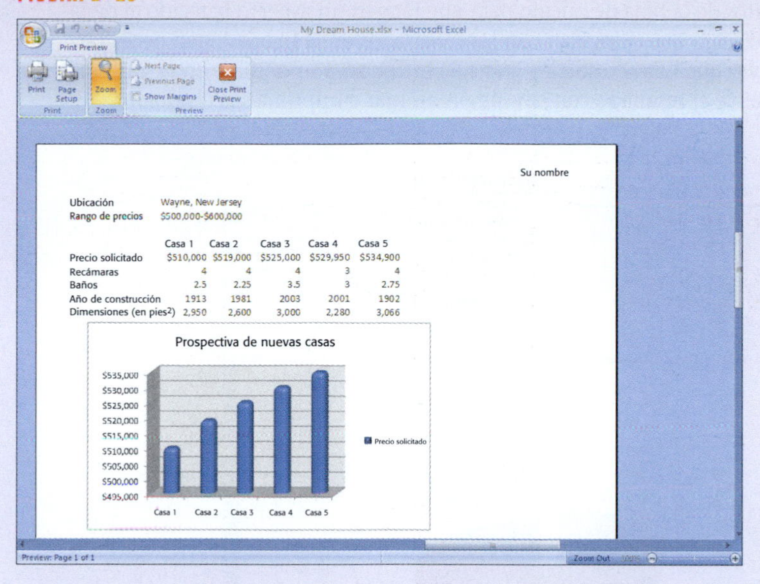

Nota: este proyecto requiere de una conexión a Internet.

Una herencia en efectivo de un familiar lejano se ha depositado finalmente en su cuenta bancaria y usted ha decidido dejar su trabajo y trasladarse a la ciudad de sus sueños. Usted tiene una idea clara de dónde le gustaría vivir y decide utilizar la Web para ver qué clase de casas se encuentran actualmente disponibles.

a. Inicie Excel; luego, guarde un nuevo libro de trabajo en blanco como **La casa de mis sueños** en la unidad y carpeta donde almacena sus archivos de datos.

b. Decida dónde le gustaría vivir y utilice su motor de búsqueda favorito para hallar fuentes de información acerca de casas en venta en esa área.

c. Determine un intervalo de precios y las características en el interior de la casa. Averigüe los datos de por lo menos cinco casas que satisfagan sus requerimientos tanto de precio como de lugar e introdúzcalos en la hoja de cálculo. Véase la tabla D-4 para la presentación de datos sugerida.

d. Dé formato a los datos de modo que tengan un aspecto atractivo y profesional.

e. Construya cualquier tipo de gráfico de columnas, empleando sólo los datos de casa y precios solicitados. Colóquelo en la misma hoja de cálculo que los datos. Incluya un título descriptivo.

f. Modifique los colores en el gráfico, haciendo uso del Chart Style (Estilos de diseño) que desee.

TABLA D-4

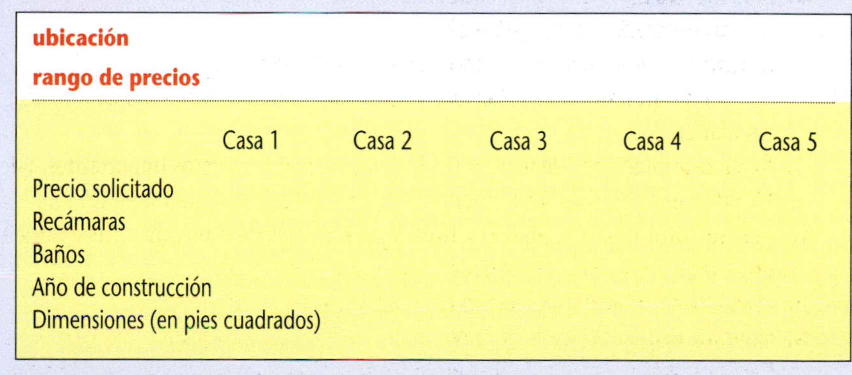

ubicación

rango de precios

	Casa 1	Casa 2	Casa 3	Casa 4	Casa 5
Precio solicitado					
Recámaras					
Baños					
Año de construcción					
Dimensiones (en pies cuadrados)					

g. Introduzca su nombre en una sección del encabezado.

h. Guarde el libro. Examine el gráfico y modifique los márgenes y/o la orientación como sea necesario. Compare su trabajo con el gráfico que se ilustra en la figura D-29.

i. Imprima su hoja de cálculo, incluyendo los datos y gráfico(s), haciendo las modificaciones de configuración que sean necesarias.

Ejercicios de reto avanzado

E R A

- Cambie el tipo de gráfico a un gráfico de columna agrupada.
- Cree un gráfico de dispersión que grafique el precio solicitado en un eje y el tamaño de la casa en el otro eje.

j. Cierre el libro y salga de Excel.

▼ TALLER VISUAL

Abra el archivo de datos EX D-6.xlsx desde la unidad y carpeta donde usted almacene sus archivos de datos y guárdelo como **Ingresos estimados del proyecto**. Modifique los datos de la hoja de cálculo para que tengan un aspecto parecido al de la figura D-30; a continuación, cree y modifique dos gráficos para que coincidan con los mostrados en la figura. Usted necesitará efectuar cambios al formato, presentación y diseño una vez que haya creado los gráficos. Introduzca su nombre en la sección izquierda del encabezado y, posteriormente, guarde. Observe el resultado con la vista preliminar e imprima sus resultados.

FIGURA D-30

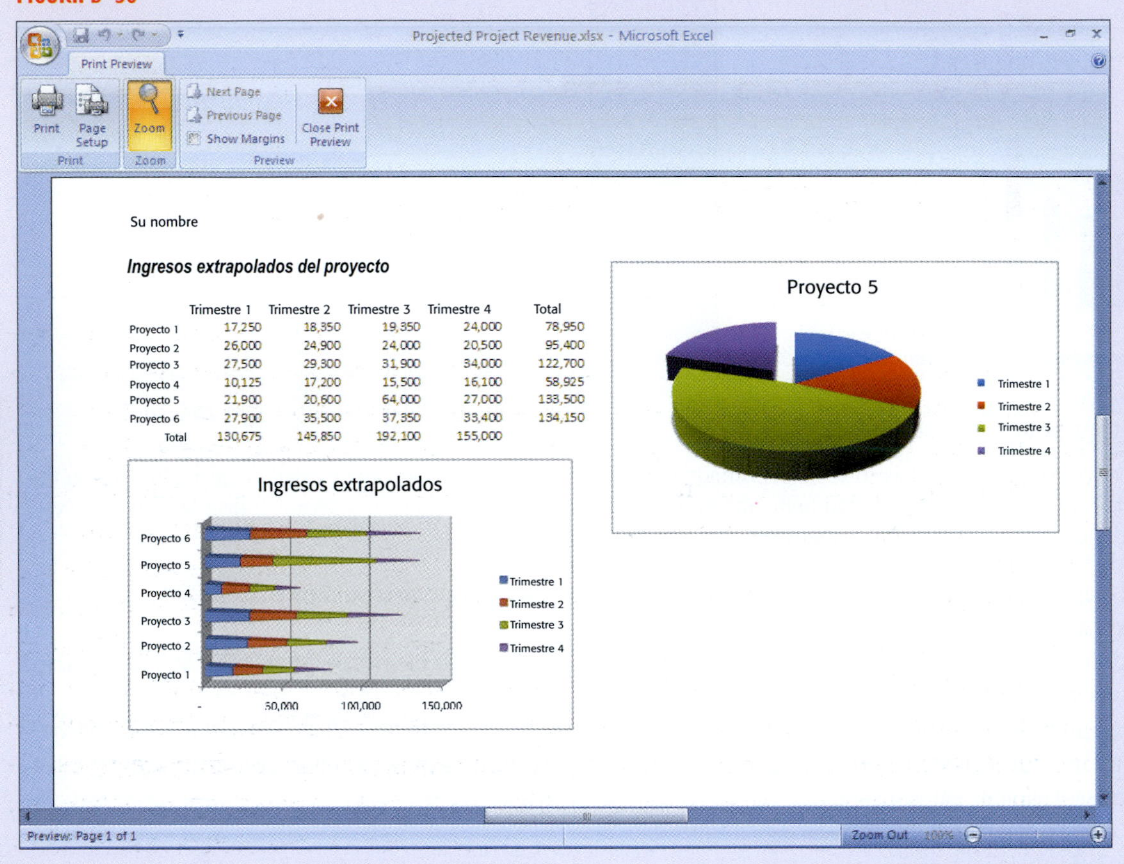

	Trimestre 1	Trimestre 2	Trimestre 3	Trimestre 4	Total
Proyecto 1	17,250	18,350	19,350	24,000	78,950
Proyecto 2	26,000	24,900	24,000	20,500	95,400
Proyecto 3	27,500	29,300	31,900	34,000	122,700
Proyecto 4	10,125	17,200	15,500	16,100	58,925
Proyecto 5	21,900	20,600	64,000	27,000	133,500
Proyecto 6	27,900	35,500	37,350	33,400	134,150
Total	130,675	145,850	192,100	155,000	

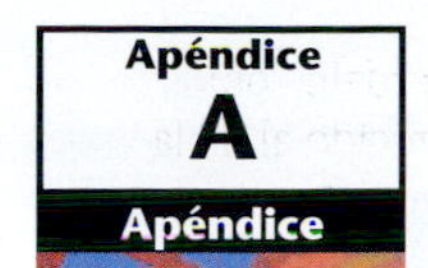

Restaurar la configuración predeterminada en Windows Vista. Deshabilitar y habilitar Windows Aero

Archivos que necesita:

Ninguno.

Windows Vista es la versión más reciente del sistema operativo Windows. Un sistema operativo controla la manera en que usted trabaja con su computadora, supervisa los programas que se están ejecutando y proporciona las herramientas para llevar a cabo las tareas de computación. Después de encuestar a millones de usuarios, Microsoft incorporó sus sugerencias de que Windows Vista fuera seguro, confiable y fácil de utilizar. De hecho, Windows Vista se considera la versión más segura de Windows hasta ahora. Otras mejoras incluyen una nueva característica de búsqueda que le permite encontrar rápidamente archivos y programas desde el menú Inicio y desde las ventanas, herramientas que simplifican el acceso a Internet —especialmente con una conexión inalámbrica— y programas de multimedios que le permiten disfrutar, compartir y organizar música, fotos y grabaciones de TV. Por último, Windows Vista ofrece cientos de atractivos visuales con su diseño transparente de tres dimensiones en la experiencia Aero. Este apéndice explica cómo asegurarse de utilizar la configuración predeterminada de Windows Vista de apariencia, personalización, seguridad, hardware y sonido, y habilitar y deshabilitar Windows Aero. Para más información sobre Windows Aero, visite *www.microsoft.com/windowsvista/experiences/aero.mspx*.

OBJETIVOS

- Restaurar la configuración predeterminada en la sección de Apariencia y personalización
- Restaurar la configuración predeterminada en la sección Seguridad
- Restaurar la configuración predeterminada en la sección Hardware y Sonido
- Deshabilitar y habilitar Windows Aero

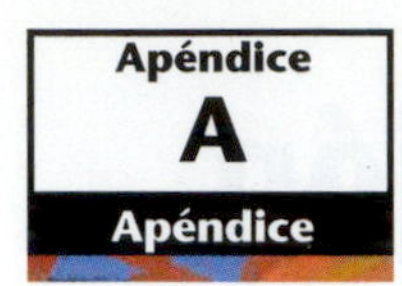

Restaurar la configuración predeterminada en la sección de Apariencia y personalización

Las siguientes instrucciones requieren la instalación predeterminada de Windows Vista y que el estudiante inicie sesión con una cuenta de administrador. Todas las configuraciones siguientes pueden cambiarse mediante el Control Panel (Panel de control).

PASOS

- Para restaurar la configuración predeterminada en la sección Personalization (Personalización)
  1. Haga clic en Start (Inicio) y luego en Control Panel (Panel de control). Haga clic en Appearance and Personalization (Apariencia y personalización), seleccione Personalization (Personalización) y luego compare su pantalla con la figura A-1
  2. En la ventana Personalization, haga clic en Windows Color and Appearance (Color y apariencia de las ventanas), seleccione el color Default (Estándar) y luego haga clic en OK (Aceptar)
  3. En la ventana Personalization, haga clic en Mouse Pointers (Punteros del mouse). En el cuadro de diálogo Mouse Properties (Propiedades del Mouse), en la pestaña Pointers (Punteros), seleccione Windows Aero (system scheme) —o Aero de Windows (esquema del sistema)— en la lista desplegable y haga clic en OK (Aceptar)
  4. En la ventana Personalization (Personalización), haga clic en Theme (Tema). Seleccione Windows Vista. Seleccione Windows Vista en la lista desplegable de Theme, y luego haga clic en OK (Aceptar)
  5. En la ventana Personalization, haga clic en Display Settings (Configuración de pantalla). En el cuadro de diálogo de Display Settings, arrastre la barra de resolución a 1024 por 768 pixeles, y luego haga clic en OK (Aceptar)

FIGURA A-1

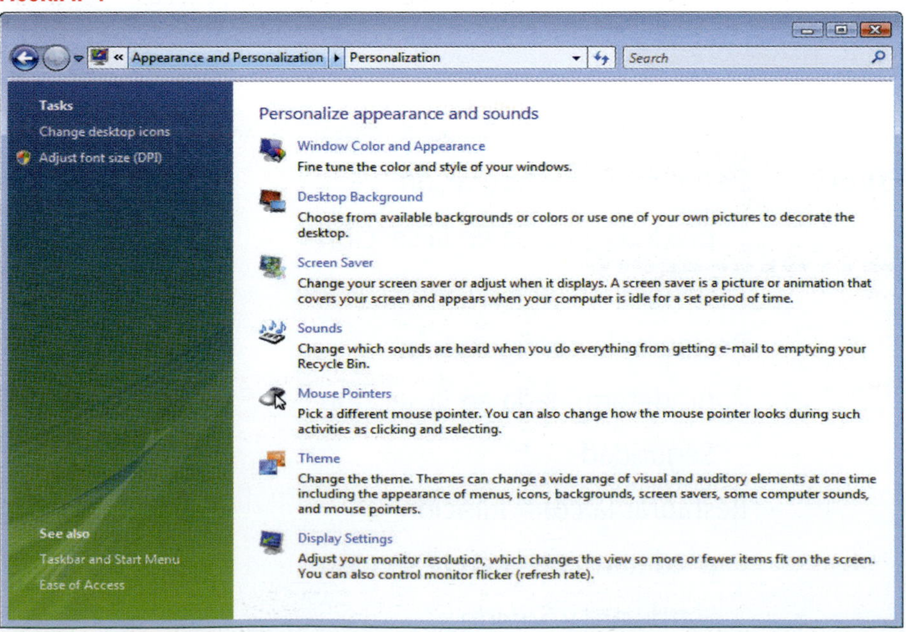

- Para restaurar la configuración predeterminada en la sección Taskbar and Start Menu (Barra de tareas y menú inicio)
  1. Haga clic en Inicio y luego en Control Panel (Panel de control). Haga clic en Appearance and Personalization (Apariencia y personalización). Haga clic en el Taskbar and Start Menu (Barra de tareas y menú Inicio) y luego compare su pantalla con la figura A-2
  2. En el cuadro de diálogo Taskbar and Start Menu Properties (Propiedades de la barra de tareas y menú Inicio), en la pestaña Taskbar (Barra de tareas), haga clic para seleccionar todos los cuadros de verificación excepto "Auto-hide the taskbar" ("Ocultar automáticamente la barra de tareas")
  3. En la pestaña Start Menu (Menú Inicio), haga clic en el botón de selección Start menu (Menú Inicio) y verifique todos los cuadros en la sección Privacy (Privacidad)
  4. En la sección iconos del sistema en la pestaña Notification Area (Área de notificación), haga clic para seleccionar todos los cuadros de verificación excepto el de "Power" ("Energía")
  5. En la pestaña Toolbars (Barra de herramientas), haga clic para seleccionar Quick Launch (Inicio rápido), ninguno de los otros conceptos debe estar activado
  6. Haga clic en OK (Aceptar) para cerrar el cuadro de diálogo de Taskbar and Start Menu Properties (Propiedades de la barra de tareas y del menú Inicio)
- Para restaurar la configuración predeterminada en la sección Folder Option (Opciones de carpeta)
  1. Haga clic en Start y luego en Control Panel. Haga clic en Apariencia y Personalización, haga clic en Opciones de carpeta y luego compare su pantalla con la figura A.3
  2. En el cuadro de diálogo Folder Options (Opciones de carpeta), en la pestaña General (General), haga clic para seleccionar Show preview and filters (Mostrar vista previa y filtros) en la sección Tasks (Tareas), haga clic para seleccionar Open each folder in the same window (Abrir todas las carpetas en la misma ventana), en la sección Browse folder (Examinar carpetas), y haga clic para elegir Double-click to open an item (single-click to select) o Doble clic para abrirlo (un clic para seleccionarlo) en la sección Clic items as follows (Acciones al hacer clic en un elemento)
  3. En la pestaña View (Ver), haga clic en el botón Reset Folders (Restablecer carpetas) y elija Yes (Sí) en el cuadro de diálogo Folder views (Vistas de carpeta). Luego haga clic en el botón Restore Defaults (Restaurar valores predeterminados)
  4. En la pestaña Search (Buscar) haga clic en el botón Restore Defaults (Restaurar valores predeterminados)
  5. Haga clic en OK (Aceptar) para cerrar el cuadro de diálogo de las opciones de carpeta, Folder Options
- Para restaurar la configuración predeterminada en la sección Windows Sidebar Properties (Propiedades de Windows Sidebar)
  1. Haga clic en Start, luego en Control Panel. Haga clic en Appearance and Personalization (Apariencia y personalización), haga clic en Windows Sidebar Properties (Propiedades de Windows Sidebar) y luego compare su pantalla con la figura A-4
  2. En el cuadro de diálogo de Windows Sidebar Properties, en la pestaña Sidebar (Windows Sidebar), haga clic para seleccionar Start Sidebar when Windows Start (Iniciar Windows Sidebar cuando Windows se inicie). En la sección Arrangement (Colocación), haga clic para seleccionar Right (Derecho), y luego seleccione 1 en Display Sidebar on monitor (Mostrar Windows Sidebar en este monitor) en la lista desplegable del monitor
  3. Haga clic en OK (Aceptar) para cerrar el cuadro de diálogo de las propiedades de la barra lateral de Windows

FIGURA A-2

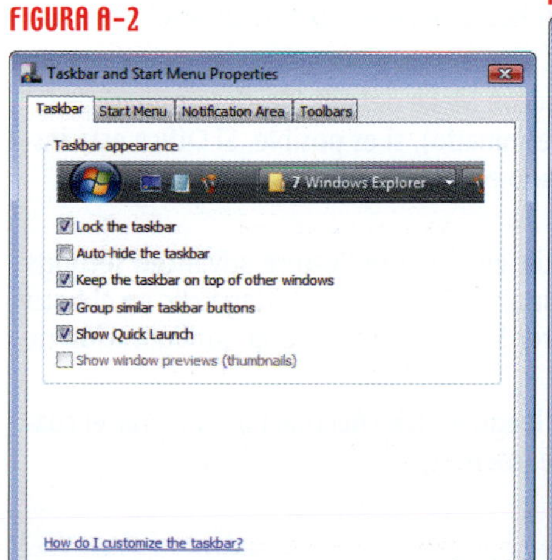

FIGURA A-3

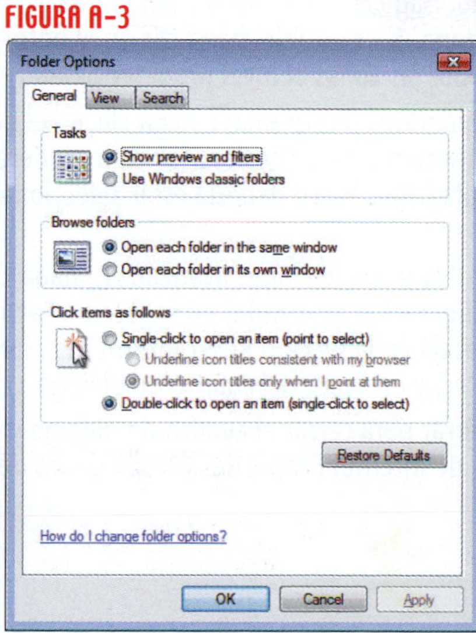

FIGURA A-4

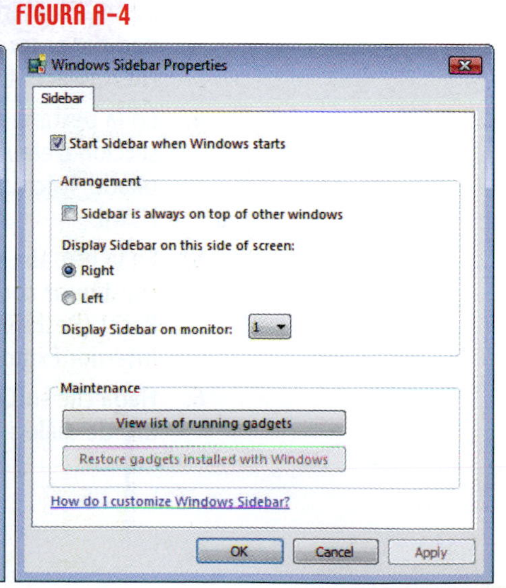

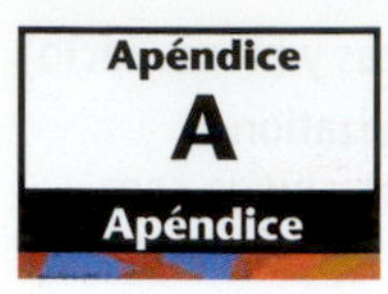

Restaurar la configuración predeterminada en la sección Seguridad

Las siguientes instrucciones requieren la instalación predeterminada de Windows Vista y que el estudiante inicie sesión con una cuenta de administrador. Todas las configuraciones siguientes pueden cambiarse mediante el Control Panel (Panel de Control).

PASOS

- **Para restaurar la configuración predeterminada en la sección de Windows Firewall (Firewall de Windows)**
  1. Haga clic en Start (Inicio) y luego en Control Panel (Panel de control). Haga clic en Security (Seguridad) y después en Windows Firewall; luego compare su pantalla con la figura A-5
  2. En el cuadro de diálogo de Windows Firewall, haga clic en Change Settings (Cambiar la configuración). Si aparece el cuadro de diálogo User Account Control (Control de cuentas de usuario), haga clic en Continue (Continuar)
  3. En el cuadro de diálogo Windows Firewall Settings (Configuración de Firewall de Windows), haga clic en la pestaña Advanced (Opciones avanzadas). Haga clic en Restore Defaults (Restaurar predeterminados), luego en Yes (Sí) en el cuadro de diálogo del mismo nombre
  4. Haga clic en OK (Aceptar) para cerrar el cuadro de diálogo de Windows Firewall Settings y luego cierre la ventana
- **Para restaurar la configuración predeterminada de la sección Internet Options (Opciones de Internet)**
  1. Haga clic en Start (Inicio) y luego en Control Panel (Panel de control). Haga clic en Security (Seguridad) y en Opciones de Internet; luego compare su pantalla con la figura A-6
  2. En el cuadro de diálogo de Internet Properties (Propiedades de Internet), en la pestaña General, haga clic en el botón Use Default (Usar predeterminada). Haga clic en el botón Settings (Configuración) en la sección Tabs (Pestañas) y luego haga clic en el botón Restore defaults (Restaurar valores predeterminados) del cuadro de diálogo Tabbed Browsing Settings (Configuración de exploración por pestañas). Haga clic en OK (Aceptar) para cerrar este cuadro de diálogo
  3. En la pestaña Security (Seguridad) del cuadro de diálogo Internet Properties (Propiedades de Internet), haga clic para quitar la selección Enable Protected Mode (Habilitar Modo protegido), de ser necesario. Haga clic en el botón Default level (Nivel predeterminado) del nivel de seguridad para esta zona. Si es posible, haga clic en el botón Reset all zones to default level (Restablecer todas las zonas al nivel predeterminado)
  4. En la pestaña Programs (Programas), haga clic en el botón Make default (Predeterminar) de la sección Default web browser (Explorador web predeterminado), si es posible. Si Office está instalado, Microsoft Office Word debería estar seleccionado en la lista desplegable del editor HTML
  5. En la pestaña Advanced (Opciones avanzadas), haga clic en el botón Restore advanced settings (Restaurar configuración avanzada) en la sección Settings (Configuración). Haga clic en el botón Reset (Restablecer) en la sección Reset Internet Explorer Settings (Restablecer configuración de Internet Explorer) y en Reset del cuadro de diálogo
  6. Haga clic en Cerrar para cerrar el cuadro de diálogo y luego en OK (Aceptar) para cerrar el cuadro de diálogo de Internet Properties (Propiedades de Internet)

FIGURA A-5

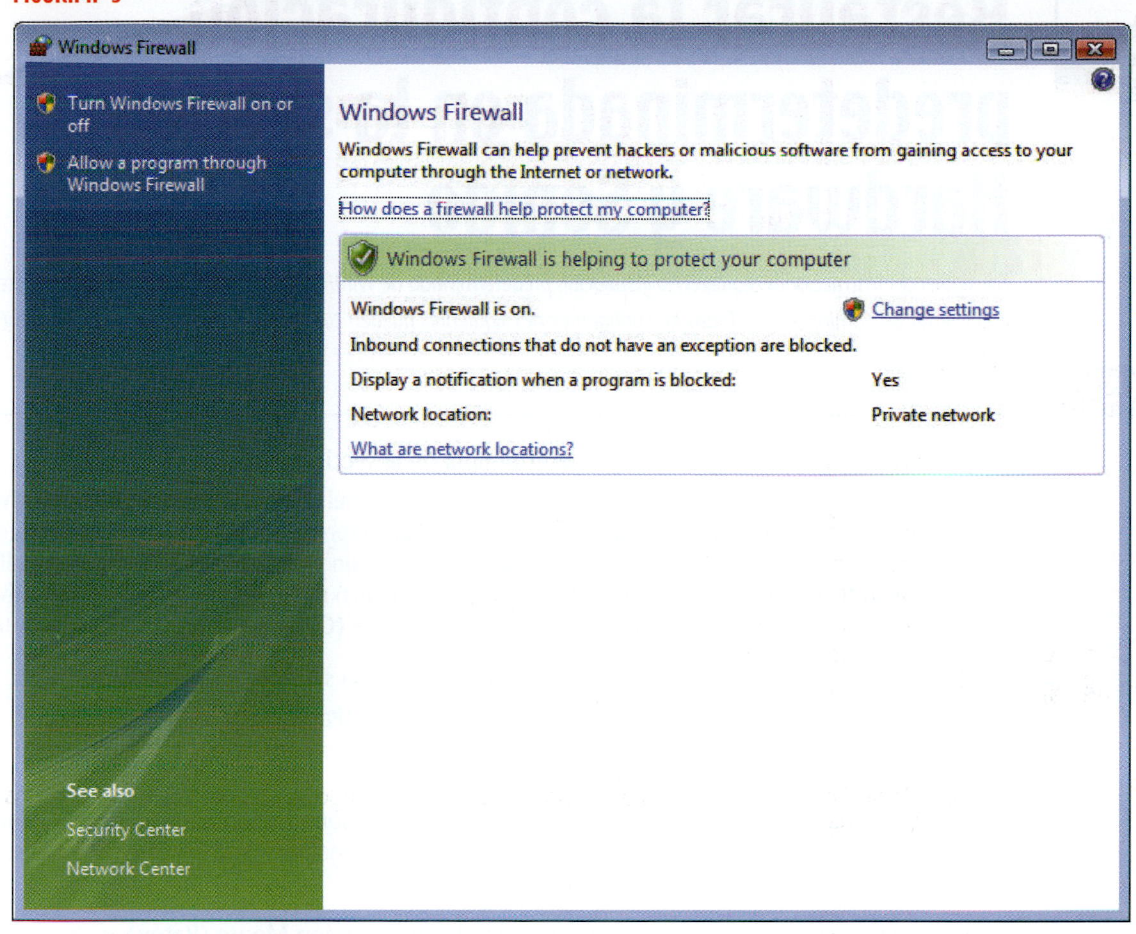

FIGURA A-6

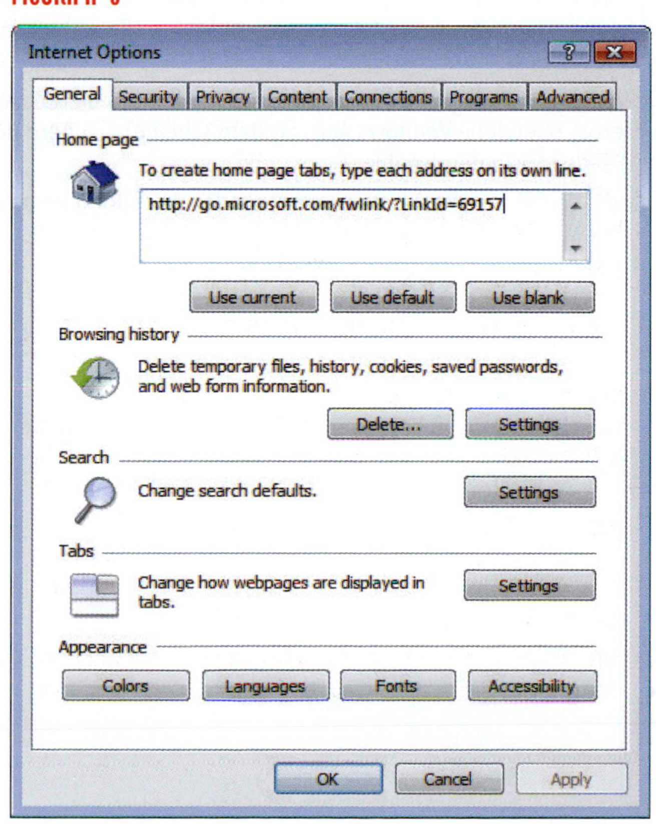

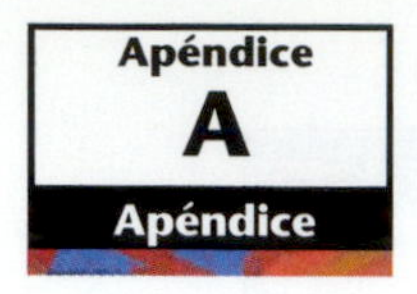

Restaurar la configuración predeterminada en la sección Hardware y Sonido

Las siguientes instrucciones requieren la instalación predeterminada de Windows Vista y que el estudiante inicie sesión con una cuenta de administrador. Todas las configuraciones siguientes pueden cambiarse mediante el Control Panel (Panel de Control).

PASOS

- Para restaurar la configuración predeterminada de la sección Autoplay (Autoejecutar)
  1. Haga clic en Start (Inicio) y luego en Control Panel (Panel de control). Haga clic en Hardware and Sound (Hardware y sonido), luego en Autoplay (Reproducción automática), y después compare su pantalla con la figura A-7. Desplácese hacia abajo y haga clic en el botón Reset all defaults (Restablecer todos los valores predeterminados) de la sección Devices (Dispositivos) en la parte inferior de la ventana y luego haga clic en Save (Guardar)
- Para restaurar las configuraciones predeterminadas en la sección Sound (Sonido)
  1. Haga clic en Start (Inicio) y luego clic en Control Panel (Panel de control). Haga clic en Hardware and Sound (Hardware y sonido) y en Sound (Sonido); en seguida compare su pantalla con la figura A-8
  2. En el cuadro de diálogo Sound (Sonido), en la pestaña Sounds (Sonidos), seleccione Windows Default (Predeterminado de Windows) de la lista desplegable Sound Scheme (Combinación de sonido) y haga clic en OK (Aceptar)
- Para restaurar la configuración predeterminada en la sección Mouse (Ratón)
  1. Haga clic en Start (Inicio) y luego en Control Panel (Panel de control). Haga clic en Hardware and Sound (Hardware y sonido), después en Mouse (Ratón) y luego compare su pantalla con la figura A-9
  2. En el cuadro de diálogo Mouse Properties (Propiedades de Mouse), en la pestaña Pointers (Punteros) seleccione Windows Aero (system scheme) —o Aero de Windows (esquema de sistema)— de la lista desplegable
  3. Haga clic en OK (Aceptar) para cerrar el cuadro de diálogo de propiedades del ratón

FIGURA A-7

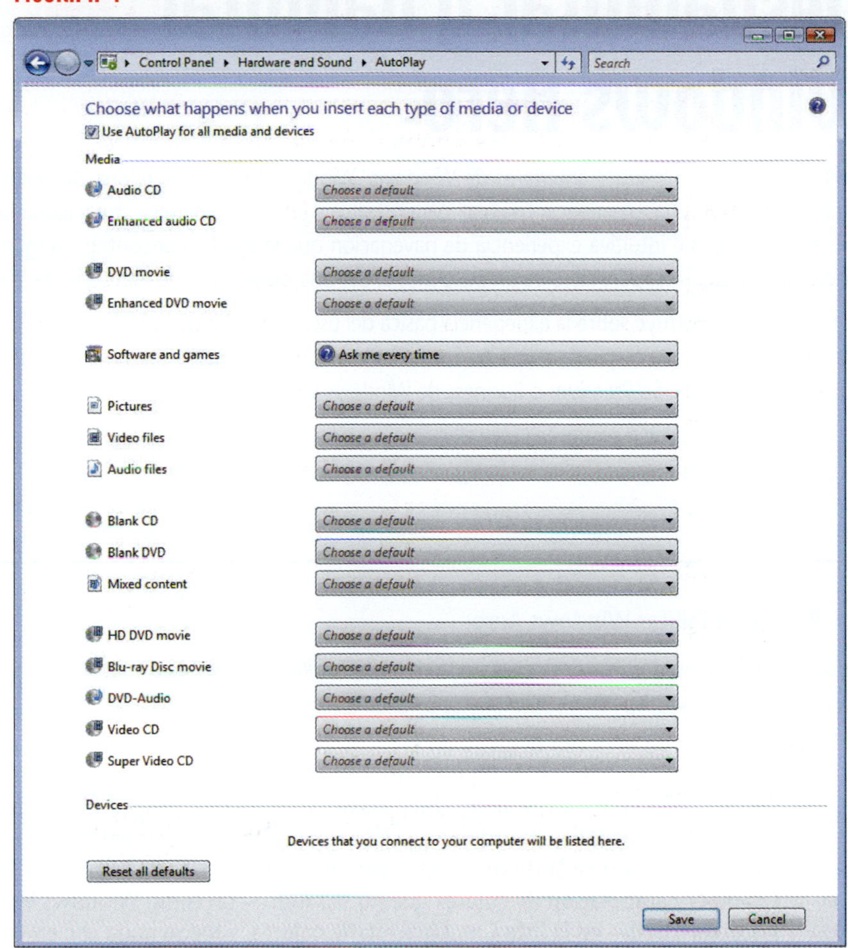

FIGURA A-8

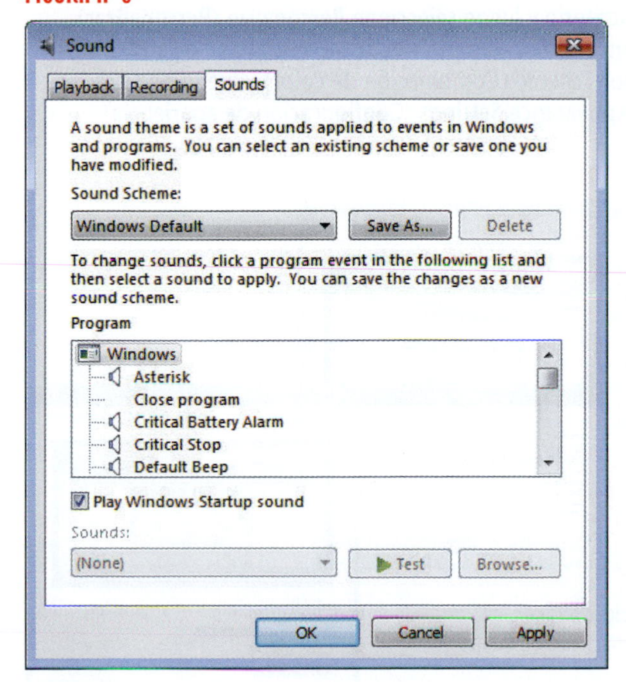

FIGURA A-9

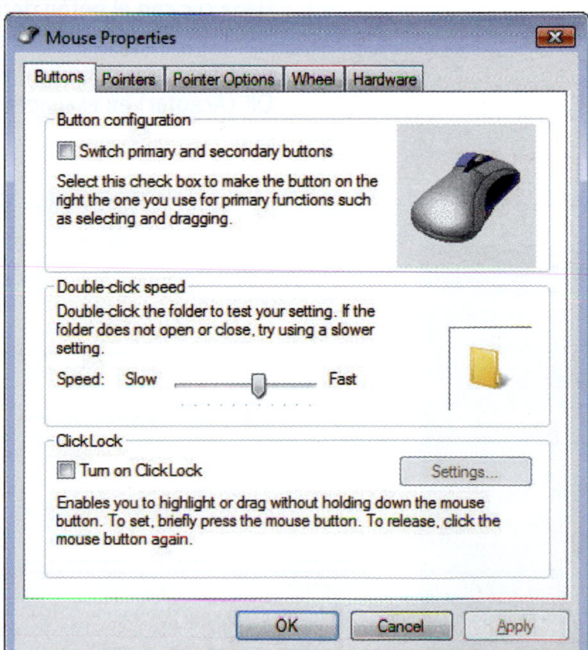

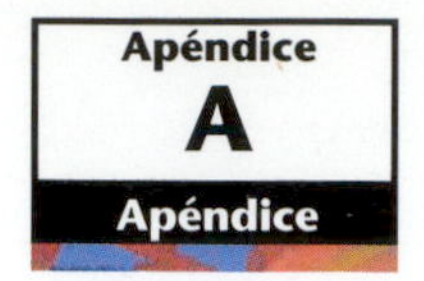

Deshabilitar y habilitar Windows Aero

A diferencia de las versiones anteriores de Windows, Windows Vista proporciona dos experiencias de interfaz del usuario distintivas: una experiencia "básica" para novatos y una más dinámica visual llamada Windows Aero. Ambas ofrecen una nueva e intuitiva experiencia de navegación que le ayuda a encontrar y organizar más fácilmente sus aplicaciones y archivos, pero Aero va un paso más al dar una experiencia de escritorio de la siguiente generación.

Windows Aero construye sobre la experiencia básica del usuario de Windows Vista y ofrece una experiencia de escritorio de mejor diseño y mejor desempeño. El uso de Aero requiere una PC con un adaptador de gráficos compatible y que ejecute la edición Premium o Business de Windows Vista.

Las siguientes instrucciones requieren la instalación predeterminada de Windows Vista y que el estudiante inicie sesión con una cuenta de administrador. Todas las configuraciones siguientes pueden cambiarse mediante el Control Panel (Panel de Control).

PASOS

- **Para deshabilitar Windows Aero**

Recomendamos a los estudiantes que usan este libro deshabilitar Windows Aero y restaurar su configuración predeterminada del sistema operativo (las instrucciones se detallan a continuación).

1. **Haga clic con el botón derecho en el escritorio, seleccione Personalize (Personalizar) y luego compare su pantalla con la figura A-10. Seleccione Window Color and Appearance (Color y apariencia de las ventanas) y luego Open classic appeareance properties for more color options (Abrir las propiedades de apariencia clásica para ver más opciones de color). En el cuadro de diálogo Appearance Settings (Configuración de apariencia) de la pestaña Apariencia, seleccione cualquier combinación de colores que no sea Aero —tal como Windows Vista Basic o Windows Vista Standard— en la lista Combinación de colores, y luego haga clic en OK (Aceptar). La figura A-11 compara Windows Aero con otras combinaciones de color. Observe que este libro utiliza Windows Vista Basic como esquema de color**

- **Para habilitar Windows Aero**

1. **Haga clic con el botón derecho en el escritorio y luego seleccione Personalize (Personalizar). Seleccione Window Color and Appearance (Color y apariencia de las ventanas), elija Windows Aero (Aero de Windows) en la lista Color Scheme (Combinación de color) y luego haga clic en OK (Aceptar) en el cuadro de diálogo Appearance Settings (Configuración de apariencia)**

FIGURA A-10

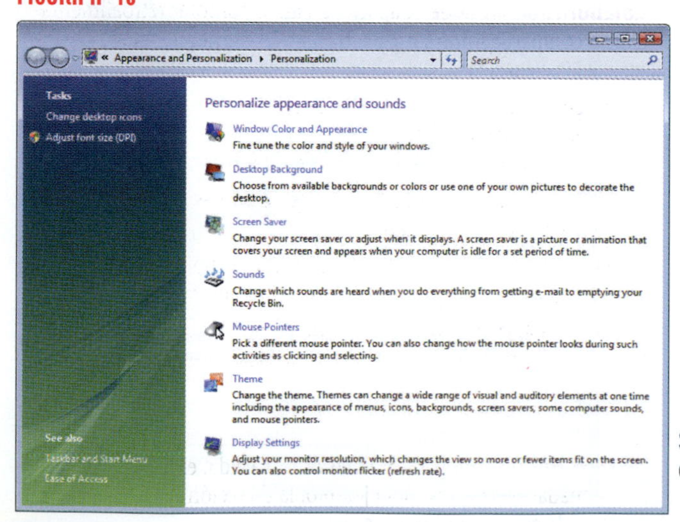

FIGURA A-11

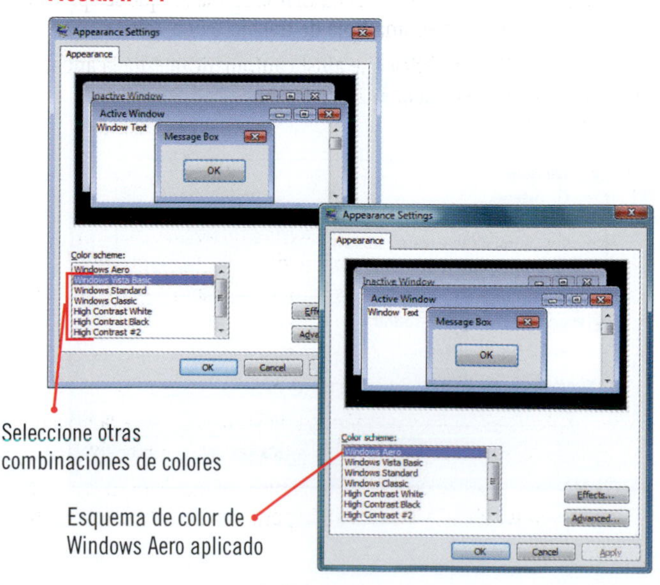

Glosario

Acercamiento Característica que hace a un documento aparecer más grande, pero muestra menos de éste en la pantalla a la vez; no afecta el tamaño real del documento.

Activo Documento, programa u objeto actualmente disponible; en la barra de estado, el botón del documento activo aparece en una sombra más oscura mientras que los botones u otros documentos abiertos están opacados.

Alejamiento Característica que deja ver más de un documento en pantalla a la vez, pero en un tamaño reducido; no afecta el tamaño real del documento.

Alineación La posición del texto en una celda relativa a los bordes de la celda, tales como izquierda, al centro o derecha.

Análisis de escenarios ("qué pasa si") Herramienta de toma de decisiones en la que se cambian los datos y las fórmulas vuelven a calcularse, con objeto de pronosticar diversos resultados posibles.

Anotaciones de texto Rótulos que se agregan a un gráfico para llamar la atención sobre un área específica.

Archivo Colección electrónica de datos almacenados bajo un nombre único que lo distingue de otros archivos.

Área de impresión Línea punteada que indica el área a imprimirse.

Área de trazado En un gráfico, el área dentro de los ejes vertical y horizontal.

Atributo Características de estilo, como negritas, cursivas y subrayado que pueden aplicarse para cambiar la forma en que se aprecian el texto y los números en una hoja de trabajo o una gráfica.

Autoajustar Característica que ajusta automáticamente la anchura de la columna o la altura de la fila para alojar la entrada más ancha o más alta.

Barra de desplazamiento Barra en la orilla derecha (barra de desplazamiento vertical) y en la orilla inferior (barra de desplazamiento horizontal) de una ventana de documento, lo que permite moverse en un documento que es demasiado grande para caber en la pantalla en su totalidad.

Barra de estado Barra en la parte inferior de la ventana de Excel que ofrece información sobre diferentes teclas, comandos y procesos.

Barra de fórmulas Área por encima de la cuadrícula de la hoja de trabajo donde se ingresan o editan los datos en la celda activa.

Barra de herramientas de acceso rápido Barra de herramientas pequeña y ajustable a la medida en la parte superior de una ventana del programa de Office que contiene botones para comandos de uso común como Guardar y Deshacer.

Barra de título Barra en la parte superior de la ventana del programa que indica el nombre de éste y el del archivo actual.

Botón opciones de autorrelleno Característica que permite rellenar celdas con elementos específicos de la celda copiada (tal como formatear).

Botón opciones de pegado Botón que aparece después de que se pega un elemento; permite pegar sólo elementos específicos de la selección copiada, como el formato o los valores.

Captura de pantalla Fotografía virtual de la pantalla, como si se le tomara una fotografía con una cámara, la cual puede pegarse en un documento.

Celda Intersección de una columna y una fila en una hoja de trabajo, hoja de datos o tabla.

Celda activa Celda en la cual está actualmente trabajando.

Cinta de opciones Barra ubicada en la parte superior de una ventana de programa de Office que contiene los nombres de las pestañas que, a su vez, contienen los comandos de los programas de Office de uso más frecuente.

Clip Archivo de medios, como un gráfico, una fotografía, sonido, una película, o animación, que puede insertarse en un documento de Office.

Colaboración en línea Capacidad para incorporar retroalimentación o compartir información a través de Internet o una red de compañía o intranet.

Compatibilidad hacia atrás Característica del software que permite que los documentos guardados en una versión anterior de un programa sean abiertos en una versión más nueva del programa.

Compatible Capacidad de programas diferentes para trabajar en conjunto e intercambiar datos.

Controladores de tamaño Pequeños cuadros o puntos en las esquinas de un gráfico, que indica que se ha seleccionado la gráfica.

Cuadro de nombre Área en el extremo izquierdo de la barra de fórmulas que muestra la referencia de la celda o el nombre de la celda activa.

Dirección de celda Ubicación de una celda, expresada por las coordenadas de la celda; por ejemplo, la dirección de celda de la celda en la columna A, fila 1, es A1.

Glosario

Editar Hacer un cambio en los contenidos de una celda activa.

Eje de categorías Eje horizontal de un gráfico, que contiene los nombres de grupos de datos; en una gráfica bidimensional, también se conoce como el eje X.

Eje de valores En una gráfica, eje vertical que contiene valores numéricos; en una gráfica bidimensional, también conocido como el eje Y.

Eje X Eje horizontal de un gráfico; debido a que muestra las categorías de datos, como los meses, también se llama eje de categorías.

Eje Y Eje vertical de un gráfico; como a menudo muestra valores numéricos en una gráfica bidimensional, *también llamado* eje de valores.

Eje Z Tercer eje en un gráfico verdadero 3-D, permite comparar puntos de datos con respecto a las categorías y los valores.

Encabezado de columna Se localiza en la parte superior de cada columna en una hoja de trabajo y contiene letras para identificarla, como A, B, etcétera.

Estilos de celda Combinaciones previamente designadas de atributos de formato que pueden aplicarse a las celdas seleccionadas para realzar la apariencia de una hoja de trabajo.

Etiquetas Texto descriptivo u otra información que identifica las filas de la hoja de cálculo, las columnas, o los datos de la gráfica, pero que no se incluye en los cálculos.

Formato Aspecto del texto y los números, incluyendo el color, la fuente, los atributos, los bordes y las sombras. *Véase también* Formato de número.

Formato condicional Tipo de formato de celda que cambia basándose en el valor de la celda o en el resultado de una fórmula.

Formato de número Formato que se aplica a los valores para expresar conceptos numéricos, como monedas, fechas y porcentajes.

Fórmula Grupo de instrucciones que se emplea para efectuar uno o más cálculos numéricos, tales como sumar, multiplicar o promediar en los valores o celdas.

Fuente Tipo o diseño de un conjunto de caracteres (letras, números, símbolos y signos de puntuación).

Función Fórmula incorporada que provee un atajo para un cálculo comúnmente usado.

Funciones Una fórmula especial predeterminada que proporciona acceso directo a cálculos complejos o comúnmente utilizados, por ejemplo, SUM (para hacer una suma) o FV (para calcular el valor futuro de una inversión).

Galería Colección de selecciones por las que puede navegarse para hacer una selección. A menudo, disponible con la vista Previa.

Gráfica incrustada Gráfica exhibida como un objeto en una hoja de trabajo.

Gráfico Representación gráfica de datos numéricos de una hoja de trabajo que facilita ver patrones, tendencias y relaciones. *También llamado* gráfica.

Grupo Colección de comandos relacionados con una pestaña en la Cinta de opciones.

Hoja de cálculo electrónica Programa para computadora que efectúa cálculos y presenta datos numéricos.

Hoja de gráfico Hoja aparte en un cuaderno de trabajo que contiene sólo un gráfico vinculado a los datos del cuaderno de trabajo.

Hoja de trabajo En el software de hojas de cálculo, página compuesta de columnas y filas que crean celdas en su intersección; el usuario teclea datos y fórmulas en las celdas.

Imagen prediseñada Colección de imágenes gráficas prediseñadas que puede insertarse en documentos, presentaciones, páginas Web, hojas de cálculo y otros archivos de Office para realzar su apariencia.

Portapapeles Área de almacenamiento temporal en el disco duro de la computadora que contiene elementos que se cortan o se copian de cualquier archivo de Office y están disponibles para pegar.

Indicador de modo Cuadro en la esquina inferior izquierda de la barra de estado que comunica el estado del programa. Por ejemplo, cuando se entra a una celda o se cambia su contenido, aparece la palabra Modificar.

Integración Incorporar un documento, completo o partes de él, creado en un programa a otro programa; por ejemplo, incorporar una gráfica de Excel a una diapositiva de PowerPoint o una tabla de Access a un documento de Word.

Interfaz Forma en que se siente y se ve un programa; por ejemplo, la apariencia de los comandos y la manera en que están organizados en la ventana del programa.

Interfaz del usuario Término colectivo para todas las formas en que se interactúa con un programa de software.

Lanzador de cuadro de diálogo Icono disponible en muchos grupos de la Cinta de opciones en el cual puede hacerse clic para abrir un cuadro de diálogo o un panel de tareas, ofreciendo una forma alternativa para elegir comandos. *También llamado* lanzador.

Lanzar Abrir o iniciar un programa en la computadora.

Leyenda En una gráfica, clave informativa que explica cómo se representa la información por colores o patrones.

Libro de trabajo Colección de hojas de trabajo relacionadas contenidas dentro de un archivo sólo Excel.

Líneas de la cuadrícula Líneas horizontales y/o verticales espaciadas uniformemente usadas en una hoja de trabajo o una gráfica que facilitan su lectura. También se les llama Gridlines.

Marcador de datos Representación gráfica de un punto de datos, por ejemplo, una barra o una columna.

Marcas Notaciones de una escala de medida en el eje de una gráfica.

Navegar Moverse dentro de una hoja de trabajo; por ejemplo, las teclas de flechas en el teclado pueden emplearse para navegar de celda en celda o presionar [Av Pág] o [Re Pág] para mover una pantalla a la vez.

Objeto Elemento que se coloca o dibuja en un documento de Office y que puede manipularse.

Operador aritmético En una fórmula, símbolos que realizan cálculos matemáticos, tales como (+), menos (-), multiplicación (*), división (/), o exponenciación (^).

Operadores de cálculo Símbolos que indican el tipo de cálculo que debe ejecutarse en las celdas, los rangos o los valores.

Operadores de comparación En un cálculo, símbolos que comparan valores con el objeto de obtener resultados falsos/verdaderos.

Operadores de concatenación de texto Cálculos matemáticos que unen cadenas de texto en celdas diferentes.

Operadores de referencia Cálculos matemáticos que permiten usar rangos en los cálculos.

Orientación horizontal Ajuste de impresión que coloca un documento de modo que abarque los márgenes más anchos de la página, haciendo que la página sea más ancha que alta.

Orientación vertical Selección de impresión que coloca el documento en la página de modo que la página es más alta que ancha.

Pestaña Un conjunto de comandos relacionados con una configuración común de tareas o características. Las pestañas están organizadas en grupos de comandos relacionados.

Pestaña de contexto Pestaña en la cinta de opciones que aparece cuando es necesario completar una tarea específica; por ejemplo, si se selecciona una gráfica en un cuaderno de trabajo Excel o una diapositiva de PowerPoint, aparecen tres pestañas de contexto (Diseño, Presentación y Formato) de las Herramientas de Gráficos.

Pestaña de la hoja Identifica las hojas en un libro de trabajo y permite cambiar de hoja; se localiza debajo de la cuadrícula de la hoja de trabajo.

Pestaña de programa Una opción específica para una vista particular en la Cinta de opciones, como la Vista preliminar de impresión.

Plantilla Archivo de Office cuyo contenido y/o formato sirve de base para archivos nuevos. Cada aplicación de Office tiene una extensión especial de plantilla de archivo: .xltx

Prefijo de fórmulas Símbolo aritmético, como el de igual (=), que se usa para iniciar una fórmula.

Puntero o cursor de celda Rectángulo oscuro que delinea la celda activa.

Punto Unidad de medida usada para las fuentes y la altura de las filas. Una pulgada equivale a 72 puntos o un punto es igual a 1/72 de pulgada.

Punto de datos Segmento individual de datos trazado en un gráfico.

Punto de inserción Línea vertical parpadeante que indica dónde aparecerá el texto en la barra de fórmulas.

Rango con nombre Rango de celdas que reciben un nombre significativo como "Ventas de Julio" en lugar de simplemente las coordenadas del rango tal como "C7:G7"; se usa para hacer más sencilla la referencia a los datos en una hoja de trabajo.

Referencia absoluta de celda En una fórmula, un tipo de referencia de celda que no cambia cuando se copia la fórmula; indicada por un signo de pesos antes de la letra de la columna y/o el número de la fila. *Véase también* Referencia relativa de celda.

Referencia mixta Referencia de celda que combina elementos de ambas referencias (absoluta y relativa).

Referencia relativa de celda En una fórmula, un tipo de referencia de celda que cambia automáticamente las referencias de la columna o de la fila cuando las celdas se copian o se mueven, para reflejar la nueva posición; es el tipo de referencia por omisión que se emplea en las hojas de trabajo de Excel. *Véase* Referencia absoluta de celda.

Separación de un gráfico circular Segmento circular de un gráfico circular que se extrae del círculo para destacarlo.

Serie de datos Columna o fila en una hoja de datos. También, el rango seleccionado en una hoja de trabajo que Excel convierte en una gráfica.

SmartArt Diagrama gráfico de calidad profesional suministrado con los programas de Office 2007 que ilustra texto usando las siguientes estructuras: Lista, Proceso, Ciclo, Jerarquía, Relación, Matriz y Pirámide.

Suite Grupo de programas que están agrupados y que comparten una interfaz similar, facilitando la transferencia de habilidades y contenido de programas entre ellos.

Tamaño de la fuente Tamaño de los caracteres de texto, medidos en unidades denominadas puntos (pts).

Tema Conjunto predefinido de colores, fuentes y efectos de línea y de relleno que fácilmente se aplican a un documento de Office para darle una apariencia consistente y profesional.

Temas Combinaciones prediseñadas de colores, fuentes y atributos de formato que pueden aplicarse a un documento en cualquier programa de Office.

Valores Los números, las fórmulas o las funciones que se usan en los cálculos.

Ventana de la hoja de trabajo Área de la ventana del programa Excel que exhibe parte de la hoja de trabajo actual; la ventana de la hoja de trabajo exhibe sólo una fracción pequeña de la hoja de trabajo, la cual puede contener un total de 1,048,576 filas y 6,384 columnas.

Ventana del documento Porción de la ventana de programa que exhibe todo o parte de un documento abierto.

Vista diseño de página Provee una vista precisa de cómo se verá una hoja de trabajo cuando esté impresa, incluyendo encabezados y pies de página.

Vista Normal Vista de la hoja de trabajo que la muestra sin características como encabezados y pies de página; ideal para crear y editar una hoja de trabajo, pero que tal vez no tenga suficiente detalle para dar formato a un documento.

Vista preliminar Antes de imprimir, ver en la pantalla exactamente cómo se verá el documento impreso.

Vista preliminar del salto de página Vista de hoja de trabajo que muestra los indicadores de salto de página que se pueden arrastrar lentamente para incluir más o menos información en cada página en una hoja de trabajo.

Vista previa de Office Característica que permite señalar una selección en una galería o paleta y ver los resultados en el documento sin hacer clic en realidad sobre la selección.

Vistas Despliega configuraciones que muestran o esconden los elementos seleccionados de un documento en la ventana de documentos y que facilitan enfocarse en cierta tarea, tal como formatear o leer un texto.

Índice

D

E

F

G

H

►S

►T

►V